DIE BESTEN STELL- UND CAMPINGPLÄTZE

Camping- und Wohnmobilpark Sommersdorf 41

Klares Wasser und einen kinderfreundlichen, flach abfallenden Strand findet man hier direkt am Ufer des Kummerower Sees. Komfortstellplätze, Sport- und Spielplatz, Bootsvermietung und ein schönes Bistro garantieren einen angenehmen Aufenthalt (s. S. 90).

196ms-lr

195ms-lr

51 Campingplatz Ecktannen am Müritz-Nationalpark Waren

Der Campingplatz Ecktannen ist ein sehr großer und moderner Campingplatz der Extraklasse. Von Kinderanimation bis zum Bootsverleih finden die Besucher hier ein umfangreiches Angebot und mehr als hundert Stellplätze entlang des Müritzufers (s. S. 112).

Wohnmobilstellplatz Pension Müritzwiese Gotthun 54

Der kleine Stellplatz Pension Müritzwiese ist besonders für Gäste interessant, die dem Trubel der großen Campingplätze entgehen wollen. Am Ende einer Straße gelegen, gibt es hier keinen Autoverkehr und zu Fuß sind es nur wenige Minuten bis zum Müritzufer (s. S. 121).

150ms-lr

164ms-lr

67 Wohnmobilstellplatz Lenzer Hafen

Näher am Wasser geht nicht. Gaststätte und Bootsverleih finden sich gleich angrenzend, angeln kann man direkt vom Stellplatz aus und bis zum Affenwald sowie der Sommerrodelbahn Malchow sind es nur 5 km, die sich bequem mit dem Rad zurücklegen lassen (s. S. 140).

Wohnmobilstellplatz Marina Nord Schwerin 91

Vor den Toren der Landeshauptstadt gelegen, lässt dieser Platz keine Wünsche offen. Die ausgezeichnete Infrastruktur des größten Schweriner Jachthafens und die Lage der Stellplätze beeindrucken jeden Besucher (s. S. 191).

116ms-lr

DIE SCHÖNSTEN LANDSCHAFTEN

120ms-lr

Müritz-Nationalpark
Der Müritz-Nationalpark ist mit einer Fläche von über 300 km² der flächenmäßig größte Nationalpark in Deutschland, der sich ausschließlich auf dem Festland befindet. Er ist zu 85 % von Wäldern und Seen bedeckt (s. S. 46).

121ms-lr

Tollensesee
Der 17,4 km² große Tollensesee bei Neubrandenburg ist einer der schönsten Seen der Mecklenburgischen Seenplatte. Entlang seines fast 35 km langen Ufers finden sich viele touristisch und historisch interessante Orte und Aussichtspunkte (s. S. 70).

122ms-lr

Müritz
Die Müritz mit bekannten Urlaubsorten wie Waren oder Röbel bietet Tourismus, Wasser, Natur und Geschichte. Deutschlands größter Binnensee, fast ein kleines Meer, ist ein Muss für jeden Besucher (s. S. 118).

123ms-lr

Naturpark Nossentiner/ Schwinzer Heide
Der verträumte Naturpark mit seinen stillen Wäldern und Seen ist ein Paradies für zahlreiche Wildtierarten. Naturfreunde, Radfahrer und Wanderer können hier viele erholsame Stunden verbringen (s. S. 156).

087ms-lr

Schweriner Seenlandschaft
Die Schweriner Seenlandschaft besteht aus zwölf Seen, welche die Landeshauptstadt Mecklenburg-Vorpommerns einrahmen. Hier besteht eine einzigartige Verbindung zwischen Natur, Historie und Gegenwart, zwischen vollkommener Ruhe und den zahllosen touristischen Angeboten der Großstadt (s. S. 184).

DIE SEHENSWERTESTEN ORTE

Rheinsberg

Rheinsberg ist eine kleine Kulturstadt mit großer Vergangenheit. Schloss Rheinsberg, die Residenz des damaligen Kronprinzen und späteren Königs Friedrich II. von Preußen, ist weltbekannt. Die Erzählung Kurt Tucholskys „Rheinsberg: Ein Bilderbuch für Verliebte“ setzte der Stadt ein literarisches Denkmal (s. S. 16).

125ms-lr

Mirow

Die bereits im Jahr 1227, als sich der Johanniterorden hier niederließ, gegründete Stadt hat eine lange Geschichte als Sitz und Sommerresidenz der Mecklenburgischen Herzöge der Strelitzer-Linie. Das Mirower Schlossensemble gehört zu den bekanntesten Orten Mecklenburg-Vorpommerns (s. S. 26).

126ms-lr

Neustrelitz

Neustrelitz ist die im 18. Jh. am Reißbrett konzipierte moderne Residenzstadt der Mecklenburg-Strelitzer Herzöge. Architektonische Kostbarkeiten von Barock bis Moderne, die Zeugnisse langjähriger künstlerischer Traditionen und eine Parklandschaft, die Stadt und Natur verbindet, bestimmen bis heute ihr Flair (s. S. 40).

127ms-lr

Neubrandenburg

Neubrandenburg, Stadt der vier Tore und umgeben von einer gut erhaltenen Stadtmauer, ist mit ca. 66.000 Einwohnern die größte Stadt der Mecklenburgischen Seenplatte. Neben zahlreichen historischen und kulturellen Sehenswürdigkeiten sind auch sehr gute Einkaufsmöglichkeiten vorhanden (s. S. 68).

128ms-lr

Waren

Waren, das Herz der Mecklenburgischen Seenplatte, liegt direkt am Müritzufer und wird von zwei Naturparks umrahmt. Die Stadt überzeugt mit dem Charme einer gepflegten und modernen Urlauberstadt, zahlreichen touristischen Angeboten und der schönen Lage (s. S. 104).

129ms-lr

ADRIA
NEU 2023
SUPERSONIC

ALTEA

CORAL XL

DIE SCHÖNSTEN ROUTEN DURCH DIE MECKLENBURGISCHE SEENPLATTE

INHALT

096ms-lr

Viele Campingplätze der Mecklenburgischen Seenplatte sind naturbelassen und der Stellplatz ist auf Wiesenflächen frei wählbar

VORWORT

Urlaubszeit – schönste Zeit des Jahres! Diese Tage will man zum Erholen nutzen, ausspannen, vom Alltag abschalten und die Seele baumeln lassen, aber vielleicht auch einmal völlig Neues kennenlernen. Deshalb auf in den Norden Deutschlands, denn die Mecklenburgische Seenplatte ist dazu ausgezeichnet geeignet. Rund um die „Tausend Seen" findet garantiert jeder Besucher, egal ob groß oder klein, was zu einem Urlaub gehört, der noch viele Jahre in angenehmer Erinnerung bleiben wird. Die Mecklenburgische Seenplatte mit ihrer Jahrtausende alten und wechselvollen Geschichte, ihrer einzigartigen Landschaft, der Natur und dem breiten touristischen Angebot ist in der Lage, zu jeder Jahreszeit ihre Gäste zu begeistern. Natur- und Kunstliebhaber kommen genauso auf ihre Kosten wie sportlich Aktive oder Badehungrige. Camping- und Stellplätze in wirklich bemerkenswerter und deutschlandweit einzigartiger Dichte laden mit attraktiver Lage und ausgezeichnetem Service zum Verweilen ein. Innerhalb einiger Städte hat man die Parkmöglichkeiten für Wohnmobile in Zentrumsnähe jedoch deutlich eingeschränkt, obwohl oft ausgezeichnete und großräumige Parkflächen zur Verfügung stehen. Die meisten Wohnmobilisten werden es jedoch sicher verschmerzen, wenn sie nicht direkt vor Ort parken können. Die Entfernungen zu den Sehenswürdigkeiten sind nicht allzu groß.

Im Sommer explodiert rund um die Müritz regelrecht das Leben, während sich nur wenige Kilometer entfernt immer noch leicht versteckte und verträumte Plätze finden lassen. Mit dem Vogelzug im Herbst wird es ruhiger und fast glaubt man, Natur und Menschen ziehen sich zurück, um Kraft für das kommende Jahr zu schöpfen. Im Winter wird es deutlich schwerer, einen geöffneten Campingplatz zu finden, und das eine oder andere Ausflugsziel ist geschlossen. Doch die Ruhe, die in dieser Zeit praktisch unberührte Natur und die Einsamkeit in dem vielerorts dünn besiedelten Gebiet kann für Wohnmobilreisende gerade ein Pluspunkt sein. Es gibt kaum ein Urlaubsgebiet in Deutschland mit so starken Gegensätzen zwischen Sommer und Winter.

Der Tourguide stellt die Vorzüge der Mecklenburgischen Seenplatte vor und soll den Lesern helfen, sich für eine individuelle Route und Reisezeit zu entscheiden. Mehr mobile Freiheit als hier ist in Deutschland auf jeden Fall nur schwer zu finden. Natürlich gäbe es noch viel viel mehr über die Region zu berichten, als wir in diesem Buch aufführen konnten. Über einzelne Orte und Gegenden könnte man eigene Bücher schreiben, so viel Interessantes ist hier zu finden. Wir stellen in diesem Buch eine breite Auswahl an Möglichkeiten vor, die es besonders dem naturverbundenen Wohnmobilreisenden erleichtern soll, einen schönen Urlaub zu verleben.

Die Anfahrt zur Mecklenburgischen Seenplatte gestaltet sich relativ kurz und die Entfernungen zwischen den einzelnen Zielen innerhalb dieser Region werden auslandserfahrenen Wohnmobilreisenden ebenfalls überraschend gering erscheinen. Dadurch sind Abstecher und kurzfristige Veränderungen der Urlaubsreise schnell und unproblematisch möglich. Die sieben miteinander verbundenen Routen in diesem Buch sind deshalb auch so gewählt, dass die Reisenden mit den verschiedenen Angeboten der Region bekannt gemacht werden, aber selbst eine ihren Interessen entsprechende Auswahl treffen können.

Exkurse verweisen auf Besonderheiten und Sehenswertes oder geben Hintergrundinformation zu bekannten Persönlichkeiten und zur Geschichte der Gegend. Betrachtet man Letztere, so stellt man schnell fest, dass sich die historischen Abläufe in den einzelnen Orten oft ähneln, was nicht verwunderlich ist, wenn man bedenkt, dass das gesamte Gebiet einst von Slawen besiedelt war. Der Dreißigjährige Krieg (1618–1638) taucht oft als tiefer Einschnitt in der Entwicklung auf, was darauf zurückzuführen ist, dass die Mecklen-

burger wegen ihrer verwandtschaftlichen Beziehungen zu Dänemark tief in diesen Krieg hineingezogen wurden, der Land und Bevölkerung schwer traf und auf lange Zeit in der Entwicklung zurückwarf.

Der Tourismus an der Mecklenburgischen Seenplatte entwickelt und verändert sich gegenwärtig so stark wie in kaum einem anderen Teil Deutschlands. Bestehendes muss sich bewähren oder entfällt, Neues entsteht. Deshalb gibt es in sehr kurzer Zeit zahlreiche Veränderungen. Leider ist dabei ein gewisser Trend zur touristischen Zentralisierung festzustellen. In den großen Urlaubsorten entstehen beständig neue touristische Offerten, während in der Peripherie zahlreiche Angebote um ihr Bestehen kämpfen.

Alle Angaben in diesem Buch wurden gründlich vor Ort recherchiert, dennoch wird es vorkommen, dass einzelne nicht mehr stimmen, denn wie schnell ändern sich z. B. Öffnungszeiten und Preise. Die komplizierte Preisgestaltung einzelner Campingplätze ist ohnehin kaum noch überschaubar und Öffnungszeiten sind leider nicht immer verbindlich. Ende 2022 haben uns verschiedene Campingplätze mitgeteilt, dass sie aufgrund der hohen Energiekosten überlegen, ihre Plätze in den weniger nachgefragten Monaten zu schließen.

Neu eingeführt haben wir Preiskategoriesymbole, die eine unverbindliche grobe preisliche Einschätzung des Stellplatzes für ein Fahrzeug und 2 Personen ermöglichen sollen (s. S. 11). Dabei steht die günstigste Kategorie (€) für bis zu 30 € pro Nacht. 30 € pro Nacht, da werden sich jetzt sicherlich einige verwundert die Augen reiben. Aber mit diesen Preisen müssen Sie jetzt rechnen. Die große Masse der Plätze in diesem Buch wurde von uns Ende 2022 gerade noch mit der Kategorie € bewertet. Leider kann es nach unserer Einschätzung sein, dass in nächster Zeit zusammen mit den jeweiligen Nebenkosten

⊡ An der Mecklenburgischen Seenplatte findet jeder „seinen" See

Gleichlautende Straßennamen

Beachten Sie bitte noch Folgendes: Durch zahlreiche Gemeindefusionen in den letzten Jahren kann es vorkommen, dass innerhalb der heute teils sehr großflächigen Gemeindeverbunde bestimmte Straßennamen mehrfach unter einer Obergemeinde und Postleitzahl vertreten sind. Besonders tritt das bei regional häufigen Straßennamen wie Seestraße oder Strandstraße auf, die gleichlautend in ehemals selbstständigen Ortsteilen einer heutigen Großgemeinde existieren können. Prüfen Sie deshalb, ob bei Verwendung eines Navigationsgerätes der richtige Ortsteil angesteuert wird.

und zuzüglich Kurtaxen bei vielen Plätzen Kosten von mehr als 30 € anfallen. Da sich diese Kosten aber sehr individuell gestalten, wollten wir sie nicht in eine pauschale Bewertung einfließen lassen. Nichtsdestotrotz sind diese Nebenkosten nicht zu unterschätzen. Strom und Wasser, Kurtaxen, Gebühren für das Haustier o. Ä. können sich mittlerweile auf tägliche Zusatzkosten von mehr als 10 € summieren. Wenn Sie auf Ihrer Tour wesentliche Veränderungen bemerken, teilen Sie uns diese bitte mit (am besten per E-Mail an info@reise-know-how.de). Preise und Öffnungszeiten geben den Redaktionsstand Ende 2022 wieder.

Wir wünschen Ihnen eine gute und interessante Reise durch die Mecklenburgische Seenplatte, bei der Sie garantiert viele neue Eindrücke sammeln und Land und Leute näher kennen und sicher auch lieben lernen werden.

Sylke Liehr und Achim Rümmler

Die Region ist wie dieser alte Baum an der Warnow – alt, aber immer wieder mit neuen Facetten

DIE REGION ENTDECKEN

Die Mecklenburgische Seenplatte – das „Land der Tausend Seen“ – liegt mit einer **Gesamtfläche von 5810 km²** im mittleren und südlichen Teil des Bundeslandes Mecklenburg-Vorpommern. Mehr als 500 km² Wasserfläche bestimmen den Charakter dieser Region, welche **die größte zusammenhängende Seenlandschaft Europas** bildet. Der zentrale und mit einer Fläche von 112 km² auch größte vollständig innerhalb Deutschlands liegende See ist die **Müritz,** deren Name aus dem Slawischen stammt und „kleines Meer“ bedeutet. Daneben existieren unendlich viele kleine und große Gewässer,

085ms-lr

die den Reiz dieser Landschaft ausmachen und Anglern, Badenden und Wassersportlern ein Paradies bieten.

Neben dem Wasserreichtum bietet dieser Landstrich viele ausgedehnte **Waldgebiete,** die zum Radeln und Wandern einladen. In einer Vielzahl von **Schutzgebieten** – genauer: einem Nationalpark, vier Naturparks, 70 Naturschutzgebieten, 22 Landschaftsschutzgebieten und fünf EU-Vogelschutzgebieten – können Besucher die eindrucksvolle Natur erleben.

Bemerkenswert ist die Vielfalt an prunkvollen **Herrensitzen,** alten **Gutshäusern,** märchenhaften **Schlössern** und geheimnisvollen **Burgen. Beschauliche Städte** laden mit **historischen Marktplätzen** und **schönen Hafenanlagen** zum Verweilen ein, imposante **Kirchen** und **Wehranlagen** lassen den Gast staunen. Daneben gibt es eine Reihe **verträumter Dörfer** zu entdecken, die manchmal nur auf alten, von Bäumen gesäumten Kopfsteinpflasterstraßen zu erreichen sind und meist eine **Feld-, Rund- oder Backsteinkirche** zu bieten haben. Nicht alle werden heute noch als Gotteshaus genutzt, sie können auch die eine oder andere **Ausstellung** von Grafikern, Malern oder Bildhauern beherbergen. Spannend wird auch der Besuch der kleinen Heimatmuseen, landestypisch oft **Heimatstuben** genannt, die es in fast jedem Ort gibt und die den Besucher mit längst vergangenen Zeiten bekannt machen.

Vor allem in den Sommermonaten ist an der Mecklenburgischen Seenplatte immer etwas los. **Regatten, Feste, Theater- und Konzertaufführungen** stehen auf den Veranstaltungsplänen. Die Menschen der Region bringen ihren Gästen erfolgreich Land und Leute nahe und gestalten einem den Aufenthalt so angenehm wie möglich.

Wirklich einzigartig: die Inselstadt Malchow

ZEICHENERKLÄRUNG

STELL-/CAMPINGPLATZSYMBOLE

1 offizieller Stellplatz mit Womo-Services
1 Campingplatz

P 123 ausgewiesener Parkplatz
123 Wanderparkplatz

SERVICE-SYMBOLE STELL- UND CAMPINGPLÄTZE

Stromanschluss

Wasserversorgung

Grauwasser-Entsorgung

Chemie-WC-Entsorgung

WLAN

Haustiere erlaubt

SYMBOLE IN DEN STADTPLÄNEN

Informationsstelle
Kirche
Krankenhaus, Arzt
Sehenswürdigkeit
Theater
Einkaufen und Sonstiges
Essen und Trinken

Leichte Orientierung mit dem cleveren Nummernsystem

Die offiziellen Stell- und Campingplätze sind im Text und im Kartenmaterial mit derselben magentafarbenen bzw. blauen ovalen Nummer 1 1 markiert. Eine Liste dieser Stell- und Campingplätze befindet sich auf Seite 220.

Parkplätzen und Wanderparkplätzen sind ein Symbol und eine fortlaufende rote Nummer vorangestellt wie z. B. P 123.

Die Lage der auf diese Weise markierten Orte kann zusätzlich mithilfe der zu diesem Buch bereitgestellten Web-App auf einer Online-Karte angezeigt werden (s. Umschlag-Rückseite).

Streckenangaben im Text

(35 km – km 110)

Die erste Angabe nennt die Entfernung vom vorhergehenden Punkt in der Routenbeschreibung. Die zweite Angabe ist die Gesamtentfernung vom Beginn der Route an.

Preiskategorien der Stell- und Campingplätze

€	bis ca. 30 € für ein Fahrzeug inkl. zwei Personen
€€	ca. 30–50 € für ein Fahrzeug inkl. zwei Personen
€€€	über 50 € für ein Fahrzeug inkl. zwei Personen

Weitere Informationen dazu finden sich im Kapitel „Preise“ ab Seite 200.

HINWEISE ZUR BENUTZUNG

GPS-KOORDINATEN

Alle GPS-Daten in diesem Buch sind als **geografische Koordinaten** (Breite/Länge; Lat./Lon.) in Dezimalgrad (hddd.dddd) angegeben, also z. B. 53.11410, 12.86386. Die erste Angabe zeigt den Wert für die nördliche Breite (° N), die zweite den für die östliche Länge (° O) an. Alle modernen GPS-Geräte akzeptieren die Schreibung als Dezimalgrad, gegebenenfalls muss das Eingabeformat in den Einstellungen des Gerätes aber erst ausgewählt werden. Einige Geräte verlangen möglicherweise statt des Punktes ein Komma als Trennzeichen.

Das **Kartendatum** ist WGS84.

Umrechnung der Koordinaten

Wenn Sie die GPS-Angaben **von Dezimalgrad in Dezimalminuten** (dd° mm,mmm') umrechnen müssen, so beachten Sie bitte, dass ein Grad 60 (nicht 100!) Minuten hat. Die Angaben in Dezimalgrad können daher nicht einfach durch Kommaverschiebung in Dezimalminuten umgewandelt werden! 53.11410° N sind nicht 53° 11,4101'N, sondern 53° 6.846'N. Wer dies nicht beachtet, erhält beträchtliche Fehler. Ein Datenkonverter wie z. B. www.geoplaner.de erleichtert die Umrechnung beträchtlich.

Nutzung der GPS-Koordinaten

Wer ein GPS-Gerät oder Navigationssystem benutzt, das Koordinaten-Eingaben akzeptiert, der kann sich direkt zu den jeweiligen Punkten führen lassen. Praktisch alle GPS-Handgeräte bieten diese Möglichkeit, während manche Navigationssysteme nur Eingaben von Adressen akzeptieren – und Park- oder Stellplätze haben nicht immer eine Adresse.

Einige **Internet-Kartendienste oder Routenplaner** wie GoogleMaps™ (http://google.de/maps) zeigen nach Eingabe der geografischen Daten den gesuchten Punkt an, auf Wunsch mit Satellitenansicht und an vielen Stellen mit StreetView-Funktion.

Koordinaten zum Download

Die **GPS-Koordinaten der Stell- und Campingplätze im Buch** können auf der Verlags-Homepage www.reise-know-how.de von der Artikelseite dieses Buches unter der Rubrik Datenservice als Waypoint-Liste heruntergeladen werden.

Benötigt Ihr Gerät ein **anderes Datenformat als kml oder gpx,** kann die Umrechnung beispielsweise unter www.routeconverter.de oder www.gpsvisualizer.com erfolgen.

SERVICE FÜR MOBILGERÄTE

Durch Einscannen des QR-Codes auf dem Umschlag bzw. die Eingabe der Internet-Adresse **www.reise-know-how.de/womo/mecklenburg23** wird ein für den mobilen Einsatz optimierter Internet-Dienst aufgerufen. Damit kann die Lage der Stell- und Campingplätze auf einer Karte und die Route dorthin angezeigt werden. Außerdem können darüber Updates nach Redaktionsschluss aufgerufen werden.

Voraussetzung ist eine Datenverbindung über das Mobilfunknetz oder WLAN.

STELL- UND CAMPINGPLÄTZE

In diesem Wohnmobil-Tourguide wird eine breite Auswahl der in der Region verfügbaren Stell- und Campingplätze mit allen wichtigen Angaben beschrieben. Darüber hinaus listen einschlägige Apps und Stellplatzführer weitere Übernachtungsmöglichkeiten auf. Die Nichterwähnung in unserem Buch bedeutet nicht, dass ein Platz nicht mehr existiert oder eine geringe Qualität aufweist.

ROUTE 1

VON RHEINSBERG NACH USERIN

002ms-lr

1 cm = 2 km
© Reise Know-How 2023
NEUSTRELITZ
WESENBERG
MIROW
FÜRSTENBERG /Havel
RHEINSBERG
Nationalpark
Boeker Forst
Strelitzer
Stadtforst
Flache Heide
Stechlin
Ruppiner
schutz-
gebiet
Leppiner
Heide
Müritz-
Speck
Kratzeburg
Dambeck
Hartwigsdorf
Peckatel
Hohenzieritz
Schloss
Usadel
Ehrenhof
Wendfeld
Neuhof
Blumenholz
Blumenholz Nebendorf
Keulenberg 137
Rollenhagen
Dorfkirche
Weisdin
Blumenhagen
Thurow
Zinow
Liepen
Adamsdorf
Dalmsdorf
Käbelicksee
Großer Bodensee
Granzin
Boeker Sender
Boek
Boeker Mühle
Krienke
Rudow
Tannenhof
Wiesenthal
Zierke
Schlossgarten
Zierker See
Prälank
Kramssee
Slawendorf
Kiefernheide
Strelitz Alt
Siedlung Kalkhorst
Obs
Userin
Useriner See
Useriner Mühle
Groß Quassow
Klein Quassow
Zwenzow
Großer Labussee
Kakeldütt
Babke
Blankenförde
Roggentin
Schillersdorf
Qualzow
Kotzow
Leussow
Granzow
Ferienpark Mirow
Mirowdorf
Zirtow
Below
Klein Trebbow
Drewin
Fürstensee
Herzwolde
Burg
Deutsche Alleenstraße
Obere Havel-Wasserstraße
Havel-Wasserstr.
Ahrensberg
Drewensee
Wangnitzsee
Godendorf
Godendorfer Papiermühle
Altthymen
Thymensee
Starsow
Peetsch
Drosedow
Rätzsee
Kronsberg 82
Wustrow
Hartenland
Priepert
Schwarz
Fleether Mühle
Fleeth
Neu Canow
Canow
Diemitz
Kleinzerlang
Großzerlang
Grünplan
Strasen
Pelzkuhl
Großmenow
Kleinmenow
Steinförde
Ravensbrück
Mahn- und Gedenkstätte Ravensbrück
Luhme
Heimland
Repente
Prebelow
Zechlinerhütte
Flecken Zechlin
Dorf Zechlin
Eichholzberge 111
Kagar
Wallitz
Möckern
Linow
Warenthin
Hohenelse
Kernkraftwerk (außer Betrieb)
Neuglobsow
Dagow
Deutsche Tonstraße
Drögen
Neuroofen
Altglobsow
Globsowsee
Burow
Buchholz
Gramzow
Menz
Zernikow
Dollgow
Güldenhof
Großwoltersdorf
Seilershof
Neulögow
Wolfsruh
Neulüdersdorf
Heinrichsfelde
Zäher Berg 79
Köpernitz
Zechow
Zechower Heide
Heinrichsdorf
Hindenberg
Braunsberg
Wendefeld
Krähenberge 117
Trudelberg 100
Schwerin
Waren (Müritz)
Neubrandenburg
Neustrelitz
Rheinsberg
Wittenberge
Elbe

014ms-lr

ROUTENÜBERSICHT

SCHLÖSSER, POESIE UND VIEL NATUR – DER ÖSTLICHE TEIL DER MECKLENBURGISCHEN SEENPLATTE

Zuerst war es der spätere preußische König Friedrich II., dann kamen einige Literaten und heute lieben zahlreiche Urlauber, Wasserwanderer und Naturfreunde diesen Teil der Mecklenburgischen Seenplatte, der sich durch eine vielfältige Geschichte, unberührte Natur und romantische Stimmung auszeichnet. Kurt Tucholsky machte Rheinsberg in der ganzen Welt bekannt und Theodor Fontanes „Der Stechlin" sorgte für einen ersten Aufschwung des Tourismus. Nirgendwo finden Wohnmobilisten im Land der tausend Seen so viele Camping- und Stellplätze, nirgendwo sind sich Vergangenheit und Gegenwart so nahe wie auf dieser Route. Alte Schlösser des preußischen und Mecklenburger Hochadels und kleinste, von Wald und Wasser umgebene Dörfchen bilden einerseits Gegensätze und zeigen andererseits die Gemeinsamkeiten in der Entwicklung der Region. Einheimische, Urlauber, Wasserwanderer und Campingfreunde kommen sich hier sehr nahe, lassen sich aber immer den Freiraum, einen unbeschwerten Aufenthalt zu genießen.

Strecke:
Rheinsberg (s. S. 16) – **Abstecher Naturpark Stechlin-Ruppiner Land** (hin und zurück 20 km, s. S. 19) – **Zechlinerhütte** (7 km, s. S. 21) – **Canow** (6 km, s. S. 23) – **Fleether Mühle** (5 km, s. S. 25) – **Peetsch** (4,5 km, s. S. 26) – **Mirow** (3,5 km, s. S. 26) – **Zirtow** (6 km, s. S. 29) – **Wesenberg** (4,5 km, s. S. 30) – **Useriner Mühle** (4,5 km, s. S. 34) – **Abstecher Zwenzower Wolfsfang** (hin und zurück etwa 6 km, s. S. 34) – **Userin** (3 km, s. S. 36) – **Abstecher Buteberg** (hin und zurück etwa 4 km, s. S. 36)

Streckenlänge:
ohne Abstecher ca. 44 km; mit Abstecher ca. 74 km

⌃ *Beeindruckende Alleen sind auf dieser Route keine Seltenheit*

« *Kapitelstartseite: Schloss Rheinsberg lädt zur Besichtigung und zum Träumen ein*

RHEINSBERG

Auch wenn Rheinsberg geografisch noch zum Land Brandenburg gehört, muss es trotzdem als Eingangstor zur Mecklenburgischen Seenplatte gesehen werden. Die Stadt aber nur als Ausgangsort für diese Tour zu verstehen, wäre falsch, denn auch sie selbst bietet dem Besucher bereits sehr viel. Dabei stellen das Schloss und der sich anschließende 26 ha große Park die wesentlichen touristischen Ziele dar. Die großen Parkplätze rund um das Schloss und im Ort lassen Rückschlüsse auf das Besucheraufkommen zu und man kann sie nicht nur während des Stadtbesuches nutzen, sondern sie eignen sich auch sehr gut als kurzfristige Übernachtungsplätze.

Schloss Rheinsberg, das 1734 dem späteren preußischen König Friedrich II. geschenkt wurde, besticht durch seine Lage am Grienericksee. Der Kronprinz verbrachte hier nach eigenen Worten „die vier glücklichsten Jahre" seines Lebens. Während der Wirkungszeit des berühmten Architekten G.W. Knobelsdorff entstand neben der Anlage der Schlossinsel auch die Hauptachse des Gartens mit dem Gartenportal.

1744 schenkte Friedrich II. Rheinsberg seinem Bruder Prinz Heinrich, der den Park ausbauen und umgestalten ließ. Die Feldsteingrotte und das Heckentheater wurden angelegt, Erdterrassen geschaffen, ein Obelisk für unbesungene Helden des Siebenjährigen Krieges und zwei Trauer- und Erinnerungsmäler errichtet. Das Erkunden der Anlage erfordert zwar etwas Zeit, Gartenfreunde werden es aber ganz sicher genießen und hinterher bietet sich eine Besichtigung der Innenräume des Schlosses an. Es beherbergt u. a. das **Tucholsky-Museum,** in dem der bekannte Schriftsteller als „heiter Kämpfender, verzweifelter Liebhaber und ironisch Wissender" dargestellt wird.

Von Ende Juni bis August kann man das jährlich stattfindende internationale **Festival junger Sänger „Kammeroper Schloss Rheinsberg"** (www.kammeroper-schloss-rheinsberg.de) besuchen. Die **Aufführungen des Schlosstheaters,** auch als Musikakademie bezeichnet, sind die Höhepunkte im Kulturleben der Stadt und der Umgebung.

Beginnend am Schlosspark wandert man auf einem schönen Weg entlang dem Ufer des Grienericksees und gelangt so zur Schiffsanlegestelle an der Seestraße. Hier starten verschiedene **Schiffsrundtouren,** die bei den Fahrgästen einen intensiven Eindruck der Seenlandschaft hinterlassen. Die Schiffe legen erstmalig um 11 Uhr ab, die letzte Fahrt beginnt um 17 Uhr.

Neben den Hauptattraktionen findet man in Rheinsberg auch einen schönen **historischen Stadtkern,** der zum Bummeln einlädt, und in der Nähe des Schlossparks gibt es neben **Keramikmanufakturen** auch einen umfangreichen **Fabrikverkauf** verschiedenster Hersteller. Bei den vielfältigen Gestaltungsvarianten findet jeder Steingutliebhaber das passende Geschirr.

Ein kleines **Keramikmuseum** mit wechselnden Ausstellungen befindet sich im alten Spritzenhaus vor der Kirche (www.museum-rheinsberg.de). Rheinsberg erhebt eine **Kurtaxe** in Höhe von 1,60 € für alle Personen ab 18 Jahren. Die Kurtaxe ist auch von Wohnmobilisten und Bootsurlaubern zu entrichten.

Von Rheinsberg fährt man auf der B122 in Richtung Norden und erreicht nach 7 km Zechlinerhütte.

Information

› **Tourist-Information Rheinsberg,** Remise am Schloss, Mühlenstraße 15A, 16831 Rheinsberg, www.tourist-information-rheinsberg.de, Tel. 033931 34940, geöffnet: Mo–Do 10–12.30 und 13.30–17, Fr/Sa 10–12.30 und 13.30–18, So und Feiertage 10–12 und 13.30–16 Uhr

Auf dem Rheinsberger Töpfermarkt ist Keramik in Hülle und Fülle zu finden

Sehenswertes

› **Schloss Rheinsberg,** 16831 Rheinsberg, www.spsg.de/schloesser-gaerten/objekt/schloss-rheinsberg, geöffnet: Winterhalbjahr Di–So 10–16 Uhr, Sommerhalbjahr Di–So 10–17 Uhr, Eintritt: 10 €, Kombikarte mit Tucholsky-Museum im Schloss 15 €

› **St. Laurentiuskirche Rheinsberg,** Kirchstraße 16, 16831 Rheinsberg, Tel. 033931 2035, www.evangelische-kirche-rheinsberg.de. Die St. Laurentiuskirche blickt auf eine knapp 700 Jahre alte Baugeschichte zurück und verfügt über zwei Orgeln. Besonders beachtenswert sind Hochaltar und Taufbecken aus dem 16. Jh.

Parken

P **1 Parkplätze am Schloss,** GPS 53.095040, 12.888720, Braunsberger Straße, „Am Rosenplan", 16831 Rheinsberg. Am westlichen Ortseingang Rheinsbergs befinden sich am Schlosspark zwei größere Parkplätze, die sich auch zur Übernachtung eignen. Parkgebühren: 2,60 €/Std., Tageskarte 16 €.

P **2 Parkplätze auf dem Gelände der Carstens Keramik,** GPS 53.096820, 12.892800, Keramik Haus Rheinsberg, Rhinstraße, 16831 Rheinsberg. Parkplatz der Rhin-Passage. Parkgebühren: 1 €/Std., Tageskarte 8 €.

Rheinsberger Töpfermarkt

Bereits seit 1994 verwandelt sich das Zentrum der Stadt Rheinsberg am zweiten Oktoberwochenende zu einem Besuchermagneten. In den letzten Jahren zählte man dann mehr als 25.000 Gäste. Schon Freitagabend bauen Kunstkeramiker und Töpfermeister aus Deutschland und dem Ausland ihre Stände auf, damit am folgenden Tag pünktlich um 10.30 Uhr die offizielle Eröffnung des Rheinsberger Töpfermarktes starten kann. Samstag und Sonntag lockt dieser Markt Tausende Gäste und Bewohner an und auf und rings um den Marktplatz herrscht reges Treiben. Geschirr, Dekorationsartikel, Schmuckstücke und vieles mehr werden zum Kauf angeboten und selbstverständlich ist auch für das leibliche Wohl der Besucher gesorgt: Gulaschkanone, Würstchenstand oder eine der zahlreichen Gaststätten mit ihren Freisitzen stehen dem Hungrigen zur Auswahl. Abwechslungsreiche Veranstaltungen runden das Angebot ab. Dazu gehören interessante Führungen durch die Produktionsräume der Carstens Keramik Rheinsberg GmbH oder die Keramikmanufaktur Dornbusch, die Interessierten Einblicke in die Herstellungsabläufe bieten. Sonderführungen durch Schloss und Schlosstheater werden ebenso offeriert wie verschiedene Konzerte oder Schiffsrundfahrten. Auch öffnen aktuelle Ausstellungen ihre Pforten für die Gäste. Ein unbedingtes Muss für Besucher des Töpfermarktes ist das abendliche Spektakel „Rheinsberg in Flammen" am Freitag- und am Samstagabend des Töpfermarkt-Wochenendes. Ein Großfeuerwerk auf dem See, vor der Kulisse des beleuchteten Schlosses, bietet fantastische Lichtspiele. Wer rechtzeitig bucht, kann das Ereignis auch an Bord eines Fahrgastschiffes der Rheinsberger Reederei genießen.

003ms-lr

004ms-lr

Kurt Tucholsky

*„Die größte Sehenswürdigkeit, die es gibt, ist die Welt – sieh sie dir an." Das Zitat ist wohl nicht das bekannteste des Autors, trifft aber doch ziemlich genau den Nerv des Wohnmobilisten. Der Schriftsteller war selbst ein **unsteter Geist** und viel unterwegs. Seine ersten literarischen Arbeiten erschienen schon 1907 anonym in der Zeitschrift „Ulk". Später wandte er sich immer wieder **unterschiedlichsten Themen** zu und zelebrierte **verschiedene Schreibstile.** Dafür erfand er einige **Pseudonyme,** unter denen er schrieb: Ignaz Wrobel, Peter Panther, Theobald Tiger und Kaspar Hauser. Kurt Tucholsky war ein **scharfer Beobachter** seiner Umgebung und so gelangen ihm stets überraschende Beschreibungen und Analysen seiner Umwelt.*

*Außer in **Berlin** wohnte er einige Zeit in **Paris,** hielt sich in **Dänemark** auf und siedelte schließlich 1930 endgültig nach **Schweden** über, wo er fünf Jahre später starb. Beigesetzt wurde Tucholsky in Gripsholm, das für eines seiner Werke Pate stand.*

*1911 hielt er sich gemeinsam mit **Else Weil,** genannt Claire Pimbusch, in Rheinsberg auf. Im darauffolgenden Jahr erschien **„Rheinsberg – ein Bilderbuch für Verliebte",** das 1967 mit Cornelia Froboess und Christian Wolff in den Hauptrollen auch verfilmt wurde. Das unkonventionelle, selbstbewusste Auftreten des Paares, seine Lebenslust und kleine Angriffe auf das kleinbürgerliche Leben machen das Büchlein so lesenswert.*

Die Hauptfiguren Claire und Wolfgang, beide Großstädter, treffen sich per Zufall, finden Gefallen aneinander und verbringen einen Großteil ihrer Zeit miteinander. Um sich über ihre Beziehung klar zu werden, unternehmen sie eine dreitägige Reise nach Rheinsberg und erleben neben einem schattigen stillen Marktplatz auch das leuchtende Schloss und spazieren durch die Stadt, deren Schaufenster mit kunstvollen Auslagen die Besucher zum Staunen bringen und zum Kaufen locken. Ein Gang durch Rheinsberg mit Tucholskys Geschichte in der Hand kann sehr lohnend sein und ist einen Versuch wert. Ganz im Sinne des Autors, der auch bemerkte: „Erfahrungen vererben sich nicht – jeder muss sie allein machen."

◁ *Romantische Abendstimmung am Grienericksee in Rheinsberg*

Einkaufstipp

› **Rhin-Passage,** Rhinstraße, 16831 Rheinsberg. Gemütliche Einkaufspassage auf dem Gelände der ehemaligen Steingutfabrik: Keramik-Werksverkauf, Verkauf der Brandenburger Töpferinnung, Glas- u. Weihnachtsschmuck, Gastronomie, Boutiquen.

Aktivität

› **Fahrgastschifffahrt Rheinsberg,** Reederei Halbeck, Markt 11, 16831 Rheinsberg, Tel. 033931 38619, www.schifffahrt-rheinsberg.de, der Bootsanleger befindet sich am Ende der Seestraße. Tägliche Fahrten auf verschiedenen Routen.

1 Campingplatz Warenthin

GPS 53.114101, 12.863869
Naturbelassener Campingplatz mit nettem Betreiber und eigener Badestelle. Boot- und Kanuverleih, Kiosk, Angelscheine. **Lage/Anfahrt:** Direkt am Südufer des Rheinsberger Sees gelegen. Von der L15 kurz vor dem Rheinsberger Schloss in Richtung Warenthin abbiegen und der Kopfsteinpflasterstraße ca. 3 km in Richtung Warenthin folgen, der Campingplatz ist ausgeschildert; **Untergrund:** Wiese, Sand; **Service:** Strom, Trinkwasser, Abwasser, Chemie-WC; **Sicherheit:** umzäunt, beleuchtet; **Preise:** €; **Max. Stand:** unbegrenzt; **Geöffnet:** Mai–Sept.; **Kontakt:** Seestraße, 16831 Warenthin, Tel. 033931 441129, Mobil 0173 9384920, www.campingplatz-warenthin.com.

ABSTECHER ZUM NATURPARK STECHLIN-RUPPINER LAND

(hin und zurück etwa 20 km)

Rund um Rheinsberg und Zechlinerhütte kann man den Naturpark Stechlin mit dem **Großen Stechlinsee** erleben. Hier warten neben dem namengebenden See noch **mehr als 100 kleinere Seen,** die von ausgedehnten Waldflächen umgeben sind, auf anspruchsvolle Naturfreunde. Der **Naturpark** wurde 2001 gegründet und umfasst eine Fläche von 8600 ha. Am leichtesten erschließt er sich vom **Fahrrad** aus, aber auch **Wanderer** können hier schöne Tagesausflüge unternehmen. Zahlreiche ausgewiesene Rad- und Wanderwege laden zum Entdecken ein. Schon im Jahre 1897 beschreibt Theodor Fontane in seinem Roman „Der Stechlin“ das Gebiet.

Vom Stechlinsee heißt es, er wäre einer der **saubersten Seen Deutschlands.** Die beeindruckende Sichtweite unter Wasser spricht in jedem Fall dafür. Bereits seit 1938 ist der Naturpark Stechlin ausgewiesenes **Schutzgebiet,** trotzdem wurde hier das erste Atomkraftwerk der DDR gebaut, um den Wasserreichtum zur Kühlung des Reaktors zu nutzen. Wer bis in den Randbereich des verwaisten Areals des **ehemaligen Kraftwerks** vordringt, trifft zuerst auf gewaltige Eisenbahnanlagen, die nicht so recht in die Landschaft passen wollen. Das Atomkraftwerk wird seit etlichen Jahren zurückgebaut. Seit 2001 gibt es hier keine radioaktiven Brennstäbe mehr. Der Reaktor wurde 2007 abtransportiert und bis 2014 sollte der Rückbau des Kraftwerks abgeschlossen sein. Mittlerweile schätzt man jedoch, dass der komplette Abriss inklusive aller Gebäude noch viele Jahre dauern wird. Bis 2028 sollen die Hauptgebäude gesichert und vermauert werden, anschließend soll sich eine 50-jährige Ruhezeit bis zum endgültigen Abriss anschließen. Das Gelände kann nicht betreten werden.

Den besten Überblick über die Entstehung und die Natur dieses Naturparks erhält man im **NaturParkHaus Stechlin** in **Menz,** das ca. 11 km östlich von Rheinsberg liegt und über die L15 erreichbar ist. An der L15 (Menzer Landstraße) befindet sich etwa 3 km nach dem Ortsausgang Rheinsberg am ehemaligen Forstamt Sellenwalde ein unbefestigter, aber übernachtungstauglicher Wanderparkplatz mit Picknickecke und Infotafel.

3 Wanderparkplatz Menzer Landstraße, GPS 53.10473, 12.95361

In Menz gibt es einfache Wohnmobilparkplätze am Schleusenweg neben einer ehemaligen Ferienanlage, die für eine kostenlose Übernachtung genutzt werden können. Sie sind an der L15 am Ortseingang Menz ausgeschildert. Rund um Menz und den wunderschönen Roofensee sind verschiedene Wanderwege ausgewiesen. Sehr schön ist der Uferrundweg um den See von ca. 8 km Länge. Im Naturparkhaus kann man Infomaterial für zwei Erlebnispfade erhalten, die Spaß und Unterhaltung für die ganze Familie bieten.

P **4 Parkplatz Schleusenweg Menz,** GPS 53.10507, 13.04052

Für Wanderungen und Ausflüge in diesem ausgedehnten und menschenleeren Gebiet empfiehlt sich eine geeignete Wanderkarte oder Navigations-App. Karten sind in den Touristeninformationen des Gebietes und den örtlichen Buchhandlungen überall erhältlich.

Empfehlenswert ist der schön ausgebaute Ortsteil **Neuglobsow** direkt am Großen Stechlinsee. Am „Stechlin-Center" in der Stechlinseestraße befinden sich Wohnmobilparkplätze, auf denen auch übernachtet werden kann.

P **5 Parkplatz Stechlin-Center,** GPS 53.14815, 13.05124, Parkgebühr: 6 €

In einem Gebäude in Neuglobsow befinden sich sowohl eine kleine Touristinformation als auch das Glasmacherhaus, ein Glasmuseum, das die Geschichte der Herstellung des Grünen Waldglases in der Region behandelt.

Der Ortsteil **Dagow** unmittelbar neben Neuglobsow hält ausgewiesene Parkplätze für Badegäste mit Wohnmobil direkt am Ortseingang vor. Eine einmalige Übernachtung gegen Gebühr ist dort gestattet. Tages- und Nachtkarte kosten jeweils 3 €, bei über 6 m Fahrzeuglänge doppelter Preis.

P **6 Parkplatz Ortseingang Dagow,** GPS 53.14905, 13.06106

178ms-lr

179ms-lr

ZECHLINERHÜTTE

(7 km – km 7)

Zechlinerhütte liegt direkt am **Schlabornsee** und wurde 1736 gegründet, als auf Anordnung Friedrich Wilhelms I. hier eine Glashütte entstand. Lange Jahre war die Herstellung von geschliffenem Glas der Haupterwerb der Einwohner. Nachdem die Glasproduktion 1890 eingestellt wurde, versank der Ort im Dornröschenschlaf und wurde erst Mitte des 20. Jh. wach geküsst, als er als Urlaubsort entdeckt wurde. Heute wohnen knapp 400 Einwohner im Ort, der trotz einer Entfernung von fast 7 km noch als Ortsteil zu Rheinsberg gehört.

Interessant ist die **Alfred-Wegener-Gedenkstätte** auf dem Gelände der ehemaligen Schule. Die Touristinfomation im gleichen Gebäude wurde geschlossen. Zechlinerhütte wird heute von der Touristinformation Rheinsberg mit betreut.

Information

› **NaturParkHaus Stechlin,** Kirchstraße 4, 16775 Menz, Tel. 033082 51210, www.naturparkhaus.de, geöffnet: Okt.–Dez. Fr–So 11–16, Jan.–April Mi–So 11–16, Mai–Sept. tägl. 11–17 Uhr, Eintritt: 5 €. Informationszentrum zum Naturpark Stechlin mit verschiedenen Ausstellungen, Veranstaltungen, Großaquarium der einheimischen Fische, Sinnesgarten und einem Barfußpfad.

2 Naturcamping am Roofensee

GPS 53.113875, 13.036019

Eher kleiner, sehr ruhiger Campingplatz direkt am Ufer des Roofensee mit Bootsverleih und Badestelle. **Lage/Anfahrt:** In Menz der Roofenstraße in Richtung ehemaliges AKW folgen. Nach Ortsausgang auf ausgeschilderte Zufahrt zum Campingplatz abbiegen; **Untergrund:** Wiese, Sand; **Service:** Strom, Trinkwasser, Abwasser, Chemie-WC; **Sicherheit:** umzäunt, beleuchtet; **Preise:** €, Achtung: keine Kartenzahlung möglich; **Geöffnet:** 15. April–15. Oktober; **Kontakt:** Roofenstraße 23a, 16775 Stechlin-Menz, Tel. 033082 50379, Mobil 0172 8895313, www.campingplatz-am-roofensee.de.

Sehenswertes

› **Alfred-Wegener-Gedenkstätte,** Rheinsberger Straße 14, 16831 Zechlinerhütte, direkt an der B122, aus Richtung Rheinsberg kommend 500 m nach Ortseingang, Tel. 033931 39007, www.alfred-wegener-museum.de, geöffnet: Juni–September Do–So 10–16 Uhr, Eintritt 2 €. Ein für Wohnmobile geeigneter Parkplatz befindet sich gegenüber auf der anderen Straßenseite. Relativ kleines, aber liebevoll gestaltetes Museum zur Erinnerung an Alfred Wegener (1880–1930). Der berühmte Polarforscher, Meteorologe und Geophysiker verbrachte einen großen Teil seines Lebens in Zechlinerhütte, denn das Direktorenhaus der ehemaligen Glashütte befand sich seit 1886 im Besitz seiner Familie. Wegener kam 1930 bei einer Grönlandexpedition ums Leben. Das Familiengrab befindet sich auf dem Friedhof des Ortes. Das Museum befand sich Ende 2022 im Umbau. Die Wiedereröffnung ist für Mai 2023 geplant.

Entlang des Uferwegs um den Roofensee

Ruhe und Seenähe garantiert der Parkplatz Schleusenweg Menz

180ms-lr

❸ Naturcamp Bikowsee

GPS 53.145470, 12.889988

Naturnaher Campingplatz mit eigenem Bootsverleih, frischen Brötchen, Zeitungsverkauf, Eis- und Getränkeangebot, Angelkarten, Jagdmöglichkeiten für Jäger. **Lage/ Anfahrt:** Direkt am Bikowsee. 5,5 km nach Rheinsberg von der B122 nach rechts abbiegen und der Ausschilderung folgen; **Untergrund:** Wiese, Sand; **Service:** Strom, Trinkwasser, Abwasser, Chemie-WC, WLAN; **Sicherheit:** umzäunt, beleuchtet; **Preise:** € **Geöffnet:** 1. Mai–1. Oktober; **Kontakt:** Fam. Haag, Naturcamp Bikowsee, Am Bikowsee 3, 16831 Zechlinerhütte, Tel. 033921 70243, www.naturcamp-bikowsee.de.

❹ Campingplatz Berner Land

GPS 53.146394, 12.891523

Sehr grüner, parkähnlicher Campingplatz angrenzend an das Naturcamp Bikowsee ❸ und wie dieser direkt am Ufer des Bikowsee. Abseits der Straße und von Wald umgeben. **Lage/Anfahrt:** 5,5 km nach Rheinsberg von der B122 nach rechts abbiegen und der Ausschilderung folgen; **Untergrund:** Wiese, Sand; **Service:** Strom, Trinkwasser, Abwasser, Chemie-WC, WLAN; **Sicherheit:** umzäunt, beleuchtet; **Preise:** €; **Geöffnet:** 15. März–15. Oktober; **Kontakt:** K. Scheel, Campingplatz Berner Land, Am Bikowsee 4, 16831 Rheinsberg-Zechlinerhütte, Tel. 033921 70283, www.berner-land.de.

181ms-lr

❺ Campingplatz Schlabornhalbinsel

GPS 53.149010, 12.870387

Schön gelegener Campingplatz von 12 ha Größe auf einer Halbinsel im Schlabornsee, eigener Bootsverleih, Kiosk, Angelkarten. **Lage/Anfahrt:** Die B122 an der Badestelle in der Ortsmitte von Zechlinerhütte in Richtung Westen verlassen und dem Weg (Reiherholz) ca. 1,5 km folgen; **Untergrund:** Wiese, Sand; **Service:** Strom, Trinkwasser, Abwasser, Chemie-WC, WLAN; **Preise:** €; **Max. Stand:** unbegrenzt; **Geöffnet:** 1. April–18. Oktober; **Kontakt:** Herr Gustmann, Reiherholz, 16831 Zechlinerhütte, Tel. 033921 70295, www.schlabornhalbinsel.de.

182ms-lr

Aktivität

› **Badestelle Zechlinerhütte,** Rheinsberger Straße, 16831 Zechlinerhütte. Sehr schöne Badestelle mit Steg, Umkleidemöglichkeit und WC. Zum Parken den Parkplatz des Alfred-Wegener-Museums ca. 100 m vor der Badestelle verwenden.

6 Campingplatz Eckernkoppel

GPS 53.164749, 12.874287

Kleiner Campingplatz umgeben von Wald und direkt am Tietzowsee. Eigener Bootsverleih, Kiosk, Angelkarten. **Lage/Anfahrt:** Die B122 ca. 1 km hinter Zechlinerhütte nach links verlassen und der Ausschilderung folgen; **Untergrund:** Wiese, Sand; **Service:** Strom, Trinkwasser, Abwasser, Chemie-WC, WLAN; **Sicherheit:** beleuchtet; **Preise:** €; **Geöffnet:** März–Oktober; **Kontakt:** Herr Rosenthal, Campingplatz Eckernkoppel, Am Tietzowsee, 16831 Zechlinerhütte, Tel. 033921 50941, Mobil 0176 22138894, www.campingplatz-eckernkoppel.de.

CANOW

(6 km – km 13)

Folgt man der B122 weiter in Richtung Norden, erreicht man nach 6 km den kleinen Ort Canow. Die ehemaligen Camping-Stellplätze in der Marina „Precise Resort" vor Canow sind aufgrund behördlicher Anforderungen nicht mehr verfügbar. Einmalige Übernachtungen auf dem großen Hafen-Parkplatz der Marina sind aber gegen Parkgebühr von 7 € mit Nutzung der sanitären Hafenanlagen noch möglich. Zum Parken bitte beim Hafenmeister melden. Von einer eigenständigen Gemeinde kann man eigentlich nicht sprechen, denn Canow gehört als Ortsteil zur **Gemeinde Wustrow.** Der kleine Flecken wird seinem Ruf als **Urlauberdomizil** aber auffallend gerecht, denn seit den 1950er-Jahren wurden zahlreiche Ferienhäuser und Ferienanlagen gebaut. Besucher finden verschiedene gastronomische Einrichtungen im Ort. Anziehungspunkte für die Urlauber sind zweifellos die herausragende Natur, die diese Gegend zu bieten hat, und die direkte Lage an der Müritz-Havel-Wasserstraße. Man sollte nicht versäumen, einmal in der Ortsmitte an der im Sommer stark frequentierten Schleuse direkt an der B122 zu halten und den nicht weit entfernten **Fischereihof Canow** zu besuchen. Wer sich selbst beim Angeln ausprobieren will, findet dort fachkundigen Rat und kann eine zeitlich limitierte Angelkarte erwerben. Natürlich werden auch Fischprodukte aller Art und ein Imbiss angeboten.

111ms-lr

Einkaufstipp

› **Fischereihof Canow,** Fischersteig 13, 17255 Wustrow OT Canow, Tel. 039832 20476, www.fischerei-wesenberg.de/fischereihof-canow, geöffnet: April–Oktober täglich 9–18 Uhr, November–März Mo–Fr 9–16, Sa 9–12.30 Uhr, zwischen April und September am Abend auch länger geöffnet. Kleiner gemütlicher Fischereihof mit zahlreichen Fischangeboten, Angelkarten, Angelbooten und Gastronomie.

Fisch kaufen, angeln oder einfach essen – alles ist möglich im Fischereihof Canow

7 Campingplatz am Labussee

GPS 53.199394, 12.890165

Von Wald umgebener Campingplatz mit vielen Dauercampern, Bootsverleih am Ufer des Labussee. **Lage/Anfahrt:** Ab Canow der Mirower Landstraße kurz in Richtung Mirow folgen, der Campingplatz ist dann ausgeschildert; **Untergrund:** Wiese, Sand; **Service:** Strom, Trinkwasser, Abwasser, Chemie-WC; **Sicherheit:** umzäunt, beleuchtet; **Preise:** €; **Geöffnet:** ganzjährig; **Kontakt:** Fam. Burckhardt, Campingplatz am Labussee, Mirower Landstraße 4, 17255 Canow, Tel. 039828 20272 oder 26507, www.camp-am-labussee.de.

8 Campingplatz am Gobenowsee

GPS 53.227312, 12.920722

Schmaler, aber sehr lang gestreckter Campingplatz immer direkt am Wasser des Gobenowsee mit Einkaufsmarkt, Fahrrad- und Bootsverleih, Spiel- und Sportmöglichkeiten, Angeln, Badestelle. **Lage/Anfahrt:** Über Canow in Richtung Drosedow, vor Drosedow dem ausgeschilderten Weg folgen; **Untergrund:** Wiese, Sand; **Service:** Strom, Trinkwasser, Abwasser, Chemie-WC, WLAN; **Sicherheit:** umzäunt, beleuchtet; **Preise:** €; **Geöffnet:** Mai–Oktober; **Kontakt:** Am Gobenowsee 1, 17255 Wustrow/OT Drosedow, Tel. 039828 20355, www.gobenowsee.m-vp.de.

9 FKK Campingplatz am Rätzsee

GPS 53.252069, 12.909535

5 ha großer Campingplatz mit Minimarkt, Fahrrad- und Bootsverleih, Angeln, Spiel- und Sportmöglichkeiten, Sauna. Achtung: Hundeverbot. **Lage/Anfahrt:** Über Canow nach Drosedow, dort dem ausgeschilderten Weg folgen; **Untergrund:** Wiese, Sand; **Service:** Strom, Trinkwasser, Abwasser, Chemie-WC, WLAN; **Sicherheit:** umzäunt, beleuchtet; **Preise:** €€; **Geöffnet:** April–Oktober; **Kontakt:** 17255 Wustrow/OT Drosedow, Tel. 039828 266191, www.raetzsee.de.

10 Campingplatz Canower See

GPS 53.196480, 12.931610

Größerer Campingplatz mit umfassender Ausstattung direkt am Seeufer, Bootsverleih über Kooperationspartner www.floss-tours.de. **Lage/Anfahrt:** Die B122 in Canow nördlich der Schleuse verlassen, der Straße Am Canower See und der Beschilderung folgen; **Untergrund:** Wiese, Sand; fest; **Service:** Strom, Trinkwasser, Abwasser, Chemie-WC, WLAN; **Sicherheit:** umzäunt, beleuchtet, bewacht; **Preise:** €; **Geöffnet:** April–Oktober; **Kontakt:** Am Canower See 165, 17255 Wustrow-Canow, Tel. 039828 20220, www.mecklenburg-tourist.de/campingplatz-canower-see; **Achtung:** Namensänderung, teilweise noch als Campingplatz Pälitzsee ausgewiesen!

183ms-lr

Um der Route 1 weiter zu folgen, biegt man am südlichen Ortsrand von Canow auf die Mirower Landstraße (K5) in Richtung Mirow ab.

Die Straße führt dann direkt am Campingplatz Labussee vorbei und weiter nach 3,5 km zur **Diemitzer Schleuse.** Diese für Wasserwanderer sehr wichtige Schleuse im Herzen der Mecklenburgischen Kleinseenplatte liegt an der Engstelle zwischen **Peetschsee** und **Labussee** und ist von großen Waldflächen umgeben. Diese Schleuse ist die meistfrequentierte Schleuse ganz Deutschlands. Mehr als 50.000 Boote passieren jährlich die Anlage, was in der Hauptsaison nicht selten zu stundenlangen Wartezeiten führt.

Direkt an der Schleuse befindet sich der Biber Ferienhof ⑪. Hier gibt es das Restaurant „Scheune“ sowie einen Hofladen, welche Produkte in Bioqualität anbieten. Der Ferienhof betreibt auch einen sehr naturnahen Campingplatz mit Ökostrom und Ökotoiletten.

Achtung, Biber Ferienhof ⑪ und BiberTours C24 ⑫ sind unterschiedliche Campingplätze an getrennten Standorten! Die Entfernung zwischen beiden Plätzen beträgt etwa 2,5 km.

Die kleine Ortschaft **Diemitz** befindet sich ca. 1,5 km westlich der Route. Man kann sie schnell erreichen, wenn man 250 m hinter der Schleuse nach links abbiegt. In Diemitz kann man sich eine Töpferwerkstatt ansehen oder die Cider Manufaktur Pomme de Meck (www.cidermanufaktur.de) besuchen.

⑪ Biber Ferienhof Campingplatz

GPS 53.206611, 12.865947

Sehr naturnaher Campingplatz auf 5 ha lang gestreckter Wiesenfläche. Nutzung aller Einrichtungen des Ferienhofes, Bootsverleih, Restaurant, Scheunentheater, Kino, Hofladen. **Lage/Anfahrt:** Am Biberferienhof direkt an der Straße; **Untergrund:** Wiese, Sand; **Service:** Solarstrom, Trinkwasser, Abwasser und Ökotoiletten; **Preise:** €; **Geöffnet:** Mai–Oktober; **Kontakt:** Diemitz Schleuse 5, 17252 Diemitz, Tel. 039827 79988, www.biberferienhof.de.

⑫ Naturcamping C24 (BiberTours)

GPS 53.212490, 12.882110

Kleiner Campingplatz in einem Wald am Ufer des Labussees. Boots- und Floßverleih. **Lage/Anfahrt:** Am Nordufer des Labussees. 500 m nach der Diemitzer Schleuse nach Osten (rechts) in den Wald einbiegen und Waldweg folgen, ausgeschildert; **Untergrund:** Wiese, Sand; **Service:** Strom, Trinkwasser, Abwasser, Chemie-WC; **Sicherheit:** umzäunt, beleuchtet; **Preise:** €; **Geöffnet:** ganzjährig, November–April Anmeldung per Telefon erforderlich; **Kontakt:** Diemitz Schleuse 1, 17252 Diemitz, Tel. 039827 30011, www.biber-tours.de.

FLEETHER MÜHLE

(5 km – km 18)

Nach dem Überqueren der **Müritz-Havel-Wasserstraße** an der Diemitzer Schleuse gelangt man nach wenigen Minuten zur Fleether Mühle. Mehr als 200 Jahre stand hier am **Verbindungskanal zwischen Vilz- und Rätzsee** eine Wassermühle mit Sägewerk und Kornmühle. Nach ihrem Abriss sind an dieser Stelle ein schöner **Biergarten** und eine neue Hotel- und Ferienanlage entstanden. Das

Auf dem altem Mühlengelände Fleether Mühle wurde ein Restaurant mit Biergarten eröffnet

184ms-lr

mächtige Mühlrad wurde erhalten und ist neben der Straße aufgestellt. Im Sommer passieren Tausende Wasserwanderer den Ort. An der Umtragestelle der Boote befinden sich ein Kanuverleih und ein Imbiss. Ausgezeichnet steht man auf dem **Naturcampingplatz am Mössensee** ⑬. Um ihn zu erreichen, biegt man hinter dem ehemaligen Mühlengelände nach links in Richtung **Fleeth** ab. Nach der Durchquerung dieses kleinen Ortes endet die Straße und führt als Sandweg nach ca. 1000 m zum Campingplatz.

Von der Fleether Mühle folgt man der Tour durch ein etwa 4,5 km langes Waldgebiet, bis man den kleinen Ort **Peetsch,** bereits ein Ortsteil von Mirow, erblickt. Kurz vor Peetsch wird der Abzweig zum Campingplatz am Zotzensee ⑭ passiert. In Peetsch lockt die Bowlingscheune zum Zwischenstopp. Direkt an den Ort grenzt der **Schulzensee** mit mehreren kleinen Badestellen und im Ort gibt es eine kleine Heimatstube, in der Veranstaltungen stattfinden.

⑬ Naturcamping am Mössensee

GPS 53.224242, 12.837460

Campingplatz mittlerer Größe und von ausgezeichneter Qualität am Ufer des Mössensees. Kiosk, Badestelle, separater FKK-Bereich, Bootsverleih. **Lage/Anfahrt:** Nach der Fleether Mühle in Richtung Fleeth abbiegen, den Ort ganz durchfahren und am Ende dem Sandweg zum Campingplatz folgen; **Untergrund:** Wiese, Sand; **Service:** Strom, Trinkwasser, Abwasser, Chemie-WC, WLAN; **Sicherheit:** umzäunt, beleuchtet; **Preise:** €; **Geöffnet:** ganzjährig; **Kontakt:** Fam. Prütz, Naturcampingplatz am Moessensee, Dorfstraße 12, 17252 Fleeth, Tel. 039833 22030, www.naturcamp-moessensee.de.

185ms-lr

Gastronomie

› **Bowlingscheune,** Peetsch 20, 17252 Mirow, Tel. 039833 20887, www.bowlingscheune-heise.de. Bowlingschuhe kann man vor Ort leihen.

⑭ Naturcamping am Zotzensee

GPS 53.237479, 12.827729

Kleiner Campingplatz mit vielen Dauercampern in einem Waldgebiet am Ufer des Zotzensee. **Lage/Anfahrt:** kurz vor Peetsch nach links von der Straße abbiegen und Ausschilderung zum Campingplatz folgen (Sandweg); **Untergrund:** Wiese; **Service:** Strom, Trinkwasser, Abwasser, WLAN; **Preise:** €; **Geöffnet:** April–Oktober; **Kontakt:** 17252 Mirow, Tel. 039833 22274, www.naturcamping-zotzensee.de.

Vom Ortsteil Peetsch erreicht man nach 3,5 km das Zentrum der Kleinstadt Mirow.

MIROW

(8 km – km 26)

Mirow wurde 1226 als Niederlassung des Johanniterordens gegründet. Der Stadtname ist dem slawischen Wort Miru für „Frieden" entlehnt. 1564 beschloss Herzog Karl I. von Mecklenburg, eine **Residenz** auf der heutigen Mirower Burghalbinsel einzurichten. Zur Stärkung der Verteidigungsfähigkeit dieses Bauwerkes wurden Mauern und ein Wallgraben angelegt, der dann mit Wasser gefüllt aus der Halbinsel eine Insel machte. Im Zuge der **territorialen Streitigkeiten** um das Herzogtum Mecklenburg wurde die Stadt 1648 anfänglich dem Herzogtum Mecklenburg-Schwerin zugeordnet, doch im Hamburger Vergleich von 1701, der den 5-jährigen Erbfolgestreit

006ms-lr

im Haus Mecklenburg beendete, dann doch Mecklenburg-Strelitz zugeschlagen. Nach dem Umzug der herzoglichen Residenz nach Neustrelitz im Jahr 1761 war Mirow **Sommersitz.** Diese Nutzung endete erst 1918 mit dem Freitod des letzten Großherzogs Adolf Friedrich VI. Sein Grabmal befindet sich auf der Liebesinsel am Mirower See wenige 100 m vom Schloss. Trotz dieser langen Historie erhielt Mirow erst 1919 das **Stadtrecht** und hat heute etwa 4000 Einwohner. Da die Stadt ein selbst verwalteter Herzogssitz war, sucht man einen traditionellen Marktplatz oder ein repräsentatives Rathaus umsonst.

Auf der **Mirower Schlossinsel** steht ein einzigartiges Schlossensemble in ausnehmend idyllischer Lage. Das **Torhaus,** heute ältester erhaltener Teil der Anlage, wurde vermutlich um 1588 erbaut. Es sollte die über den neu errichteten Wallgraben führende Brücke schützen und war der einzige Zugang zur Schlossanlage.

1742 zerstörte ein **Großbrand** das Schloss. Während der Umbauten von 1749 bis 1753, bei der die Anlage ihr heutiges barockes Aussehen erhielt, versuchte man, die nach dem Brand noch vorhandenen Teile des Vorgängerbaus von 1708 zu erhalten. Das Schloss ist heute ein dreigeschossiger Bau mit einem H-förmigen Grundriss. Die **Johanniterkirche (Hofkirche)** befindet sich relativ zentral innerhalb des Schlossensembles. Sie baut auf Teilen der ehemaligen Johanniterkirche aus dem 14. Jh. auf und erlangte Bedeutung als Begräbnisstätte der herzoglichen Familie. Schwere Schäden durch Kriegseinwirkungen von 1945 erforderten in den 1950er-Jahren einen umfangreichen Neuausbau. Im nördlichen Kirchenraum befindet sich die **Herzogliche Fürstengruft,** in der seit 1708 Mitglieder der Fürstenlinie Mecklenburg-Strelitz bestattet wurden. Empfehlenswert ist der Aufstieg über 146 Stufen auf den Kirchturm der Johanniterkirche. Wer diesen meistert, wird mit einem wunderschönen Rundblick belohnt. In der Kirche kann man eine kleine Ausstellung über die Johanniter besichtigen. Geöffnet ist sie von Mai bis Oktober täglich 10 bis 18 Uhr.

Blick von der Mirower Brücke auf den Mirower See, der Teil der Müritz-Havel-Wasserstraße ist

Ebenfalls auf der Schlossinsel befindet sich das **3-Königinnen-Palais (Kavalierhaus).** Erbaut wurde es 1756 bis 1758 als Versorgungsbau für das Schloss. Seine beeindruckende Größe lässt Rückschlüsse auf die anspruchsvolle und aufwendige Hofhaltung des Hauses Mecklenburg-Strelitz zu. Heute wird das Palais als Kultur- und Erlebniscenter der Stadt Mirow genutzt. Das Angebot reicht von Ausstellungen bis zu einem Museumsshop. Besucher finden hier alle gewünschten Informationen zum Ort.

Eine gusseiserne Brücke führt aus dem Schlosspark auf die **Liebesinsel.** Hier wurde Adolf Friedrich VI., der letzte Großherzog von Mecklenburg, bestattet. Gerüchte, dieser letzte Großherzog der Linie Mecklenburg-Strelitz hätte mit seinem Freitod das Recht auf eine Bestattung in der Familiengruft verwirkt, sind falsch. In seinem Testament von 1917 hatte der Großherzog diesen Bestattungsort selbst gewählt und auch den Entwurf seines Grabmals bereits festgelegt. Besonders empfehlenswert sind die **Führungen** über die Schlossinsel, die im 3-Königinnen-Palais gebucht werden können.

Kulinarischen Genuss für diejenigen, die es deftig mögen und einen Abend mit toller Show erleben wollen, versprechen die **Ritteressen** auf Schloss Mirow. Sie werden im ehemaligen Eiskeller des Hotels und Restaurants Alte Schlossbrauerei angeboten. Auf der ebenfalls auf der Schlossinsel gelegenen **Freilichtbühne** finden während der Sommersaison zahlreiche Veranstaltungen statt. Der schöne Parkplatz mit angeschlossenem **Wohnmobilstellplatz** am Eingang zur Schlossinsel, von dem das gesamte Areal in wenigen Minuten zu erlaufen ist, sorgt für einen entspannten Aufenthalt ohne Zeitdruck.

Aktiven Reisenden ist ein Abstecher zum **Hochseilgarten Mirow** auf dem Gelände der **Kanustation** zu empfehlen. Selbstverständlich kann man hier auch Boote verschiedener Größen ausleihen und bei Bedarf auf dem angeschlossenen **Campingplatz** übernachten. In der Kombination aus Kanu- und Bootsverleih, Hochseilgarten und Campingplatz finden viele Reisenden sicher ein interessantes Ziel für einen ein- oder mehrtägigen Aufenthalt.

Die Stadt Mirow erhebt eine Kurtaxe von 1 € pro Person und Tag.

186ms-lr

⑮ Wohnmobilstellplatz Schlossinsel Mirow

GPS 53.276371, 12.813920

Schöner Wohnmobilstellplatz in idealer Lage für Schlossbesucher, umgeben von Hecken und angeschlossen an einen Parkplatz mit WC und Entsorgung. **Lage/Anfahrt:** An der Zufahrt zur Schlossinsel Mirow unmittelbar vor dem Torhaus. Die B198 im Zentrum Mirows in Richtung Schlossinsel verlassen. Der Stellplatz befindet sich rechts der Zufahrt zum Torhaus (Herrensteig); **Untergrund:** Rasengitter, Pflaster; **Service:** Strom, Trinkwasser, Abwasser, Chemie-WC; **Sicherheit:** beleuchtet; **Preise:** €, Ver- und Entsorgung über kostenpflichtigen Automaten am Sanitärgebäude des Parkplatzes, Stromversorgung am Stellplatz; **Geöffnet:** ganzjährig; **Kontakt:** Herrensteig, 17252 Mirow.

⑰ Campingplatz Kanustation Mirow

GPS 53.288612, 12.795833

Sehr naturnaher Campingplatz auf weiträumigem Gelände in einem Wäldchen am Ufer des Mirower Sees. Mit Hochseilgarten, Kanustation, Bootsverleih, Naturlehrpfad und Imbiss. **Lage/Anfahrt:** Von der Mirower Brücke nahe dem Zentrum der B198 (Retzower Straße) folgen und nach ca. 2 km rechts abbiegen. Die Kanustation ist ausgeschildert; **Untergrund:** Wiese, Sand; fest; **Service:** Strom, Trinkwasser, Abwasser, Chemie-WC, WLAN; **Sicherheit:** umzäunt; **Preise:** €; **Geöffnet:** 1. April–31. Oktober; **Kontakt:** Herr Stamm, Kanustation Mirow, An der Clön 1, 17252 Mirow, Tel. 039833 22098, www.kanustation.de.

187ms-lr

Sehenswertes

- **Schlossinsel Mirow,** 17252 Mirow. Schlossinsel mit Torhaus, Schloss, Johanniterkirche und Liebesinsel.
- **3-Königinnen-Palais,** Schlossinsel 2a, 17252 Mirow, Tel. 039833 269955, www.3koeniginnen.de, geöffnet: April–Oktober täglich 10–18, November–März Mi–So 11–17 Uhr. Besucherzentrum der Schlossinsel Mirow mit Multimediaausstellung zu Geschichte und Sehenswürdigkeiten des Herzogtums Mecklenburg-Strelitz. Café mit wunderschöner Seeterrasse, Souvenirshop, Informationsstelle.

Gastronomie

- **Ritterkeller Alte Schlossbrauerei Mirow,** Schlossinsel 3a, 17252 Mirow, Tel. 039833 20346, www.mirower-seehotel.de. Absolut empfehlenswerte und unvergessliche Rittertafel mit ausgefallenen Speisen, Ritterschlag, Gauklern, Livemusik und Feuershow. Die Teilnahme muss unbedingt vorgebucht werden.

Aktivität

- **Mirower Schiffahrtsgesellschaft mbH,** Rotdornstraße, 17252 Mirow, Tel. 039833 22270, zentrale Tickethotline 03991 663034, http://blau-weisse-flotte.de. Tägliche Fahrten auf verschiedenen Routen mit unterschiedlicher Länge.

⑯ Zeltplatz Strandhotel Mirow

GPS 53.282013, 12.810922

Mehrere Stellplätze direkt am Seeufer am Strandhotel Mirow, Boots- und Fahrradverleih, Restaurant. **Lage/Anfahrt:** direkt am Ufer des Mirower See, im Zentrum Mirow von Schloßstraße auf Rudolf-Breitscheidt-Str. abbiegen und dieser folgen, dann auf Beethovenstraße abbiegen und Straßenverlauf folgen; **Untergrund:** Wiese; **Service:** Strom, Trinkwasser, Abwasser, Chemie-WC, WLAN (im Hotel); **Sicherheit:** umzäunt; **Preise:** €; **Geöffnet:** ganzjährig; **Kontakt:** Strandstraße 20, 17252 Mirow, Tel. 039833 22019, www.strandhotel-mirow.de.

Nicht besonders abwechslungsreich, aber sehr schnell, geht es über die gut ausgebaute B198 weiter in Richtung Wesenberg, dessen Ortsteil **Zirtow** nach 6 km zügig durchfahren wird.

WESENBERG

(10,5 km – km 36,5)

Wesenberg ist eine für Mecklenburg-Vorpommern typische Kleinstadt mit knapp 3000 Einwohnern, deren Wurzeln bis in das Jahr 1252 nachgewiesen sind. Die Stadt inmitten der Mecklenburgischen Seenplatte liegt direkt am **Woblitzsee.** Als Wahrzeichen der Stadt fungiert die **Burg Wesenberg.** Von der im 13. Jh. auf einem kleinen Hügel erbauten Anlage sind heute noch der Bergfried und Teile der Burgmauer erhalten. In der Burg ist das Fremdenverkehrsbüro ansässig und das Heimatmuseum zeigt eine Sammlung zu Fischerei, Forstwirtschaft und regionaler Geschichte. Kinder können sich auf einem Abenteuerspielplatz neben dem Burghof austoben. Die Burg ist ausschließlich über einen kurzen Fußweg erreichbar.

Nur unwesentlich jünger als die Burg ist die gotische Kirche Wesenbergs **St. Marien** (Hohe Straße 22, tägl. geöffnet), deren Geschichte sich bis ins 14. Jh. zurückverfolgen lässt. In ihrem Kirchenschiff erklingt eine 1717 vom bekannten Orgelbauer Johann Michael Röder ursprünglich für die Dorotheenstädtische Kirche in Berlin gebaute Orgel, die 1833 auf verschlungenen Wegen in die St. Marienkirche gelangte. So befindet sich die älteste erhaltene Berliner Orgel heute in Wesenberg.

Der **historische Marktplatz** der Stadt wurde vor einigen Jahren liebevoll saniert, lädt zu einem kurzen Bummel ein und die Villa Pusteblume, in unmittelbarer Nähe der Burg, offeriert ein Café und ein kleines **Museum für Blechspielzeuge und mechanische Musikinstrumente.** Im Winter ist das Museum geschlossen. Gut und kostenlos kann man am Marktplatz in der Nähe parken.

Ausgezeichneten Zugang zum an Wesenberg angrenzenden Teil des **Müritz-Nationalparks** erhält man vom Wanderparkplatz Weißer See am westlichen Rand der Stadt (Route 2, s. S. 50). Ganz in der Nähe, am Großen Weißen See, befindet sich der **Skulpturenpark** Wesenberg, ein wunderschönes Villengrundstück und Künstlerzentrum am Seeufer, der mit Dauer- und Wechselausstellungen sowie Konzertveranstaltungen immer einen Besuch wert ist.

Die Stadt Wesenberg erhebt eine Kurtaxe von 1,20 € pro Person.

Sehenswertes

› **Burg Wesenberg mit Informationsbüro,** Burgweg 1, 17255 Wesenberg, Tel. 039832 20621, www.klein-seenplatte.de, geöffnet: April–Oktober Mo–Fr 10–17 Uhr, Sa/So 10–14 Uhr, November–März Mo–Fr 10–16 Uhr. Eine hübsch sanierte kleine Burganlage, in der sich neben der Touristeninformation auch ein kleines Museum befindet.

Einkaufstipp

› **Fischereihof Wesenberg,** Fischereihof 14, 17255 Wesenberg, www.fischerei-wesenberg.de, Tel. 039832 20268, geöffnet: April–Okt. tägl. 8–18, Nov./Dez. Mo–Fr 8–18, Sa 8–12.30 Uhr. Gemütlicher Fischereihof mit Fischverkauf, Vergabe von Angelkarten, Angelboot und Gastronomie. Jährlich am letzten Augustwochenende wird hier ein Fischerfest gefeiert. Ein großer Parkplatz befindet sich auf dem Gelände.

191ms-lr

Parken

P 7 Park- und Stellplatz Bresebrink (Wesenberg), GPS 53.280180, 12.966910, Kreuzung Bresebrink/Neustrelitzer Chaussee (B198), 17255 Wesenberg. Gepflasterter, schön gestalteter, kostenfreier Park- und Wohnmobilstellplatz mit getrennten Parkbuchten, der sich auch sehr gut als Übernachtungsplatz eignet. Gegenüber, auf der anderen Seite der B198, befindet sich eine Tankstelle.

Aktivität

- **Skulpturenpark Wesenberg,** Am Weißen See 3, 17255 Wesenberg, www.sculpture-park-wesenberg.de, Tel. 039832 262466, geöffnet: April–Okt. Di–So 10–16 Uhr, Eintritt: 10 € oder nach Veranstaltung
- **Wald- und Hochseilgarten Havelberge,** Campingpark Havelberge, 17237 Groß Quassow, Tel. 03981 238395, www.haveltourist.de/waldseilgarten.html, geöffnet: April–Okt., Hauptsaison tägl. ab 10 Uhr, Nebensaison Mo u. Mi geschlossen, letzter Einlass ca. 16 Uhr, Eintritt: 20 €/Person. Wald- und Hochseilgarten mit Kinder- und Erwachsenenparcours, Kanu- und Bootsverleih, Campingplatz.

18 Campingplatz am Hexenwäldchen

GPS 53.347170, 12.922504

Sehr familiärer und freundlicher Campingplatz mit zwei Badestellen, Minimarkt, Fahrrad- und Bootsvermietung, Streichelzoo, Schwimmbad. **Lage/Anfahrt:** Über Mirow nach Roggentin, dann weiter bis zum Abzweig Blankenförde, dort dem ausgeschilderten Weg folgen; **Untergrund:** Wiese, Sand; **Service:** Strom, Trinkwasser, Abwasser, Chemie-WC, WLAN; **Sicherheit:** umzäunt, beleuchtet; **Preise:** €; **Geöffnet:** Mai–September; **Kontakt:** Blankenförde 1a, 17252 Mirow OT Blankenförde-Kakeldütt, Tel. 039829 20215, www.hexenwaeldchen.de.

19 Campingplatz Am Leppinsee

GPS 53.347491, 12.826769

Campingplatz von 5 ha Größe am Wasser in einem Kiefernwäldchen, Bootsverleih, Bootsanleger des Fahrgastschiffes nach Mirow, WLAN. **Lage/Anfahrt:** Von Schillersdorf asphaltierter Straße bis zum Campingplatz folgen; **Untergrund:** Wiese, Sand; **Service:** Strom, Trinkwasser, Abwasser, Chemie-WC, WLAN; **Sicherheit:** umzäunt, beleuchtet; **Preise:** €; **Geöffnet:** April–Oktober; **Kontakt:** 17252 Schillersdorf, Tel. 03981 24790, www.haveltourist.de. Haveltourist betreibt mehrere Campingplätze im Gebiet. Zentrale Postanschrift: Haveltourist GmbH & Co KG, Camping- und Ferienpark Havelberge, 17237 Groß Quassow/Userin.

Der Weiße See bei Wesenberg ist ein sehr beliebter Badeplatz

Im Skulpturenpark Wesenberg finden Besucher moderne Kunst

⑳ Campingplatz am Weißen See

GPS 53.28521, 12.94588

Schöner Campingplatz in einem Kiefernwald mit Gaststätte und Vollausstattung, Strandbad am Weißen See unmittelbar angrenzend. **Lage/Anfahrt:** Nordwestlich Wesenbergs in einem größeren Waldgebiet, ca. 100 m vom Weißen See. Auf der B198 von Mirow aus kommend, führt vor Wesenberg ein Waldweg nach links zum Weißen See. Der Campingplatz ist gut ausgeschildert; **Untergrund:** Schotter, Wiese, Sand; fest; **Service:** Strom, Trinkwasser, Abwasser, Chemie-WC, WLAN; **Sicherheit:** umzäunt, beleuchtet; **Preise:** €€; **Geöffnet:** April–Oktober; **Kontakt:** Am Weißen See, 17255 Wesenberg, Tel. 03981 24790, www.haveltourist.de. Haveltourist betreibt mehrere Campingplätze im Gebiet. Zentrale Postanschrift: Haveltourist GmbH & Co KG, Camping- und Ferienpark Havelberge, 17237 Groß Quassow/Userin.

192ms-lr

010ms © Campingplatz Ihr Familienpark (Kleiner Labussee)

㉑ Campingplatz Ihr Familienpark (Kleiner Labussee)

GPS 53.29142, 12.94799

Familiäre und gemütliche Ferienanlage im Wald mit Campingplatz, Kiosk, Boots- und Fahrradverleih. **Lage/Anfahrt:** Am Seeufer. Ab Wesenberg über den Zwenzower Weg in Richtung Kleiner Labussee der Ausschilderung folgen. **Untergrund:** Wiese; fest; **Service:** Strom, Trinkwasser, Abwasser, Chemie-WC, WLAN; **Sicherheit:** beleuchtet, bewacht; **Preise:** €; **Geöffnet:** 1. Mai–3. Okt.; **Kontakt:** Fam. Vogt, Ihr Familienpark, Am Kleinen Labussee 1B, 17255 Wesenberg, Tel. 039832 20525, http://ihr-familienpark.de.

24 Wohnmobilstellplatz Marina Wesenberg

GPS 53.276667, 12.987778

Stellplatz für Wohnmobile und Wohnwagen in ruhiger Lage direkt am Wasser, Hafengelände angrenzend, Bootsverleih. Ca. 1,5 km vom Zentrum Wesenbergs entfernt. Boots- und Fahrradverleih, mitgebrachte Boote können vor Ort zu Wasser gelassen werden. **Lage/Anfahrt:** Den Ort Wesenberg in Richtung Neustrelitz durchfahren und nach dem Überqueren der Brücke rechts in den Ahrensberger Weg abbiegen; **Platzanzahl:** 34; **Untergrund:** Schotterrasen; **Service:** Strom, Trinkwasser, Abwasser, Chemie-WC, WLAN; **Sicherheit:** umzäunt, beleuchtet; **Preise:** €; **Geöffnet:** April–Anfang Oktober; **Kontakt:** Herr Tiedt, Wohnmobilstellplatz Marina Wesenberg, Ahrensberger Weg 11, 17255 Wesenberg, Tel. 039832 26023, www.wohnmobilstellplaetze-mecklenburg.de.

189ms-lr

22 Campingplatz am Drewensee

GPS 53.262600, 13.050712

Campingplatz mit Vollausstattung direkt am nördlichen Ufer des Drewensees mit Imbiss, Badestelle und Bootsanlegestelle. **Lage/Anfahrt:** Südöstlich Wesenbergs in einem Waldgebiet am Seeufer gelegen. Den Ort Wesenberg in Richtung Neustrelitz durchfahren und nach dem Überqueren der Brücke rechts in den Ahrensberger Weg abbiegen, am Stellplatz Marina Wesenberg vorbei bis Ahrensberg, der Campingplatz ist gut ausgeschildert; **Untergrund:** Schotter, Wiese, Sand; fest; **Service:** Strom, Trinkwasser, Abwasser, Chemie-WC, WLAN; **Sicherheit:** umzäunt, beleuchtet; **Preise:** €€; **Geöffnet:** April–Oktober; **Kontakt:** Am Drewensee, 17255 Wesenberg-Ahrensberg, Tel. 03981 24790, www.haveltourist.de. Haveltourist betreibt mehrere Campingplätze im Gebiet. Zentrale Postanschrift: Haveltourist GmbH & Co KG, Camping- und Ferienpark Havelberge, 17237 Groß Quassow/Userin.

23 Campingplatz Havelberge am Woblitzsee

GPS 53.307023, 13.001236

Großer Campingplatz mit Vollausstattung am Ufer des Woblitzsees mit Restaurant, Showbühne, Badestelle und Bootsanlegestelle, Bootsvermietung sowie Hochseilgarten. Wohnmobilstellplätze auch vor dem Eingang. **Lage/Anfahrt:** Nördlich Wesenbergs in einem Waldgebiet am Seeufer. Ab Groß Quassow gibt es eine ausgezeichnete asphaltierte und ausgeschilderte Zufahrt zum Campingplatz; **Untergrund:** Schotter, Wiese, Sand; fest; **Service:** Strom, Trinkwasser, Abwasser, Chemie-WC, WLAN; **Sicherheit:** umzäunt, beleuchtet; **Preise:** €€; **Geöffnet:** April–Oktober; **Kontakt:** 17237 Groß Quassow/Userin, Tel. 03981 24790, www.haveltourist.de. Haveltourist betreibt mehrere Campingplätze im Gebiet.

Wenn man der Route über die Kreisstraße 6 weiter nach Klein Quassow folgt, gelangt man nach dem Ort zur Kreuzung mit der L25 in der Nähe von Useriner Mühle.

USERINER MÜHLE

(4,5 km – km 41)

An dieser Stelle ist bereits seit 1346 eine Mühle nachgewiesen. Die heute zu sehende, aber leider langsam verfallende Anlage der ehemaligen **Wassermühle** entstand um 1880. Seit 1891 erfolgte der Antrieb der Mühle durch eine Dampfmaschine. Die Mühlenbesitzer errichteten in der Nähe einige **Wohnhäuser** für ihre Angestellten, allerdings wurde 1966 der Mühlenbetrieb eingestellt und das Gelände anschließend landwirtschaftlich genutzt.

Heute wohnen in diesem **Ortsteil von Userin** etwa 50 Menschen. Gegenüber der alten Mühlenanlage befindet sich ein Parkplatz mit dem Imbiss „Seeblick" und einer schönen Badestelle mit Steg am **Useriner See.**

2018 neu entstanden ist der Campingplatz Useriner Mühle ㉕.

Parken

P 8 Parkplatz und Badestelle Useriner Mühle, GPS 53.321650, 12.965460, zwischen Useriner See und L25. Parkplatz direkt am Ufer des Useriner Sees. Imbiss „Seeblick" direkt am Parkplatz.

ABSTECHER ZUM ZWENZOWER WOLFSFANG

(hin und zurück etwa 6 km)

Wenn man Lust auf einen Abstecher von der eigentlichen Route hat, kann man von Useriner Mühle auf der L25 in Richtung Zwenzow fahren, um den Zwenzower Wolfsfang zu besichtigen. Diese **Fanganlage** wurde schon 1710 angelegt und bis 1722 wurden in ihr **22 Wölfe** gefangen. Damals war die **Grube** etwa 5 m tief und maß im Durchmesser 4 m. Heutzutage ist sie allerdings so abgeflacht, dass sie keine Gefahr mehr für Mensch und Tier darstellt.

Um zum Wolfsfang zu kommen, verlässt man die L25 kurz nach dem Ortseingang von Zwenzow und fährt nach links in den Ort. Anschließend durchquert man diesen komplett bis zum Campingplatz Zwenzower Ufer ㉖. Etwa 200 m nach dem Campingplatz befindet sich ein Wanderparkplatz mit Picknickstelle. Der Wolfsfang kann **zu Fuß, per Fahrrad** oder auch **mit dem Wohnmobil** leicht erreicht werden. Die ersten beiden Varianten sind aber die erlebnisreicheren und der Müritz-

㉕ Campingplatz Useriner Mühle

GPS 53.322498, 12.967881

2018 eröffneter Campingplatz am Ufer des Useriner Sees, Badestelle, Minimarkt, Imbiss „Seeblick" angrenzend. **Lage/Anfahrt:** direkt in Useriner Mühle; **Untergrund:** Wiese, Sand; **Service:** Strom, Trinkwasser, Abwasser, Chemie-WC, WLAN; **Sicherheit:** umzäunt, beleuchtet; **Preise:** €; **Geöffnet:** April–Okt.; **Kontakt:** Useriner Mühle 19a, 17237 Userin, Tel. 03981 2568727, Mobil 0170 4459484, www.userinermuehle.de.

190ms-lr

008ms-lr

Nationalpark bietet hier einen guten Wanderparkplatz an. Wer für den ab dem Wanderparkplatz nur ca. 600 m langen Weg bis zum Wolfsfang auf sein Fahrzeug nicht verzichten will, folgt der gut asphaltierten, aber schmalen Straße weiter und findet in unmittelbarer Nähe des Wolfsfanges noch einmal einen extra für Besucher ausgewiesenen kleinen **Parkplatz** (GPS 53.30924, 12.93753).

An der L25 direkt am Ortsausgang von Zwenzow befindet sich ein weiterer großer Wanderparkplatz des Nationalparks (Route 2, s. S. 50).

Parken

9 **Wanderparkplatz Zwenzower Wolfsfang,** GPS 53.31751, 12.94126, ca. 200 m südwestlich des Campingplatzes Zwenzower Ufer 26. Wanderparkplatz des Müritz-Nationalparks. Im öffentlichen Bereich außerhalb des Campingplatzes befinden sich weitere Parkmöglichkeiten.

Der Zwenzower Wolfsfang wurde bis ins 18. Jahrhundert genutzt

26 Campingplatz Zwenzower Ufer

GPS 53.318619, 12.944790

Gemütlicher, eher kleiner Campingplatz mit Vollausstattung am nördlichen Ufer des Großen Labussees mit Imbiss, Badestelle und Bootsanlegestelle. Sauna, Gaststätte und Solarium 200 m entfernt. **Lage/Anfahrt:** Nördlich von Wesenberg direkt am Rande des Müritz-Nationalparks. Die L25 bei Erreichen Zwenzows verlassen, den Ort auf der Straße Zwenzower Ufer komplett durchfahren. Der Platz ist gut ausgeschildert; **Untergrund:** Schotter, Wiese; fest; **Service:** Strom, Trinkwasser, Abwasser, Chemie-WC, WLAN; **Sicherheit:** umzäunt, beleuchtet; **Preise:** €€; **Geöffnet:** April–Okt.; **Kontakt:** Am Großen Labussee, 17237 Zwenzow, Tel. 03981 24790, www.haveltourist.de. Haveltourist betreibt mehrere Campingplätze im Gebiet. Zentrale Postanschrift: Haveltourist GmbH & Co KG, Camping- und Ferienpark Havelberge, 17237 Groß Quassow/Userin.

009ms-lr

USERIN
(3 km - km 44)

Von Useriner Mühle erreicht man über die L25 das Nationalparkdorf Userin. Der Ort ist idyllisch direkt am Ufer des **Useriner Sees** gelegen. Der See darf aus Naturschutzgründen nicht mit Motorbooten befahren werden. Da das Dorf und der See im **Müritz-Nationalpark** liegen, befinden sich zugelassene **Badestellen** nur in Userin, dem Ortsteil Useriner Mühle und am **FKK-Campingplatz am Useriner See** (27).

(27) FKK-Camping am Useriner See

GPS 53.330032, 12.955842

Textil- und FKK-Campingplatz mittlerer Größe am westlichen Ufer des Useriner Sees mit Badestelle und Bootsanlegestelle. Gaststätte ca. 1,5 km entfernt. **Lage/Anfahrt:** Nördlich der Useriner Mühle im Müritz-Nationalpark. Die L25 beim Erreichen Zwenzows nach Norden verlassen und dem Weg ca. 1 km folgen. Der Campingplatz ist gut ausgeschildert; **Untergrund:** Wiese; fest; **Service:** Strom, Trinkwasser, Abwasser, Chemie-WC, WLAN; **Sicherheit:** umzäunt, beleuchtet; **Preise:** €€; **Geöffnet:** 1. April–31. Oktober; **Kontakt:** 17237 Zwenzow, Tel. 03981 24790, www.haveltourist.de. Haveltourist betreibt mehrere Campingplätze im Gebiet. Zentrale Postanschrift: Haveltourist GmbH & Co KG, Camping- und Ferienpark Havelberge, 17237 Groß Quassow/Userin.

Anschlussroute

Von Userin aus folgt man der L25 für 7,5 km bis nach **Neustrelitz,** dem **Anfangspunkt der Route 2** (s. S. 40).

ABSTECHER BUTEBERG
(hin und zurück etwa 4 km)

Von Userin aus ist ein Ausflug zum Buteberg mit seinem **Findlingsgarten** und dem naturkundlichen Lehrpfad möglich. Dazu fährt man auf der L25 in Richtung Neustrelitz und biegt 3 km nach Userin und vor dem kleinen Flecken Lindenberg nach links in Richtung Prälank-Dorf ab. Ein Hinweisschild zeigt an der Straße die Einfahrt in den Nationalpark an. Etwa 1,5 km später erreicht man das **Landhotel Prälank.** In der Nähe befindet sich ein kleiner kostenfreier Wanderparkplatz neben der Straße, Parkmöglichkeiten bestehen auch am Hotel.

10 Wanderparkplatz am Landhotel Prälank,
GPS 53.35676, 13.00670

Von hier sind es etwa 500 m Fußweg bis zum **Buteberg.** Oben auf dem mit 88 m für Mecklenburger Verhältnisse recht hohen Berg wurde 1987 ein größerer Findlingsgarten gestaltet. Die etwa 80 Steine sind im Umriss einer Eule als Symbol für den Naturschutz aufgestellt. Aus der Besucherperspektive vom Boden ist das allerdings kaum zu erkennen. Der Weg zum Findlingspark über den naturkundlichen Lehrpfad ist gut ausgeschildert. Fährt man die Straße weiter, erreicht man den größeren Nationalpark-Wanderparkplatz Prälank mit Badestelle (Route 2, s. S. 50).

Informativ beschildert: ein Teil des Findlingsgartens auf dem Buteberg

ROUTE 2

VON NEUSTRELITZ NACH BURG STARGARD

011ms-lr

1 cm = 2 km
© Reise Know-How 2023
NEUBRANDENBURG
NEUSTRELITZ
PENZLIN
BURG STARGARD
Tollensesee
Lieps
Flughafen Neubrandenburg-Trollenhagen
Trollenhagen
Neverin
Staven
Woggersin
Zirzow
Weitin
Broda
Neuendorf
Wulkenzin
Brodaer Holz
Lindenberg
Tannenkrug
Nemerower Holz
Klein Nemerow
Groß Nemerow
Tollenseheim
Krickow
Zachow
Usadel
Alt Rehse
Wustrow
Prillwitz
Zippelow
Hohenzieritz
Schloss
Peckatel
Blumenholz
Weisdin
Dorfkirche
Blumenhagen
Strelitzer Stadtforst
Kiefernheide
Strelitz Alt
Zierke
Schlossgarten
Zierker See
Slawendorf
Carpin
Goldenbaum
Goldenbaumer Mühle
Müritz-Nationalpark
Feldberger Seenlandschaft
Feldberg
Lüttenhagen
Wendorf
Dolgen
Grünow
Möllenbeck
Stolpe
Quadenschönfeld
Gramelow
Teschendorf
Sabel
Holldorf
Cammin
Warbende
Blankensee
Wanzka
Rödlin
Neuhof
Georgenhof
Thurow
Zinow
Naturpark Feldberger Seenlandschaft
Lindetal
Dewitz
Quastenberg
Cölpin
Pragsdorf
Stargarder Stadtforst
Oststadt
Südstadt
Küssow
Sponholz
Neuenkirchen
Ihlenfeld
Glienke
Neubrandenburg-Ost
Mallin
Krukow
Puchow
Lapitz
Freilichtmuseum
Möllenbecker Haussee
Hirschberg 144
Keulenberg 137
Wokuhl-
Hasselförde
Triepkendorf
Carwitz
Hans-Fallada-Haus
Schwerin
Waren (Müritz)
Neubrandenburg
Neustrelitz
Rheinsberg
Wittenberge
104
192
193
96
197
198
E251

197ms-lr

ROUTENÜBERSICHT

EINE ALTE RESIDENZSTADT, EIN KLOSTER, EINE BURG UND NOCH MEHR NATUR – DER MÜRITZ-NATIONALPARK

Neustrelitz ist eine Stadt, die für jeden Besucher das Passende bereithält. In der am Reißbrett entstandenen herzoglichen Residenzstadt findet der Wohnmobilist alles für einen unvergesslichen Aufenthalt mit erlebter Historie, Kunst und Kultur, bevor er tief in die wald- und wildreichen Gebiete des östlichen Teils des Müritz-Nationalparks eintaucht. Längere Fahrstrecken durch Waldgebiete mit guten Park- und Stellplatzmöglichkeiten laden zu Wanderungen und Fahrradtouren ein. Auf dieser Route kommen besonders Naturfreunde auf ihre Kosten, die sich nicht unter Zeitdruck setzen wollen und die Freude am Entdecken naturnaher lokaler Angebote haben. Am Ende der Tour lockt in Burg Stargard die nördlichste und sehr gut erhaltene Höhenburg Deutschlands mit ihrer mittelalterlichen Vergangenheit und einem großartigen Ausblick weit über das Land.

Strecke:
Neustrelitz (s. S. 40) – **Zinow** (5 km, s. S. 45) – **Carpin** (5 km, s. S. 51) – **Goldenbaum** (4 km, s. S. 52) – **Feldberg** (14 km, s. S. 55) – **Gramelow** (16 km, s. S. 60) – **Burg Stargard** (7,5 km, s. S. 60)

Streckenlänge:
51,5 km

⊡ *Die ehemalige Jagdresidenz ist heute Zentrum des UNESCO-Weltnaturerbes Buchenwälder Serrahn*

« *Kapitelstartseite: Neustrelitz hat einen wunderschönen Stadthafen, der Altes und Neues zusammenführt*

NEUSTRELITZ

Idyllisch inmitten der Mecklenburgischen Seenplatte und direkt am Zierker See liegt Neustrelitz. Dass dieser Ort zur **Residenzstadt** ausgebaut wurde, verdankt er wechselhaften politischen Entwicklungen, denn 1701 entstanden aufgrund der dritten mecklenburgischen Landesteilung **zwei Herzogtümer: Mecklenburg-Schwerin** und **Mecklenburg-Strelitz.** Letzteres brauchte eine eigene Hauptstadt und eine neue Residenzstadt wurde errichtet. Am Reißbrett geplant und im spätbarocken Stil erbaut, gilt ihre Anlage als einzigartig in Europa.

Neustrelitz wurde rund um einen großen quadratischen **Marktplatz** erbaut, in dessen Zentrum ein Springbrunnen und Bänke zum Verweilen einladen. Von diesem Platz gehen sternförmig acht Straßen ab. Direkt am Marktplatz und so in Nachbarschaft zur Stadtkirche befindet sich das zweigeschossige klassizistische **Rathaus,** welches von Friedrich Wilhelm Buttel, einem Schüler von Karl Friedrich Schinkel, geplant und errichtet wurde und baulich sehr gut mit der gegenüberliegenden Stadtkirche von 1768 korrespondiert. Erklimmt man den 45 Meter hohen, im toskanischen Stil geschaffenen Turm der Kirche, wird man mit einem grandiosen Rundblick über die Stadt belohnt.

Folgt der Besucher der Schlossstraße, die wie alle vom Marktplatz abgehenden Straßen schnurgerade angelegt wurde, gelangt er schnell zum **Schlossbezirk,** der mit seiner Anlage und seinen Gebäuden beeindruckt. Hier ist ein Besuch des **Schlossgartens** besonders lohnenswert. Seine im barocken Stil angelegte Mittelachse säumen zahlreiche Skulpturen. Brunnen und alte Bäume vervollständigen das gepflegte Gartenensemble. Im Schlossbezirk kann man auf den Spuren der Königin Luise von Preußen und der Strelitzer Herzöge wandeln und Bauten wie den alten Marstall und den Hebetempel auf sich wirken lassen. Das eigentliche Residenzschloss sucht man allerdings vergebens, da es am **Ende des Zweiten Weltkrieges zerstört** wurde. Nach einem großen Brand trug man die Ruine später ab und lediglich ihre Fundamente sind noch auf dem Schlossberg vorhanden. Der gesamte Schlossbezirk präsentiert sich Besuchern nach umfangreichen Sanierungsarbeiten heute schöner denn je. Zwischen See und Schlosspark wurde ein **Parkplatz an der Useriner Straße** direkt am Rande des Schlossparks angelegt. Von ihm kann der Schlossbezirk leicht fußläufig erreicht werden.

Der kleine ehemalige Paradeplatz – heute eine gepflegte Wiese –, den man überquert, um zur Schlosskirche zu gelangen, ist **Friedrich Wilhelm Buttel** gewidmet und wird deshalb heute Friedrich-Wilhelm-Buttel-Platz genannt. Hier steht das Denkmal Georgs, des Großherzogs von Mecklenburg, das lange in einem Depot verstaubte und erst 1989 wieder aufgestellt wurde. Friedrich Wilhelm Buttel stand im 18. Jh. als Landesbaumeister im Dienst des Großherzogs und prägte fast fünfzig Jahre lang den Stil des gesamten Stadtbildes, das sich auch heute noch beim Bummel durch die denkmalgeschützte Altstadt präsentiert. Als Hauptwerk Buttels gilt die **Schlosskirche,** die ab 1855 in vierjähriger Bauzeit errichtet wurde, aber zu DDR-Zeiten zusehends verfiel. 1970 gab die evangelisch-lutherische Stadtkirchgemeinde die Kirche deshalb auf und damit ging sie in den Besitz der Stadt über. Mittlerweile wurde das Gotteshaus restauriert und wird in den Sommermonaten als Galerie für Plastiken und Bildhauerkunst sowie als Konzertsaal genutzt, wobei die hölzerne Decke und die Empore den Ausstellungen einen besonderen Rahmen geben. Die **Orangerie,** ebenfalls von Buttel zum klassizistischen Gartensalon umgestaltet, dient heute als Konzertsaal und Restaurant. Der Besucher findet hier auch ein Modell des ehemaligen Schlosses.

Entspannen kann man beim anschließenden Bummel durch den 48 Hektar großen **Tiergarten,** der bereits 1721 südöstlich des Schlosses angelegt wurde. In dem alten

Stellplätze

㉘ Wohnmobilstellplatz Neustrelitz
㉙ Wohnmobilstellplatz Wassersportverein Neustrelitz

Parken

11 Parkplatz Useriner Straße/Schlosspark
12 Parkplatz am Markt
13 Parkplatz im Schlossbezirk

Essen und Trinken

1 Fabrikkneipe Neustrelitz
2 Inselgaststätte Helgoland

Sonstiges

3 Tourist- und Nationalparkinformation

Mischwaldbestand leben in großzügigen Anlagen neben heimischen Tieren auch exotische. Es gibt ein begehbares Streichelgehege und einen schönen Spielplatz für die kleinen Gäste. Der alte Eingang in den Tiergarten führte durch das Hirschportal, das von 1824 bis 1826 errichtet wurde und heute noch am südlichen Rand der Schlossanlage besichtigt und durchschritten werden kann. Ein Zutritt zum Tiergarten ist hier jedoch heute nicht mehr möglich. Am besten lässt man das Wohnmobil auf den ausreichend großen und kostenlosen Parkplätzen am Ende der Schlossstraße am Friedrich-Wilhelm-Buttel-Platz stehen, besichtigt den Schlossbezirk und unternimmt dann eine kleine Wanderung von ca. 10 Minuten bis zum Tierpark. Auf dem Weg kann man das Hirschportal durchschreiten und

läuft anschließend durch einen schattigen Park und dann am Waldrand entlang. Von den kostenlosen Parkplätzen am Tierpark (GPS 53.35751, 013.06802) kann Fahrern längerer Wohnmobile wegen der geringen Größe der Parkflächen nur abgeraten werden.

Von der Innenstadt erreicht man nach nur fünfminütigem Spaziergang über die Zierker Straße und den Wartburggang den wunderschön gestalteten Neustrelitzer **Stadthafen** am **Zierker See,** in dem sich neben Liegeplätzen für Sportboote und Anlegestellen für Ausflugsschiffe auch eine Reihe von Gaststätten befinden. Ein schöner Stellplatz für Reisemobile 28 bietet in unmittelbarer Nähe die perfekte Übernachtungsmöglichkeit, um die Stadt ohne Zeitdruck zu entdecken oder eine der zahlreichen kulturellen Veranstaltungen, die Theater oder Museen bieten, zu besuchen. Seit 1755 bestticht Neustrelitz als **Theaterstadt,** wobei neben Schauspiel und Oper auch Konzerte, Operetten sowie Chorwerke auf dem Spielplan des heutigen **Landestheaters** stehen, das sich am südwestlichen Rand des Schlossbezirkes befindet. In den Sommermonaten nennt sich Neustrelitz für mehrere Wochen Residenzstadt der Operette, denn dann bieten die Schlossgartenfestspiele Zehntausenden von Zuschauern Inszenierungen berühmter Operetten vor malerischer Kulisse, in die auch die Nachbildung des ehemaligen Schlosses einbezogen ist (www.schlossgartenfestspiele.de).

Orangerie und Schlosskirche sind Veranstaltungsorte der Festspiele Mecklenburg-Vorpommern (www.festspiele-mv.de) und am letzten Maiwochenende lockt stets das Immergut-Festival (www.immergutrocken.de) zahlreiche, meist jüngere Besucher in die Stadt. Das Festival bietet ein deutlich anderes Spektrum als die beiden anderen

Am quadratischen Marktplatz in Neustrelitz steht auch das Rathaus der Stadt

15ms-lr

Veranstaltungsreihen. Auf jeden Fall gibt es viel Unterhaltung, vor allem Musik, aber auch Literatur und Malerei zu erleben.

Für Geschichtsfreunde und/oder Familien mit Kindern lohnt ein Abstecher ins **Slawendorf Neustrelitz** an der Useriner Straße. Im November 1994 wurde mit dem Bau dieses Dorfes begonnen, um an die slawische Besiedlung Mecklenburg-Vorpommerns zu erinnern, die bereits im 7. Jh. einsetzte. Innerhalb eines aus ca. 1300 Baumstämmen bestehenden Palisadenzauns bzw. eines Flechtzauns an der Uferseite des Zierker Sees stehen verschiedene Gebäude, in denen man Handwerke wie Schnitzen, Backen oder Drechseln erleben kann, und nicht nur Zusehen ist möglich, sondern alles kann auch selbst ausgeübt werden. Die Kulthalle des Slawendorfes beherbergt eine kleine Ausstellung. Es gibt auch einen Dorfladen und ein Grillstand lädt zur Stärkung ein. Wer will, kann mit dem Slawenboot Nakon in See stechen, sollte das aber vorher nach Möglichkeit anmelden.

Information

› **Tourist- und Nationalparkinformation,** Strelitzer Straße 1, 17235 Neustrelitz, in der Nähe des Marktes, Tel. 03981 253119, Nationalparkinfo Tel. 03981 253106, www.neustrelitz.de, geöffnet: Mai–September Mo–Fr 9–18, Sa 10–14, Juni–August Mo–Fr 9–18, Sa/So 10–14, Oktober–April Mo–Fr 10–16 Uhr. Außerhalb der Öffnungszeiten erteilt der Hafenmeister im Stadthafen alle Auskünfte.

Parken

P 11 **Parkplatz Useriner Straße/Schlosspark,** GPS 53.36186, 13.05246, Useriner Straße, 17235 Neustrelitz. Kostenfreier, mit Pflaster und Schotter befestigter Parkplatz zwischen Schlosspark und See. Von hier aus lassen sich alle Sehenswürdigkeiten und das Stadtzentrum innerhalb von 15 Min. erreichen.

P 12 **Parkplatz am Markt,** GPS 53.363060, 13.063110, Am Markt, 17235 Neustrelitz. 1 €/Std. Parkplatz direkt im Zentrum der Stadt, wochentags stark frequentiert, Höchstparkdauer 2 Std.

P 13 **Parkplatz im Schlossbezirk,** GPS 53.36063, 13.05823, Schlossstraße, 17235 Neustrelitz. arkplatz in unmittelbarer Nähe von Schlossgarten, Orangerie, Schlosskirche und dem Nachbau des Residenzschlosses, kostenfrei, Höchstparkdauer 3 Stunden.

Sehenswertes

› **Marktplatz mit Stadtkirche und Denkmal,** Am Markt, 17235 Neustrelitz. Ohne Zweifel ist der Marktplatz mit seinen zahlreichen Geschäften und Restaurants das Herz der Stadt.

› **Schlossbezirk Neustrelitz,** Schlossstraße, 17235 Neustrelitz, westlicher Teil der Stadt, Nähe Stadthafen. Ein beeindruckendes und weitläufiges Ensemble, auch wenn das Schloss heute nicht mehr erhalten ist. Zugehörig sind die Orangerie, das Landestheater, die Schlosskirche, das Hirschportal des ehemaligen Tiergartens, der Marstall, das Carolinenstift und das Marienpalais.

› **Landestheater Mecklenburg-Neustrelitz,** Friedrich-Ludwig-Jahn-Straße 14, 17235 Neustrelitz, www.tog.de, Tel. 03981 206400. Landesbühne Mecklenburg-Vorpommern mit zahlreichen Angeboten und Aufführungen, in den Sommermonaten

Freiluftaufführungen im Schlossgarten. Das Große Haus wurde ab 1755 erbaut, ist aber mehrfach völlig abgebrannt und wiederaufgebaut worden. Es bietet heute 400 Gästen Platz. Die Theaterkasse befindet sich in der Nähe des Marktes in der Strelitzer Straße 38.

› **Museum der Stadt Neustrelitz,** Schlossstraße 12–13, 17235 Neustrelitz, im Schlossbezirk gelegen, Tel. 03981 2390999, www.kulturquartier-neustrelitz.de, geöffnet: Di–So 10–18 Uhr, Eintritt: Erwachsene 6 €, Kinder 3 €. Stadtmuseum mit 500 m² Fläche im „Kulturquartier" (Altes Postgebäude). Es bietet einen Überblick über die Entstehung der Stadt und die Regionalgeschichte des Herzogtums.

› **Slawendorf Neustrelitz,** Franzosensteg, 17235 Neustrelitz, www.slawendorf-neustrelitz.de, Tel. 03981 237545, geöffnet: 16. April–31.Oktober Mo–Fr 10–17 Uhr, letzter Einlass 16.30 Uhr, Eintritt: Erwachsene 4,50 €, Kinder 3 €. Von der L25 (Useriner Straße) am westlichen Ortseingang von Neustrelitz abbiegen und Beschilderung folgen, die letzten 200 m geht es über einen unbefestigten Waldweg entlang einer Gartenanlage. Großer Nachbau eines Slawendorfes umgeben von einem Palisadenzaun und mit zahlreichen Gebäuden. Großes Veranstaltungsangebot und zahlreiche Aktivitäten im Dorf möglich. Wohnmobiltaugliche Parkplätze befinden sich im Eingangsbereich des Slawendorfes.

› **Tiergarten Neustrelitz,** Am Tiergarten 14, 17235 Neustrelitz, Tel. 03981 204490, www.tiergarten-neustrelitz.de, geöffnet: Mai–Sept. tägl. 9–18 Uhr, Oktober–April 9–16 Uhr, Eintritt: Erwachsene 6,50 €, Kinder 3,50 €. Vom Stadtzentrum aus über die Strelitzer Straße anfahren. Naturnah angelegter Tierpark mit etwa 450 Tieren aus 46 Arten. Begehbare Gehege bei Damhirschen, Mufflons, Ziegen und Berberaffen. Hübsches Restaurant mit Biergarten.

28 Wohnmobilstellplatz Neustrelitz

GPS 53.365341, 13.055490

Gut gestalteter, ruhiger und parzellierter Wohnmobilstellplatz in der Nähe von Stadtzentrum und Schlossbezirk, der keine Wünsche offen lässt und die Infrastruktur des Stadthafens nutzt. Dort gibt es auch Duschen, WCs und eine Waschmaschine. **Lage/ Anfahrt:** Grenzt an den wunderschönen Stadthafen an und liegt in Zentrumsnähe. Der Beschilderung zum Stadthafen folgen, Zufahrt ab dem Marktplatz über die Zierker Straße zur Zierker Nebenstraße; **Platzanzahl:** 25; **Untergrund:** Rasengitter, Pflaster, Wiese; **Service:** Strom, Trinkwasser, Abwasser, Chemie-WC, Wertmarken für Entsorgung beim Hafenmeister; **Sicherheit:** beleuchtet; **Preise:** €; **Geöffnet:** ganzjährig; **Kontakt:** Zierker Nebenstraße 6, 17235 Neustrelitz, Tel. 03981 4534540, Mobil 0152 01614033, hafeninformation@neustrelitz.de.

130ms-lr

29 Wohnmobilstellplatz Wassersportverein Neustrelitz

GPS 53.368406, 13.054219

Sehr schön gelegene Wohnmobilstellplätze auf dem Hafengelände des Wassersportvereins Neustrelitz, einige direkt am Wasser. **Lage/Anfahrt:** Von der Zierker Nebenstraße auf das Gelände des Wassersportvereins abbiegen, der Wohnmobilstellplatz der Stadt Neustrelitz befindet sich in etwa 200 m Entfernung; **Untergrund:** Wiese; **Service:** Strom, Trinkwasser, Abwasser, Chemie-WC; **Preise:** €€; **Geöffnet:** Mai–September; **Kontakt:** Zierker Nebenstr. 31, 17235 Neustrelitz, Tel. 03981 204338, www.wsv-neustrelitz.de/kamping; **Achtung:** Aufgrund der begrenzten Anzahl an Stellflächen ist eine vorherige Anmeldung empfehlenswert.

131ms-lr

Gastronomie

- **Fabrikkneipe Neustrelitz,** Basiskulturfabrik, Sandberg 3 a, 17235 Neustrelitz, in Hafen- und Stellplatznähe, www.basiskulturfabrik.de, Tel. 03981 203145 (für Veranstaltungen) und 237096 (für Restaurant), geöffnet: tägl. ab 17 Uhr. Tolle Kneipe mit Kino und Galerie im ehemaligen Gebäude einer Kachelofenfabrik mit schönem Biergarten und dem urigen Ambiente eines Industriedenkmals. Ausgezeichnet mit dem Bundespreis für Denkmalpflege. Wohnmobiltaugliche Parkflächen befinden sich vor der Fabrikkneipe und im Innenhof (GPS 53.36772, 013.05882).
- **Inselgaststätte Helgoland,** Am Hafen 1, 17235 Neustrelitz, direkt am Stadthafen und in der Nähe des Stellplatzes, www.inselgaststaette-helgoland.de, Tel. 03981 200430, geöffnet: Sommer tägl. ab 11.30 Uhr, Winter Di u. Mi Ruhetag. Auf einer kleinen Insel, die durch den Hafenausbau 1870 entstand. Das Restaurant wurde 1911 eröffnet. Neben der Gastronomie gibt es auf der Insel zahlreiche Veranstaltungen (Inseltheater, www.inseltheater.de). Die Lage der Freiterrasse direkt am Wasser ist nicht zu übertreffen.

Hat man Neustrelitz verlassen, folgt man der B198 in östlicher Richtung nach Zinow. Die Straße ist sehr gut ausgebaut und wird fortwährend von einem guten Radweg begleitet.

ZINOW

(5 km – km 5)

Der kleine Ort Zinow besteht nur aus **wenigen Häusern,** die sich einige Hundert Meter entlang der B198 aneinanderreihen. Zinow bietet aber einen ausgezeichneten Zugang zum Serrahner Teil des **Müritz-Nationalparks.** Vom ideal gelegenen Wanderparkplatz am Ortsrand kann das Gebiet zu Fuß oder per Fahrrad erschlossen werden. Hier beginnt auch ein 6,5 km langer Wald-Erlebnispfad – „Im Reich der Buchen“ –, der bis nach Serrahn führt. Man sollte sein Fernglas nicht vergessen, denn unterwegs trifft man auf einen **Aussichtspunkt,** der eine ausgezeichnete Möglichkeit zu **Vogelbeobachtungen** bietet. Mit etwas Glück können hier auch Seeadler

Müritz-Nationalpark

Wer die Mecklenburgische Seenplatte besucht, hat eigentlich keine Möglichkeit, den Müritz-Nationalpark zu übersehen. Er ist in der Fläche zu dominant, ausgezeichnet ausgeschildert und bietet ein ***beeindruckendes Naturerlebnis.*** *Die Nationalparkverwaltung bietet eine* ***Vielzahl von Angeboten*** *für Groß und Klein. Die Folge: Etwa 1 Million Besucher kann das Gebiet jährlich aufweisen.*

Etwas ungewöhnlich ist die deutliche ***Trennung*** *des Nationalparks* ***in zwei Gebiete,*** *nämlich in einen mit 62 km² kleineren Teil östlich von Neustrelitz, der auf dieser Route (Route 2) durchquert wird und den 260 km² großen Hauptteil, der sich vom Ostufer der Müritz bis an den Zierker See westlich von Neustrelitz erstreckt. Dieses Gebiet kann am besten von Route 1 (s. S. 16) und Route 3 (s. S. 68) aus erreicht werden.*

Der Müritz-Nationalpark wurde am 12. September 1990 gegründet. ***Wälder, Moore*** *und* ***Seen*** *machen mit etwa* ***85 % der Gesamtfläche*** *den Löwenanteil des Nationalparks aus. Der Anteil* ***landwirtschaftlich genutzter Fläche*** *liegt bei nur etwa 7 %. Im kleineren Gebiet des Nationalparks, rund um Serrahn, findet man vorwiegend* ***Buchenwälder,*** *welche die ursprüngliche Bewaldung der Mecklenburgischen Seenplatte repräsentieren. Die Buchenwälder Serrahns sind seit 2011 als UNESCO-Weltnaturerbe anerkannt. Der intensiven Forstwirtschaft sind die ausgedehnten* ***Kiefernwälder*** *im restlichen Teil des Areals geschuldet.*

Innerhalb des Nationalparks existieren nur ***17 Gemeinden*** *und das Gebiet ist mit 53 Einwohnern pro km² ausnehmend dünn besiedelt. Es gibt also ausgezeichnete Bedingungen für die Entwicklung des Nationalparks und seiner Flora und Fauna! Internationale Bekanntheit erreicht der Müritz-Nationalpark vor allem durch seine reichen Bestände an* ***Fisch- und Seeadlern.*** *Letztere sind hier ganzjährig zu beobachten, Fischadler, als Zugvögel, nur in den Monaten April bis Oktober. Hobbyornithologen kommen in jedem Fall auf ihre Kosten. Auch* ***Kraniche*** *brüten in der Gegend und von Ende September bis Oktober machen Tausende der eleganten Vögel auf dem Flug nach Süden hier Station. Mit der Errichtung von Beobachtungstürmen und -punkten wurde dem Vogelzug Rechnung getragen.*

Der „König" des Nationalparks ist jedoch der ***Rothirsch.*** *Leider kam es beim Rotwild jahrzehntelang zu einer dramatischen* ***Überpopulation.*** *Die Jagdleidenschaft der Funktionäre im Nationalsozialismus und in der DDR führte dazu, dass der Bestand an Rotwild durch wiederholte Aussetzungen und massive Zufütterungen weit über das natürliche Maß angehoben wurde. Enorme Schäden in Wald und Feld waren die Folge. Auch heute ist noch ein starker Wildbestand vorhanden und deshalb sollte man während der Fahrt besonders auf den Strecken innerhalb des Nationalparks entsprechend aufmerksam sein.*

Der Nationalpark ist in ***drei Schutzzonen*** *gegliedert. In der „Kernzone" gilt die höchste Schutzstufe. Im „Pflegebereich" und im „Entwicklungsbereich" herrschen niedrigere Schutzbestimmungen. Die geltenden* ***Einschränkungen*** *sind auf den Informationstafeln der Nationalparkverwaltung, die sich an jedem Parkplatz und Zugang finden, im Detail erläutert.*

Das Befahren des Müritz-Nationalparks ist innerhalb der Kernzone mit privaten Kraftfahrzeugen nur auf den ausgewiesenen Straßen gestattet. Die Ortschaften und Wanderparkplätze innerhalb dieser Zone sind selbstverständlich frei zugänglich.

Aufgrund der Verkehrseinschränkungen und als Service für Naturfreunde gibt es an den Zugängen bestens ausgeschilderte und zumeist sehr gepflegte, aber naturbelassene ***Wanderparkplätze.*** *Die wichtigsten Eingangsbereiche im Teilgebiet östlich der Müritz sind* ***Federow*** *(Norden),* ***Kratzeburg*** *(Osten) und* ***Boek*** *(Süden). Das Teilgebiet rund um Serrahn kann am besten ab* ***Zinow, Carpin*** *oder* ***Goldenbaum*** *erschlossen werden. Wer den Park ohne eigenes Fahrzeug besuchen möchte, kann von April bis Oktober ein* ***Nationalpark-Ticket*** *erwerben. Damit ist die*

*Nutzung der regelmäßig im Nationalpark verkehrenden Busse möglich und bei einigen Schifffahrtslinien wird Ermäßigung gewährt. Auch zwei Anfahrtspunkte per **Schiff** sind so nutzbar. Sowohl in Bussen als auch auf Schiffen ist die Mitnahme von Fahrrädern immer möglich.*

*Der Müritz-Nationalpark besitzt ein sehr dichtes Netz von gut befahrbaren und ausgeschilderten **Radwegen.** Aufgrund der Naturbelassenheit gibt es aber auch einige Nebenstrecken, die recht sandig sind und gelegentlich sehr bissige Anstiege beinhalten. Das sollte bei der Wahl der Tour und des Fahrrades unbedingt berücksichtigt werden. Zu Fuß kommt man ebenfalls gut durch den Nationalpark. Die ausgezeichnet markierten **Wanderwege** erstrecken sich über mehr als 400 km. In der Kernzone dürfen die Wege auch von Fußgängern und Radfahrern nicht verlassen werden. Auf den zahlreichen Informationstafeln der Nationalparkverwaltung entlang der Wege können sich Besucher über Natur, Geschichte und alle eventuellen Einschränkungen genau informieren.*

*Es ist heute nicht mehr möglich, innerhalb des Nationalparks neue **Camping- oder Stellplätze** zu gründen. Nur die schon seit 1990 existierenden Plätze haben Bestandsschutz, wenn auch fast immer örtliche Auflagen zum Schutz der Natur erfolgten.*

*Die **Nationalparkverwaltung** bietet ganzjährig zahlreiche **Führungen, Veranstaltungen** und **Aktivitäten** an und auch die **umliegenden Gemeinden** versuchen, ihren Gästen den Aufenthalt so interessant wie möglich zu machen und sorgen für unterschiedliche Angebote. Im Angebot sind z. B. GPS-Erlebnistouren, auf denen man mit geliehenen GPS-Wandernavigationsgeräten selbstständig den Nationalpark entdecken kann.*

- ***Nationalparkamt Müritz,** Schlossplatz 3, 17237 Hohenzieritz, Tel. 039824 2520, www.mueritz-nationalpark.de, geöffnet: Mo–Do 8–15.30 Uhr, Fr 8–14 Uhr*
- ***Tourist- und Nationalparkinformation Neustrelitz** (s. S. 43).*
- ***Müritz-Nationalpark-Ticket,** Personenverkehr GmbH Müritz, Strelitzer Straße 137, 17192 Waren (Müritz), Tel. 03991 6450 (zentrale Service-Hotline), www.mueritz-rundum.de, geöffnet: Mo–Do 7–16 Uhr, Fr 7–13.30 Uhr. Der Verkauf des Tickets erfolgt auch in den Bussen und Schiffen sowie in den Verkaufstellen der Weissen Flotte. Übernachtungsgäste in Waren, Klink, Röbel und Rechlin erhalten ein kostenloses Nationalparkticket mit ihrer Gästekarte. Im Verkauf kostet das Ticket 9 €/Tag und Person, für Schifffahrten 18 €.*
- ***Nationalpark-Information,** Damerower Straße 6, 17192 Federow, Tel. 03991 668849, geöffnet: ganzjährig täglich 9–18 Uhr. Informationen zum Nationalpark, Touren, Streichelzoo, „Bunte Kuh" Hofladen, schönes Bio-Restaurant und „LifeCam" in ein Fischadlernest.*
- ***Nationalpark-Information,** Schwarzenhof 15, 17192 Kargow, Tel. 03991 633410, geöffnet: Mai–Oktober täglich 9–17 Uhr*
- ***Nationalpark-Information,** Dorfstr. 31, 17237 Kratzeburg, Tel. 039822 20225, geöffnet: Mai–Oktober täglich 10–17 Uhr. Mit einer Ausstellung über das Havel-Quellgebiet. Im „Flatterhus" erfährt man Wissenswertes über Fledermäuse.*
- ***Nationalpark-Information,** Gutshaus Boek, 17284 Boek, geöffnet: Mai–Oktober täglich 10–17 Uhr. Informationen zum Nationalpark und Touren. Das Gutshaus wird aktuell saniert, vor Ort gibt es dafür eine Übergangslösung in einem Campingwagen am Kreisverkehr.*
- ***Nationalpark-Information,** Blankenförde 30, 17252 Roggentin, Tel. 039829 229190, geöffnet: Mai–Oktober täglich 10–17 Uhr. Im Gebäude der alten Dorfschule.*
- ***Nationalpark-Information,** Forsthaus Serrahn, 17237 Serrahn, Tel. 039821 41500, geöffnet: April–Oktober täglich 9–17 Uhr. Wald-Erlebnispfad „Im Reich der Buchen", angrenzend in Privatgebäude Ausstellung preisgekrönter Naturfotos.*

gesichtet werden. Für allgemeinen Fahrzeugverkehr ist der Weg nach Serrahn durch den Nationalpark allerdings gesperrt. Ohnehin ist er in ziemlich schlechtem Zustand.

30 Wohnmobilstellplatz Rödlin/Blankensee

GPS 53.392971, 13.234420

Einfacher Stellplatz direkt am Rödliner See neben dem Fischereihof Reimer, sehr ruhig und idyllisch. Alles rund ums Angeln inkl. Angelkarten ist vor Ort verfügbar, Fischverkauf und Imbiss. Keine Sanitäreinrichtungen. Vorheriger Anruf empfohlen, es gibt nur wenige Stellplätze. **Lage/Anfahrt:** Ca. 500 m hinter Zinow von der B198 in Richtung Thurow/Rödlin abbiegen, Thurow durchfahren und der Straße bis Rödlin und dort der Ausschilderung zum Fischereihof Reimer folgen; **Untergrund:** Wiese; **Service:** Strom, Trinkwasser, Abwasser; **Preise:** €; **Geöffnet:** April–September; **Kontakt:** Fischerei Reimer, Fischerweg 16, 17237 Blankensee OT Rödlin, Tel. 039826 12223.

Die Nationalparkverwaltung hat im Gebiet des Nationalparks schöne **Wanderparkplätze** ausgewiesen und naturnah ausgebaut. Alle eignen sich sehr gut als Picknickplätze. Häufig findet man auf ihnen auch eine Picknickhütte bzw. einen Grill- oder Feuerplatz. Nur sehr selten werden Gebühren erhoben, die dann aber recht moderat ausfallen. Einige Wanderparkplätze sind als Übernachtungsplätze gut nutzbar. Vor Ort muss aber auf die aktuelle Beschilderung und die genaue Lage geachtet werden. Innerhalb der Nationalparkgrenzen sind Übernachtungen immer verboten.

Umweltschutz ist selbstverständlich höchstes Gebot und ein entsprechendes Verhalten wird von den Besuchern unbedingt erwartet. Bei Plätzen innerhalb des Nationalparks können **Verstöße gegen die Nationalparkregeln,** die auch direkt am Wanderparkplatz auf Informationstafeln dargestellt sind, entsprechend der Bußgeldvorschriften geahndet werden. Bei Wanderparkplätzen handelt es sich **nicht um Camping- oder Dauerstellplätze!** Die fast immer sehr idyllische Lage wird aber umweltbewusste Wohnmobilisten immer wieder beeindrucken und anziehen.

132ms-lr

31 Wohnmobilstellplatz/ Wanderparkplatz Federow

GPS 53.483791, 12.759170

Zentraler Wanderparkplatz und ausgewiesener Wohnmobilstellplatz an der Nationalparkinformation, Gaststätte, Fahrradverleih, Streichelzoo, Dusche und WC. Die Stellplätze für Wohnmobile wurden erweitert und ausgebaut, deshalb stehen jetzt mehr Plätze zur Verfügung, Bezahlung in der Nationalparkinformation oder an Automaten. **Lage/Anfahrt:** In Federow an der Nationalparkinformation. Von Waren über den Federower Weg und die Damerower Straße bis nach Federow. Von Norden kommend über Kargow nach Federow (Kargower Straße); **Untergrund:** Asphalt; **Service:** Strom, Trinkwasser; **Sicherheit:** beleuchtet; **Preise:** €; **Geöffnet:** ganzjährig.

101ms-lr

Parken

14 Wanderparkplatz Specker Straße Waren, GPS 53.496979, 12.689080. Befestigter und mit Baumstämmen begrenzter Wanderparkplatz, an dem sich auch eine Informationsstelle der Nationalparkverwaltung befindet. Für sehr lange Wohnmobile nur eingeschränkt nutzbar (nur auf dem vorderen Teil möglich). Lage/Anfahrt: Am Waldrand am südlichen Ortsrand von Waren. Die Specker Straße entlangfahren, bis der Wanderparkplatz des Nationalparks ausgeschildert ist; Untergrund: fest; Preise: kostenlos; Geöffnet: ganzjährig; Achtung: Parkverbot für Wohnmobile 20–8 Uhr.

15 Wanderparkplatz Ostufer Feisnecksee Waren, GPS 53.500050, 12.717620. Von Baumstämmen begrenzter Wanderparkplatz. Lage/Anfahrt: Wiesengelände, ca. 200 m östlich des Feisnecksees. Ab Waren über die Karl-Bartels-Straße, dann den Federower Weg und Auf dem Nesselberg; Untergrund: Wiese; fest; Preise: kostenlos; Geöffnet: ganzjährig.

16 Wanderparkplatz Friedrichsfelde, GPS 53.485149, 12.951700. Wanderparkplatz in Ortslage von Friedrichsfelde. Mit Picknickstelle, sehr geräumig und für Wohnmobile aller Größen geeignet. Lage/Anfahrt: Von Wendorfer Straße im Ort auf Straße Am Nationalpark abbiegen und dieser bis zum Parkplatz folgen; Untergrund: Rasengitter; Preise: kostenlos; Geöffnet: ganzjährig.

17 Wanderparkplatz Havelquelle Ankershagen, GPS 53.468290, 12.943772. Recht welliger und abschüssiger Wanderparkplatz, einsam an Wald, Feld und Weideflächen gelegen. Für Wohnmobile aller Größen geeignet und von Wald und Hecken umgeben. 100 m entfernt befindet sich an einer rustikalen Mühlenruine ein Picknickplatz mit Feuer- und Grillstelle. Entfernung zur Havelquelle: ca. 400 m. Am Mühlensee gegenüber der Havelquelle befindet sich eine sehr schöne Badestelle. Lage/Anfahrt: Von Friedrichsfelde kommend über die Lindenallee durch Ankershagen und dann auf die Mühlenstraße abbiegen, dieser Straße an einem Bauernhof vorbei ca. 2,5 km folgen; Untergrund: Wiese; Preise: kostenlos; Geöffnet: ganzjährig.

18 Wanderparkplatz Nordufer Käbelicksee Kratzeburg, GPS 53.424434, 12.951196. Großer, für Wohnmobile aller Größen geeigneter Wanderparkplatz ca. 100 m südlich einer Eisenbahnlinie. Mit Sportflächen für die nahe gelegene, ausgezeichnete Badestelle. Lage/Anfahrt: Ca. 200 m vom Ufer des

Der Wanderparkplatz des Müritz-Nationalparks am Rande von Zinow mit dem kleinen Pavillon, der über das UNESCO-Welterbe „Alte Buchenwälder Deutschlands“ informiert

Käbelicksees südlich von Kratzeburg, etwa 1 Kilometer vom Campingplatz Kratzeburg entfernt. Am östlichen Ortsausgang von Kratzeburg nach Süden abbiegen und der Ausschilderung in Richtung Campingplatz Kratzeburg folgen. Der Wanderparkplatz wird nach Unterquerung der Bahnlinie erreicht; Untergrund: Wiese; Preise: kostenlos; Geöffnet: ganzjährig; Achtung: Übernachtungsverbot für Wohnmobile.

19 **Wanderparkplatz Granzin an der Havel,** GPS 53.408642, 12.906700. Kleiner, gemütlicher Wanderparkplatz direkt an der Havel. Lage/Anfahrt: Von Kratzeburg über Dalmsdorf nach Granzin fahren, am Ortseingang rechts halten, vorbei an einer Gaststätte und über die Havelbrücke. Der Parkplatz befindet sich rechts der Straße; Untergrund: Pflaster; Sicherheit: beleuchtet; Preise: kostenlos; Geöffnet: ganzjährig: Achtung: Übernachtungsverbot für Wohnmobile.

20 **Wanderparkplatz Boek,** GPS 53.39292, 12.79074. Zentraler Parkplatz am „Kreisverkehr" von Boek. Im Gutshaus Boek, gegenüber auf der anderen Seite des Kreisverkehrs, befindet sich die Nationalpark-Information samt Ausstellung. Lage/ Anfahrt: In der Ortsmitte von Boek. Der Boeker Straße durch den Ort folgen; Untergrund: Pflaster, Asphalt; Preise: kostenlos; Geöffnet: ganzjährig.

21 **Wanderparkplatz Schillersdorf,** GPS 53.344082, 12.840090. Schöner Parkplatz am Waldrand mit Picknickecke. Lage/Anfahrt: Am nördlichen Ortsausgang von Schillersdorf. Von Qualzow in Richtung Schillersdorf fahren und den Ort bis zum Parkplatz durchqueren; Untergrund: Wiese; Preise: kostenlos; Geöffnet: ganzjährig.

22 **Wanderparkplatz Weißer See,** Wesenberg, GPS 53.283260, 12.947110. Schöner, großer Wanderparkplatz unter Bäumen am Weißen See in der Nähe des Naturbads, mit Spielplatz. Lage/Anfahrt: In der Nähe des Campingplatzes am Weißen See (20) westlich von Wesenberg. Kurz vor dem westlichen Ortseingang von Wesenberg nach Norden auf einen Waldweg abbiegen und am Kleinen Weißen See vorbei zum Weißen See fahren (Ausschilderung „Campingplatz" folgen); Untergrund: Wiese; Preise: nur in der Badesaison kostenpflichtig; Geöffnet: ganzjährig; Achtung: Übernachtungsverbot für Wohnmobile.

23 **Wanderparkplatz Zwenzow,** GPS 53.321609, 12.945750. Wanderparkplatz und Parkplatz mit Picknickstelle für die Badestelle Krummer See (500 m) am Ortsrand von Zwenzow. In Zwenzow befindet sich in der Nähe des Campingplatzes noch ein anderer Wanderparkplatz (s. S. 35). Lage/ Anfahrt: Am westlichen Ortsausgang von Zwenzow in Richtung Roggenthin, ausgeschildert; Untergrund: Wiese; Preise: kostenlos; Geöffnet: ganzjährig; Achtung: Übernachtungsverbot für Wohnmobile.

24 **Wanderparkplatz Prälank,** GPS 53.36122, 13.00509. Großer Wanderparkplatz mit schöner Badestelle, der für alle Größen von Wohnmobilen geeignet ist. Am Südufer des Großen Prälank Sees und von Wald umgeben. Vom Zufahrtsweg etwa 50 m in Richtung Wald abgesetzt und schlecht ausgeschildert. Lage/Anfahrt: Von der L25 bei Lindenberg nach Norden in Richtung Prälank abbiegen, der Straße am Café Prälank vorbei in Richtung Dorf Prälank folgen, dann links abbiegen; Untergrund: Wiese; fest; Preise: kostenlos; Geöffnet: ganzjährig.

25 **Wanderparkplatz Fürstensee,** GPS 53.302601, 13.149520. Wanderparkplatz und Zugang zur sehr schönen Badestelle Großer Fürstenseeer See, geeignet für Wohnmobile aller Größen. Lage/ Anfahrt: Am Ortsausgang unter Bäumen neben der Straße Fürstensee-Wokuhl. Der Lindenstraße durch Fürstensee in Richtung Wokuhl bis zum Parkplatz folgen; Untergrund: fest; Preise: kostenlos; Geöffnet: ganzjährig.

26 **Wanderparkplatz Zinow,** GPS 53.361399, 13.174544. Schöner, ruhiger Wanderparkplatz mit Picknickstelle, geeignet für Wohnmobile aller Größen. Direkt am Waldrand und mit Zugang zum Nationalpark. Lage/Anfahrt: In Zinow die B198 nach Süden verlassen und ca. 200 m vorbei an einigen Häusern zum Parkplatz fahren. Die letzten 100 m auf festem Sandweg; Untergrund: Wiese; fest; Preise: kostenlos; Geöffnet: ganzjährig; Achtung: Übernachtungsverbot für Wohnmobile.

Ein gut erhaltenes Heckenhaus ist bei Carpin zu finden

CARPIN

(5 km – km 10)

Der Ort Carpin wurde 1393 erstmals erwähnt. Heute gehören zur Gemeinde mehrere Ortschaften und Wohnplätze (einzelne, weit entfernt stehende Siedlerhäuser). Unmittelbar am südlichen Ortsrand beginnt der **Müritz-Nationalpark,** weshalb der Ort den Titel **„Nationalparkdorf“** tragen darf. Die **Steinmühle,** eine alte Wassermühle, die heute als Jugendwaldheim genutzt wird, ist herrlich am **Grünower See** gelegen. Die zu ihr führende Straße ist wohnmobiltauglich und an ihrem Ende befindet sich ein größerer Parkplatz. Man sollte diesen Weg aber nicht nur wegen des schönen Grünower Sees und der ausgezeichneten Wandermöglichkeiten in diesem Gebiet fahren oder laufen, denn er führt direkt an einem der letzten romantischen **Heckenhäuser** vorbei.

1848 ließ Großherzog Georg rund um Serrahn 2150 ha Wald einzäunen. Auf diese Art sollte das Jagdgebiet gesichert und der durch das Wild verursachte Schaden in der Umgebung verringert werden. An größeren Wegen wurde der **Zaun** durch sogenannte „Hecken“ (Gattertore) unterbrochen. Die ehemals acht Häuser der **Heckenwärter** lagen als Dienst- und Wohnsitze an diesen Toren. Fünf Häuser wurden nach dem Entwurf des Hofbaumeisters Buttel als romantische, aber einheitliche Typenbauten in einer Holz-Ziegel-Bauweise errichtet und alle Häuser trugen am Giebel die einheitliche Inschrift „Gott beschütze die Bewohner dieses Hauses und segne ihren Ein- und Ausgang“. Bei drei Häusern wurde auf vorhandene ältere Bauten zurückgegriffen. Von den Heckenhäusern sind heute nur noch drei erhalten.

Die Zufahrt zu dem Heckenhaus an der Steinmühle beginnt am südlichen Ortsausgang von Carpin. Man verlässt die B198 in der Ortsmitte, biegt auf die Goldenbaumer Straße und nach den letzten Häusern des Ortes nach links auf den Weg in Richtung Steinmühle ab. Vom Hinweisschild „Keine Wendemöglichkeit“ sollte man sich nicht abschre-

017ms-lr

cken lassen, spätestens am Jugendwaldheim Steinmühle kann man problemlos wenden. In Carpin am Abzweig zur Steinmühle befindet sich auch ein kleiner Wanderparkplatz, der sich besonders für eine Wanderung ab hier zum Nationalparkhaus Serrahn eignet. Die Entfernung beträgt etwa 4 km.

27 **Wanderparkplatz Carpin,** GPS 53.34792, 13.24293

Die ehemaligen Landwirtschaftswege, die ab diesem Heckenhaus oder der Steinmühle nach Bergfeld oder Grünow führen und heute sehr stark ausgefahren sind, sind für Wohnmobile nicht geeignet. Man kehrt deshalb besser auf der Straße nach Carpin zurück, auf der man gekommen ist.

018ms-lr

Um der Route zu folgen, biegt man in der Ortsmitte von Carpin von der B198 nach Süden auf die K30 in Richtung Goldenbaum ab. Diese Straße führt bis Feldberg durch traumhafte und **scheinbar endlose Wälder** mitten durch den Serrahner Teil des Müritz-Nationalparks. Die interessante Fahrt über Goldenbaum bis Feldberg wird deshalb für Naturfreunde ganz sicher einer der Höhepunkte der Touren durch die Mecklenburgische Seenplatte sein. Aber Achtung, aufgrund des **hohen Wildbestandes** und der **sanierungsbedürftigen Straße,** die über längere Abschnitte aus Kopfsteinpflaster besteht, sollte die Fahrtgeschwindigkeit nicht zu hoch gewählt werden.

Besucher finden entlang der gesamten Strecke immer wieder gut markierte **Wanderwege** und **Parkmöglichkeiten.**

GOLDENBAUM

(4 km – km 14)

Goldenbaum ist ein idyllisches Straßendorf, das vollständig vom Nationalpark und kleineren Feldern umgeben ist. Es besteht nur aus wenigen Häusern, bietet aber durch seine Lage einen wunderbaren Ausgangspunkt für **Rad- und Wandertouren.**

Für Wohnmobilisten, die Ausflüge zu Fuß oder per Fahrrad unternehmen wollen, stehen im Ort kostenlose **Parkplätze** am Sportplatz direkt an der Hauptstraße zur Verfügung.

P 28 **Parkplatz Goldenbaum,** GPS 53.32551, 13.24077

Dort gibt es neben einer Informationstafel auch eine Picknickgruppe. Die **Goldenbaumer Kirche** ist die letzte Kirche Mecklenburgs, die der letzte Großherzog von Mecklenburg-Strelitz, Adolf-Friedrich V., errichten ließ. Sie wurde von 1908 bis 1912 erbaut.

Folgt man der Straße in Richtung Feldberg, erreicht man nach ca. 1,5 km die **Goldenbaumer Mühle.** Der sie umgebende Park und die direkte Lage am See waren wohl Gründe dafür, dass die Familie Dietrich, zuletzt ein Onkel der bekannten Marlene Dietrich, die Gebäude bis 1945 als Sommersitz nutzte. Wie in weiten Teilen der Mecklenburgischen Seenplatte führten die Ereignisse nach 1945 zu einem bedauerlichen Niedergang dieses ehemals wunderschönen Platzes. Der erstmals 1569 erwähnte Mühlenstandort wurde ab 1958 zu einer größeren Geflügelzucht umgewandelt, was seinem Äußeren enormen Abbruch tat. Heute ist die Mühle wieder in Privatbesitz und die Eigentümer versuchen, diese nachhaltig zu sanieren.

Nach der Mühle beginnt der **Goldenbaumer Damm,** der auf etwa 5 km Kopfsteinpflasterstraße größtenteils schnurgerade durch eine wunderbare Waldlandschaft führt. Der Damm ist als wichtiger Postweg zwischen Neustrelitz und Feldberg seit 1782 nachgewiesen. Hier fuhr bis zur Eröffnung der Eisenbahnlinie 1910 die letzte Pferdepost Mecklenburgs. 1928 wurde der Damm letztmalig gepflastert. Den letzten „Schliff" erhielt er dann in der DDR als Panzerfahrstrecke des Reparaturwerks Neubrandenburg. Ca. 1,5 km nach der Mühle befindet sich ein großer Wanderparkplatz.

29 Wanderparkplatz Goldenbaumer Damm, GPS 53.31746, 13.28278. Sehr schöner, von Wäldern umgebener Wanderparkplatz. Übernachten verboten.

Ab hier kann man in den Rundwanderweg „Waldsee" (3 km Länge) einsteigen. Eine Tafel informiert über den historischen Hintergrund des Goldenbaumer Damms als Postweg. Kurz nach dem Parkplatz bietet sich ein Abstecher über eine gut asphaltierte Straße zum **Jagdschloss Waldsee** am Schulzensee an. In wunderschöner Lage und absoluter Ruhe kann man hier einkehren oder auf dem etwa 100 m vom Waldschloss entfernten und von Wald umgebenen kostenfreien öffentlichen Parkplatz stehen. Hier wäre auch eine Übernachtung möglich. Das romantische Jagdschloss wurde von 1899 bis 1900 in Holzbauweise erbaut und erweckt als Ensemble mit Kutscherhaus und Stallungen heute noch den Charme der Biedermeierzeit. Neben der wunderbaren Lage direkt am Schulzensee bietet das Restaurant seinen Gästen eine erlesene Küche mit Schwerpunkt auf Wild- und Fischgerichten.

102ms-lr

P 30 Parkplatz Jagdschloss Waldsee, GPS 53.30888, 13.29501

Etwa 1,5 km nach dem Abzweig zum Jagdschloss findet man am „Grünower Kreuz", einer markanten Wegkreuzung, auf der linken Straßenseite einen Nachbau eines hölzernen Heckentores (Schleusentor) und einen sogenannten Einsprung. Über den Einsprung konnte Wild in das komplett umzäunte Jagd-

Adolf Friedrich V., Großherzog von Mecklenburg, ließ das Jagdschloss am Waldsee aus Holz erbauen

Die Goldenbaumer Kirche aus dem Jahr 1912

gebiet gelangen, aber nicht wieder hinaus. Hier gibt es auch einen kleinen Wanderparkplatz.

Sehenswertes, Gastronomie

› **Jagdschloss Waldsee,** Am Schulzensee 8, 17258 Feldberger Seenlandschaft OT Waldsee, Tel. 039820 33790, www.jagdschloss-waldsee.de, geöffnet: tägl. 11.30–22 Uhr.

Nach insgesamt etwa 6 km über den hart gepflasterten, aber ständig waldbesäumten Goldenbaumer Damm trifft man in der Nähe des alten Koldenhofer Sägewerks auf die ausgezeichnet asphaltierte L341 nach Feldberg. Kurz vor Feldberg durchfährt man den kleinen Ort Lüttenhagen, bereits ein Ortsteil der Feldberger Seenlandschaft. Knapp vor der Ortseinfahrt liegt südlich der Straße auf der rechten Straßenseite der **Wanderparkplatz Heilige Hallen.** Direkt angrenzend befindet sich der **Paradiesgarten Lüttenhagen,** den Naturfreunde auch einmal durchwandern sollten. Er wurde als forstbotanischer Versuchsgarten 1880 durch den Oberförster Johannes Grapow gegründet. Die kleine parkähnliche und kostenfrei zugängliche Anlage beherbergt unter anderem die Reste einer alten Obstplantage und diente als Gelände für Versuchspflanzungen. Von den vor über hundert Jahren ursprünglich 27 angepflanzten fremdländischen Baumarten sind heute noch sieben zu finden, das Forstamt Lüttenhagen ergänzt den Paradiesgarten aber seit einigen Jahren jährlich um den „Baum des Jahres“. Im Picknickhäuschen des Wanderparkplatzes finden Besucher weitere Wandervorschläge.

Das ebenfalls an den Wanderparkplatz angrenzende **Naturschutzgebiet Heilige Hallen,** eines der bekanntesten Mecklenburgs, ist bereits seit 1938 als geschützt ausgewiesen. Hier befindet sich der **älteste Rotbuchenwald Deutschlands.** Die mächtigen Stämme der bis zu 350 Jahre alten Bäume sind 40 bis 50 Meter hoch. Das Schutzgebiet umfasst heute 65 ha und kann gut **durchwandert** werden. Der Heilige-Hallen-Lehrpfad (ca. 6 km lang) beginnt direkt am Wanderparkplatz und man sollte etwa 2 Stunden für die Wanderung einplanen. Es werden keine speziellen Sicherungsmaßnahmen durch die Forstverwaltung durchgeführt, deshalb dürfen Besucher die ausgewiesenen Wege nicht verlassen, um nicht durch herabstürzende Äste und umfallende Bäume gefährdet zu werden.

Im Naturschutzgebiet werden auch **Führungen** veranstaltet, nähere Infos dazu erteilt das Forstamt Lüttenhagen (www.wald-mv.de/Forstaemter/Luettenhagen) unter der Telefonnummer 039831 59125. Das Forstamt befindet sich kurz nach Einfahrt in Lüttenhagen auf der linken Straßenseite und ist gut ausgeschildert. Besonders bei Kindern beliebt ist ein Besuch des sich dort befindlichen **Waldmuseums Lütt Holthus,** einem kleinen Erlebniszentrum, in dem die heimische Flora und Fauna des Waldes gezeigt werden.

Parken

31 Wanderparkplatz Heilige Hallen, GPS 53.33368, 13.37277. Schöner, gut ausgebauter Wanderparkplatz mit Picknickecke. Hier beginnen schöne Wanderwege und der Parkplatz kann sehr gut als Ausgangspunkt eines Besuches im Paradiesgarten Lüttenhagen und des Naturschutzgebietes Heilige Hallen genutzt werden.

Sehenswertes

› **Waldmuseum Lütt Holthus,** Forsthof 2, 17258 Feldberger Seenlandschaft OT Lüttenhagen, Tel. 039831 59125, www.wald-mv.de/Forstaemter/Luettenhagen/Luett-Holthus, geöffnet: Mai–September Di–So 10–16 Uhr, Oktober/April Di–Sa 13 bis 16 Uhr, November–März geschlossen, Eintritt: Erwachsene 2 €, Kinder 1 €, begrenzte Anzahl von Parkplätzen auf dem Gelände

Das ehemalige Gutshaus der Familie Kapp im Feldberger Ortsteil Schlicht

020ms-lr

FELDBERG

(14 km – km 28)

Feldberg hat etwa 3000 Einwohner und ist laut Rudolf Virchow, einem der bekanntesten Ärzte des 19. Jahrhunderts, die „schönst gelegene Sommerfrische". 1999 wurde die Stadt mit umliegenden Gemeinden zusammengeführt und der so entstandene Gemeindeverbund heißt nun **Feldberger Seenlandschaft.**

Erste Besiedlungen sind schon vor mehr als 2000 Jahren nachgewiesen. Auf dem Schlossberg am Breiten Luzin entstand vor mehr als 1200 Jahren eine gewaltige **Höhenburg** slawischer Stämme, deren Wälle noch heute gut erkennbar sind. Im Ortsteil Schlicht befand sich die **Burg Maledei,** eine alte Wehranlage aus dem 13. Jahrhundert. Heute sind von ihr nur noch wenige Mauerreste auf einem kleinen Hügel erhalten. Unterhalb des Hügels und leicht zu entdecken, befindet sich heute noch das sehr gut erhaltene **Gutshaus,** das der Witwe des Generallandschaftsdirektors Kapp gehörte, einem Namensgeber und Initiator des Putschversuches gegen die Weimarer Republik von 1920.

Der Name Feldberg leitet sich von der ehemaligen Feste Veltberg ab, die 1236 erstmals erwähnt wurde. Mit dem aufkommenden Tourismus im 19. Jh. und dem Bau einer **Wasserheilanstalt** änderte sich das Erscheinungsbild des früher eher bäuerlich geprägten Ortes und 1919 wurde Feldberg das Stadtrecht verliehen. Heute bieten hier zwei **Kurkliniken** ihre Leistungen an.

Feldberg wirkt Namen gebend für den **Naturpark Feldberger Seenlandschaft,** von dem ein Teil innerhalb des Müritz-Nationalparks liegt. Auch dieser Naturpark wurde wie andere Natur- und Nationalparks in den neuen Bundesländern 1990 ausgewiesen und somit gesichert. Nach der Gründung der Bundesländer auf dem Gebiet der ehemaligen DDR spaltete sich der südliche, nun brandenburgische Teil ab und heißt nun **Brandenburger Naturpark Uckermärkische Seen.**

133ms-lr

Die **Stadt-** und die **Naturpark-Information** sind in einem gemeinsamen Gebäude in der Strelitzer Straße direkt am gepflegten Kurpark, der direkt an den Haussee grenzt, untergebracht. Hier findet man einzelne kostenfreie Kurzzeitparkplätze entlang der Straße. Der etwas größere **Parkplatz** in der Nähe der Information ist durch seine beengte Einfahrt allerdings nicht für Wohnmobile geeignet. Am besten steht man kostenfrei auf dem Parkplatz der Halbinsel Amtswerder oder dem deutlich kleineren und etwas versteckten Parkplatz Kirchberg an der Bergstraße. Für sehr lange Wohnmobile wird es aber auf letzterem recht eng. Im Kurpark findet man einen Bootsverleih und die Anlegestelle der Fahrgastschifffahrt.

Die 1875 erbaute **Kirche** ist für Besucher Feldbergs schon von Weitem zu sehen. Ihr schlanker und auffallend verzierter Turm erhebt sich weit über die Landschaft. Rund um Feldberg laden die vielen **Seen** und die **abwechslungsreiche Landschaft** zum Verweilen ein. Das Gebiet wurde durch die Eiszeit geformt und die Hügel und Kuppen erreichen hier Höhen bis zu 143 m. Wanderer können sich davon z. B. auf dem leicht zu erreichenden **Aussichtspunkt Reiherberg** überzeugen. Rund um Feldberg und die anderen Ortsteile der Feldberger Seenlandschaft sind aber auch zahlreiche weitere **Wander- und Fahrradwege** ausgewiesen und Aussichtspunkte bieten Ausblicke, die weit über die Landschaft reichen. Sehr hilfreich für Aktivi-

Den besten Blick über den Feldberg hat man vom Aussichtsturm Rosenberge

täten in diesem Gebiet ist eine gute Wander- oder Fahrradkarte.

Ein interessantes Ziel ist auch der **Aussichtsturm Rosenberge** am Feldberger Ortsrand. Mit ihrer Höhe von 145 m über NN zählen die Rosenberge zu den höchsten Erhebungen in der Gegend und der Blick vom hölzernen Aussichtsturm über Feldberg und Umgebung ist sehr reizvoll. Vom ehemaligen Bahnhofsgelände (Tankstelle) sind es zu Fuß etwa 1000 m bis zum Aussichtsturm.

Ein weiteres empfehlenswertes **Ausflugsziel** – unter vielen anderen rund um Feldberg – und kultureller Anziehungspunkt ist das **Fallada-Haus** im Ortsteil Carwitz, etwa 5 km südlich von Feldberg. Hans Fallada, eigentlich Rudolf Wilhelm Friedrich Ditzen, war einer der bedeutendsten Schriftsteller des letzten Jahrhunderts. Viele seiner Themen, in zahlreichen Romanen und Geschichten schriftstellerisch verarbeitet, haben bis heute nichts an Aktualität verloren. Fallada lebte ab 1933 in Carwitz. 1945 war er auch für eine kurze Zeit Bürgermeister von Feldberg. Das Fallada-Haus, ein im Jahr 1875 gebautes Büdnerhaus, ist ausgezeichnet restauriert worden.

Carwitz liegt eingebettet zwischen drei Seen und ist im Sommer stark besucht und eng. Für Besucher mit Wohnmobil kann die Einfahrt in den Ort nicht empfohlen werden, es gibt kaum Park- und Wendemöglichkeiten. Besser ist es, das Wohnmobil am **Parkplatz am Schmalen Luzin** (s. S. 58) am Ortseingang stehen zu lassen und den sehr interessanten Ort zu Fuß zu erkunden. Die Entfernung vom Parkplatz bis zum Falladahaus am Ende des Ortes beträgt etwa 1,4 km.

Im **Scheunenladen** in der Carwitzer Straße lädt der Ruth-Werner-Verein Carwitz von Mai bis September in eine Ausstellung über die bekannte Schriftstellerin und Spionin, aber auch zu Lesungen und Diskussionsveranstaltungen über andere Themen ein. **Ruth Werner** besaß ein Ferienhaus in Carwitz und verbrachte dort viel Zeit. Ihr ehemaliges Haus grenzt an das Fallada-Haus, kann aber nicht besichtigt werden. Der Scheunenladen liegt direkt im Ort.

Der malerische Ort **Carwitz** ist aber auch ohne bekannte Namen sehenswert, denn er zeichnet sich durch seine wunderbare Lage zwischen den Seen und sein verträumtes Ambiente aus. Der kleine Ort bietet deshalb eine ungewöhnlich hohe Dichte an Ausflugsgaststätten.

Im Gemeindeverbund Feldberger Seenlandschaft wird von April bis Oktober eine Kurtaxe von 1,50 € pro Person (ab 18 Jahren) erhoben.

Information

- **Naturparkverwaltung Feldberger Seenlandschaft,** Strelitzer Str. 42, 17258 Feldberger Seenlandschaft OT Feldberg, Tel. 039831 52780, www.naturpark-feldberger-seenlandschaft.de, geöffnet: Mo–Fr 10–18 Uhr, Sa 10–13 Uhr, im Winterhalbjahr wochentags nur bis 16 Uhr geöffnet
- **Kurverwaltung Feldberger Seenlandschaft,** Strelitzer Str. 42, 17258 Feldberger Seenlandschaft OT Feldberg, www.feldberger-seenlandschaft.de, Tel. 039831 2700, geöffnet: Mo–Fr 10–18 Uhr, Sa 10–13 Uhr, im Winterhalbjahr wochentags nur bis 16 Uhr geöffnet

Sehenswertes

- **Hans-Fallada-Haus,** Zum Bohnenwerder 2, 17258 Feldberger Seenlandschaft OT Carwitz, Tel. 039831 20359, www.fallada.de, geöffnet: tägl. außer Mo April–Oktober 10–17 Uhr, November–März 13–16 Uhr, Eintritt: Erwachsene 8 €, Kinder 4 €. Neben Museum und Buchshop gibt es hier auch zahlreiche Veranstaltungen.
- **Scheunenladen,** Carwitzer Str. 33, 17258 Feldberger Seenlandschaft, OT Carwitz, www.ruth-werner-carwitz.de, geöffnet: Mai–September Di–So 14–16 Uhr

Aktivität

Wanderung zum Aussichtspunkt Reiherberg. Der Reiherberg liegt zwischen Feldberg und Schlicht. Ab Feldberg folgt man dem Schlichter Damm in Richtung Schlicht bis zum Wanderparkplatz Reiherberg, wo man mit dem Wohnmobil ganz ausgezeichnet stehen kann. Es ist interessant, dass man ein 450 m langes Teilstück des Schlichter Damms bei der Sanierung im ursprünglichen gepflasterten Zustand beließ, um das handwerkliche Können der Erbauer zu bezeugen. Eine Gedenkplakette gegenüber dem Wanderparkplatz erinnert daran. Der gut beschilderte Fußweg zum Aussichtspunkt führt ab dem Wanderparkplatz ca. 500 m bis zum Reiherberg, der als höchste Erhebung des Gebietes einen ausgezeichneten Blick auf den Haussee und Zugang zum Rundwanderweg Haussee (7 km) bietet. Der Aussichtspunkt liegt etwa 60 m über dem See. Der Weg zum Berg führt durch einen hübschen Buchenwald und angrenzend befindet sich der Fitnesspark Feldberg, eine Strecke mit verschiedenen sportlichen Übungsstationen für die Kurgäste.

› **Aussichtspunkt Reiherberg**

Parken

P **32 Parkplatz Halbinsel Amtswerder,** GPS 53.336070, 13.441510, Weidendamm, 17258 Feldberg. In Feldberg über die Fürstenberger Straße auf den Weidendamm abbiegen. Schöner, mit Pflaster und Rasengitter befestigter Park- und Übernachtungsplatz in der Nähe des Haussees, Wohnmobile können hier sogar auf ausgewiesenen Parkflächen bis zu 3 Tage stehen, Kosten: 1 €/Std., Tageskarte 10 €.

P **33 Parkplatz Kirchberg,** GPS 53.334550, 13.437050, Bergstraße 19–21, 17258 Feldberg. Versteckter, ruhiger und kostenloser Parkplatz, umgeben von Bäumen und in der Nähe der Kirche. Es gibt nur eine einspurige Zufahrt.

P **34 Parkplatz am Schmalen Luzin,** GPS 53.299160, 13.427440, Carwitzer Straße, 17258 Feldberg-Carwitz. Ca. 100 m westlich des Ortseingangs von Carwitz zwischen Schmalen Luzin und Dretzsee. Er ist von beiden Seen nur ca. 100 bis 200 m entfernt. Die beste Parkmöglichkeit, um

32 Campingplatz Am Carwitzer See

GPS 53.301250, 13.440030

Kleiner, gemütlicher Campingplatz mit viel Grün und Bootsverleih etwa in der Ortsmitte von Carwitz am Carwitzer See. **Lage/Anfahrt:** In Carwitz erst der Carwitzer Straße in den Ort und dann der Ausschilderung des Campingplatzes folgen; **Untergrund:** Rasengitter, Wiese; fest; **Service:** Strom, Trinkwasser, Abwasser, Chemie-WC, WLAN; **Sicherheit:** umzäunt; **Preise:** €; **Geöffnet:** Ende April–Anfang Oktober; **Kontakt:** Carwitzer Straße 80, 17258 Feldberger Seenlandschaft, Tel. 039831 21160, www.campingplatz-carwitz.de.

198ms-lr

34 Campingplatz am Bauernhof Feldberg

GPS 53.344990, 13.456750

Mehrfach ausgezeichneter großer Campingplatz in schöner Lage direkt am Wasser mit angeschlossenem Bauernhof, Streichelzoo und Bootsverleih. **Lage/ Anfahrt:** Von Feldberg auf der Prenzlauer Straße in Richtung Osten bis zum Abzweig des Weges nach Hof Eichholz; **Untergrund:** Wiese; fest; **Service:** Strom, Trinkwasser, Abwasser, Chemie-WC, WLAN; **Sicherheit:** umzäunt; **Preise:** €€; **Geöffnet:** ganzjährig; **Kontakt:** Hof Eichholz 1–8, 17258 Feldberger Seenlandschaft, Tel. 039831 21084, www.campingplatz-feldberg.de.

136ms-lr

Carwitz und Umgebung zu erkunden. Übernachtungsverbot für Wohnmobile.

35 Wanderparkplatz Reiherberg, GPS 53.358810, 13.434240. An der Straße zwischen Feldberg und Schlicht. Schöner, kostenloser Wanderparkplatz mit Picknickecke. Ab hier können der Aussichtspunkt Reiherberg, aber auch der nahe liegende Fitnesspark gut zu Fuß erreicht werden. Der Wanderweg zum Reiherberg beginnt auf der gegenüberliegenden Straßenseite.

33 Campingplatz Am Dreetzsee

GPS 53.283370, 13.431430

Großer und sehr gut ausgestatteter Campingplatz direkt am Südufer des Dreetzsees und umgeben von Wald. Fahrrad- und Bootsverleih, Gaststätte, große Badestelle mit Badeinsel und Wasserrutsche. **Lage/ Anfahrt:** Von Feldberg über Neuhof in Richtung Carwitz fahren, dann die Carwitzer Straße kreuzen und der Asphaltstraße zum Campingplatz folgen, ausgeschildert; **Untergrund:** Wiese, Sand; fest; **Service:** Strom, Trinkwasser, Abwasser, Chemie-WC, WLAN; **Sicherheit:** umzäunt, beleuchtet; **Preise:** €€; **Geöffnet:** 1. April–31. Oktober; **Kontakt:** Herr Döhring, Campingplatz Am Dreetzsee, Thomsdorf 51, 17268 Boitzenburger Land, Tel. 039889 746, www.dreetzseecamping.de. In der Hauptsaison Platzreservierung nur bei Mindestaufenthalt von 6 Tagen.

Von Feldberg folgt man der L34 nach Möllenbeck. 3,5 km nach dem Feldberger Ortsausgang fährt man direkt am kleinen **Wanderparkplatz des Naturschutzgebietes Wacholderberg** vorbei.

Parken

36 Wanderparkplatz Naturschutzgebiet Wacholderberg, GPS 53.36252, 13.39803. Übernachtungsverbot.

Hier kann man vor der Weiterfahrt auf der Route eine schöne Wanderung unternehmen. Durch intensive Weidehaltung über Jahrhunderte bestimmt hier der Wacholder das Landschaftsbild. Das ca. 8 ha große Gebiet kann auf verschiedenen Wanderwegen durchstreift werden und der Zugang ist auch über den **Feldberger Ortsteil Cantnitz** möglich. Dort gibt es ebenfalls einen Wanderparkplatz. Auf allen Wanderparkplätzen um den Wacholderberg besteht Übernachtungsverbot.

Parken

37 Wanderparkplatz Ortsteil Cantnitz, GPS 53.37891, 13.395622. Übernachtungsverbot.

In Möllenbeck biegt man nach rechts auf die B198 ab und folgt dieser bis Stolpe, bevor es dann über die L331 in Richtung Burg Stargard nach **Quadenschönfeld** weitergeht.

Im Ort Quadenschönfeld gibt es ein um 1800 erbautes sehr beachtliches Herrenhaus, das **Schloss Quadenschönfeld.** Ursprünglich im Besitz der Familien von Warburg und Bernstorff wurde es 1945 enteignet. Nach längerem Leerstand wird es nun in eine Seniorenresidenz umgewandelt. Um zum Herrenhaus zu gelangen, muss man die L331 im Ort nach links verlassen.

Von Quadenschönfeld folgt man weiter der L331, hier eine der schönsten Alleenstraßen Deutschlands, in Richtung Burg Stargard. Vor allem im Sommer fährt es sich im Schatten der alten Bäume sehr angenehm.

GRAMELOW

(16 km – km 44)

Kurz nach Quadenschönfeld erreicht man auf der gut ausgebauten L331 Gramelow. In diesem sehr kleinen Ort, einem Ortsteil von Teschendorf, steht eine ungewöhnliche kleine **Rundkirche** ohne Kirchturm. Aufgrund ihrer geringen Größe ist sie eigentlich mehr eine Kapelle, aber schon etwas Besonderes, denn es gibt nur drei Kirchen dieser Bauart in Mecklenburg. Um sie zu finden, verlässt man am Ortseingang kurz die L331 nach links und durchquert den Ort auf der Alten Dorfstraße und stößt dann etwa in Ortsmitte auf das Gotteshaus. Die Alte Dorfstraße mündet wieder auf die L331.

Anschließend fährt man über Teschendorf die letzten Kilometer bis nach Burg Stargard.

BURG STARGARD

(7,5 km – km 51,5)

Burg Stargard ist eine Kleinstadt in Mecklenburg-Vorpommern und kann wie viele Ortschaften in diesem Gebiet auf eine jahrhundertealte Geschichte zurückblicken. Seit dem frühen 13. Jahrhundert gab es hier eine **mittelalterliche Burg,** die für die Eroberung dieses Gebietes und die Unterwerfung der ansässigen Slawenstämme bedeutsam war. 1259 wurde dem Ort das **Stadtrecht** verliehen. Nach dem verheerenden **Dreißigjährigen Krieg** und dem folgenden wirtschaftlichen Niedergang verlor die Stadt ihre strategische und überregionale Bedeutung. Der frühere Name Stargard wurde nach der Eingemeindung der Burganlage 1929 in Burg Stargard geändert.

Heute wie damals dominiert die **Burg** den Ort. In der Geschichte wechselten sie und der früher zu ihr gehörende Herrschaftsbereich mehrfach die Besitzer. Der natürliche Burghügel war schon vor 3000 Jahren nachweislich bewohnt. Die früher auf ihm vorhandene prähistorische Befestigungsanlage wurde von den im 5. Jahrhundert das Gebiet besiedelnden Slawen gefunden und von ihnen als „stari gard“ – Alte Burg – bezeichnet, was dem Ort den Namen Stargard gab. Die heutige Burg Stargard, die einzige **Höhenburg** Norddeutschlands, wurde nach der Unterwer-

fung der Slawen zur militärischen Sicherung des Gebietes auf dem Burghügel erbaut und umfasst heute noch 11 Gebäude. Die gesamte Burganlage ist gut erhalten und unbedingt einen Besuch wert. Vom 38 m hohen, im Jahre 1245 erbauten **Bergfried** der Burg ist ein weiter, uneingeschränkter Rundblick bis Neubrandenburg und in die umliegende Landschaft möglich. Innerhalb der Burganlage befinden sich ein **Museum** und eine rustikale **Burgschenke.** Am zweiten Augustwochenende feiert man jedes Jahr ein großes **Mittelalterfest** auf dem Burggelände und darüber hinaus wird die Stätte für zahlreiche weitere Veranstaltungen genutzt.

Vor der Burg ist ein großer und gut gestalteter **Parkplatz** angelegt, der auch als Übernachtungsplatz geeignet ist. Die von 9 bis 20 Uhr erhobenen Parkgebühren betragen für Wohnmobile 6 €. Die Zufahrt zur Burg ist für Wohnmobile nur über den Weinbergsweg möglich. Dieser ist relativ schmal und verlangt etwas Aufmerksamkeit. Vom Marktplatz oder anderen Parkplätzen im Stadtzentrum erreicht man die Burg in etwa 15 Minuten immer bergauf zu Fuß.

In der Stadt lädt die **Kirche St. Johannes** zu einem Besuch ein. Seit dem 13. Jahrhundert befand sich an der Stelle eine Kapelle, die fortwährend umgebaut wurde. Die heutige barocke Prägung erhielt die Kirche nach einem Brand 1770. Im Jahr 1894 wurde der massive Turm angebaut. Im Innenraum der Kirche sind der Taufstein aus dem 13. Jahrhundert und der Kanzelaltar von 1770 besonders sehenswert. Am sogenannten Ziegenmarkt, relativ unromantisch in der Nähe der Eisenbahngleise gelegen, befindet sich das alte, unscheinbare und kleine **Heilig-Geist-Hospital.** Es ist das älteste Gebäude der Stadt (erbaut 1290) und beherbergt ei-

Die alte Burg Stargard besteht aus Vor- und Hauptburg mit Bergfried

ne Population von Mausohr-Fledermäusen. Nach umfangreichen Sanierungsarbeiten wird das Haus heute gelegentlich für Veranstaltungen genutzt.

Besucher dürften sich auch an der **Sommerrodelbahn Burg Stargard** erfreuen. Hier gibt es genügend für Wohnmobile aller Größen geeignete Parkplätze. Sollten diese doch einmal gefüllt sein, kann man problemlos auf die Parkplätze des großen Sportplatzes in der Nähe ausweichen.

Saniert und mit neuen Parkmöglichkeiten versehen präsentiert sich das **Marie-Hager-Haus** in der Dewitzer Chaussee 17. Das ehemalige Wohn- und Arbeitshaus dieser norddeutschen Malerin wurde 1921 erbaut. Heute laden Stadt und Kunstverein dort Besucher zu Ausstellungen und Veranstaltungen ein.

Im Marie-Hager-Haus in Burg Stargard finden Besucher ein Museum und eine Galerie

Als **Wandertipp** empfiehlt sich die ausnehmend schöne „7-Berge-Wanderung" rund um Burg Stargard. Sie führt über den Galgenberg, den Töpferberg, den Scheunsberg, den Denkmalsberg, den Windmillerberg und den Klüschenberg bis auf den Burgberg. Will man diese Wanderroute komplett laufen, sollte man je nach Kondition etwa drei Stunden einplanen.

Information

› **Touristinformation Burg Stargard,** Burg 4, 17094 Burg Stargard, Tel. 039603 25355, www.burg-stargard.de, geöffnet: Mo–Sa 10–17 Uhr

Parken

P 38 Parkplatz HEM-Tankstelle Burg Stargard, GPS 53.497840, 13.305430, Bahnhofstraße 7, 17094 Burg Stargard. Nicht unbedingt ruhige Park- und Stellflächen an einer Tankstelle und in Bahnhofsnähe.

P 39 Parkplatz am Markt, GPS 53.495430, 13.309600, Am Markt, 17094 Burg Stargard,

137ms-lr

2 Stunden kostenfrei. Parkplatz direkt am Markt gegenüber der Touristinformation.

P 40 Parkplatz Klüschenberg, GPS 53.49230, 13.31711, Klüschenbergstraße, 17094 Burg Stargard, kostenfrei und ohne Parkzeitbegrenzung. Vom Parkplatz bietet sich ein schöner Blick über den Stadtteich Burg Stargards, den Mühlenteich, und die dahinter liegende alte Wassermühle sowie die ehemalige Villa des Mühlenbesitzers. Für Wohnmobile sind neben der Straße auch einige größere Parkflächen ausgewiesen.

Sehenswertes

› **Alte Burg und Museum Burg Stargard,** Burg 1, 17094 Burg Stargard, Tel. 039603 22852, www.hoehenburg-stargard.de, geöffnet: Die Burg ist immer zugänglich, das Museum ist von März bis Oktober 10–17 Uhr geöffnet. Im alten Marstall der Vorburg befindet sich ein liebevoll gestaltetes Museum zur Geschichte der Burg und der Stadt. Parken und Besichtigung der Burganlage sowie der Zugang zur rustikalen Burggaststätte sind kostenfrei. Das Museum erhebt eine Eintrittsgebühr von 4 € pro Person. Der innerhalb der Burganlage gelegene Bergfried kann nur gegen eine Extragebühr (3 €) bestiegen werden.

› **Stadtkirche St. Johannes,** Grabenstraße 6, 17094 Burg Stargard, Tel. 039603 20754. Sehr gut erhaltene barocke Kirche mit historischem Taufstein und Hochaltar. An der Kirche, die nur unweit des Marktes liegt, gibt es kostenlose Parkmöglichkeiten.

› **Heilig-Geist-Hospital,** Kurze Straße 1, 17094 Burg Stargard. Das Gebäude wird durch den „Altes Hospital e. V." genutzt und beherbergt die größte Population der Großen Mausohr-Fledermaus in Norddeutschland.

› **Marie-Hager-Haus,** Dewitzer Chaussee 17, 17094 Burg Stargard, Tel. 039603 21152, www.burg-stargard.de/tourismus/marie-hager-haus, geöffnet: Mo/Mi 10–12 und 13–16, Di/Do 13–17.30 Uhr, an jedem 3. Wochenende im Monat

Spaß für Jung und Alt: Fahrten auf der Sommerrodelbahn in Burg Stargard

023ms-lr

Sa/So 14–17 Uhr, Veranstaltungen extra. Idyllisch gelegenes Wohn- und Arbeitshaus der spätimpressionistischen Landschafts- und Architekturmalerin Marie Hager. Mit Galerie und Sonderausstellungen anderer Künstler. Bei belegten Parkplätzen am Haus parkt man am besten beim Supermarkt, der etwa 100 m entfernt ist.

Aktivität

› **Sommerrodelbahn Burg Stargard,** Rosenstraße 1a, 17094 Burg Stargard, Tel. 039603 23226, www.rodelbahn-burgstargard.de, geöffnet: März–Oktober 10–18 Uhr, Einzelfahrt ab 2,50 €, 6er-Karte 13 €. Schöne Sommerrodelbahn mit einer Gesamtlänge von 720 m. Nach der Einfahrt in Burg Stargard aus Richtung Teschendorf nach links auf die Rosenstraße abbiegen und der Beschilderung Richtung Tierpark und Sommerrodelbahn folgen.

Anschlussroute

Von Stargard erreicht man über die L33 und die B96 nach 6,5 km mit **Neubrandenburg** den Ausgangspunkt der **Route 3** (s. S. 68).

Kurz vor Neubrandenburg befindet sich die **Mahn- und Gedenkstätte Fünfeichen.** In dem ehemaligen Kriegsgefangenen- und späteren Speziallager Nr. 9 der sowjetischen Geheimpolizei NKWD kamen mindestens 10.000 Menschen ums Leben. Fünfeichen ist ausgeschildert. Die Gedenkstätte befindet sich hinter der Bundeswehrkaserne.

35 Wohnmobilstellplatz Klein Nemerow

GPS 53.48644, 13.21609

Wohnmobilstellplatz in Seenähe an einem Parkplatz. **Lage/Anfahrt:** Im kleinen Ort Klein Nemerow neben der Hauptstraße, ausgeschildert; **Platzanzahl:** 6; **Untergrund:** Pflaster; **Service:** Strom, Trinkwasser, Abwasser; **Sicherheit:** beleuchtet; **Preise:** €; **Kontakt:** Am Damm, 17094 Klein Nemerow Tel. 039605 2600, Betreiber Seehotel Heidehof Groß Nemerow. Hinweisschild vor Ort beachten, bei Ankunft beim Betreiber telefonisch melden. Platzwart kommt dann vorbei. Keine sanitären Einrichtungen.

ROUTE 3

VON NEUBRANDENBURG NACH KUMMEROW

024ms-lr

Kapitelstartseite: Gleich neben dem Wanderparkplatz Kratzeburg (s. S. 49) – der Käbelicksee mit toller Badestelle

ROUTENÜBERSICHT

DURCH FRITZ REUTERS HEIMAT – DIE STADT DER VIER TORE, EIN BLICK IN DIE JUNGSTEINZEIT UND INS MITTELALTER

Es ist unmöglich, in Neubrandenburg die gut erhaltenen Teile der alten Stadtbefestigung zu übersehen, die das Zentrum der drittgrößten Stadt Mecklenburg-Vorpommerns umrahmt. Industrielle Mitte und Verwaltungssitz des gesamten östlichen Mecklenburg-Vorpommerns – die üblichen Attribute eines solchen Zentrums können Besucher hier aber getrost vergessen. Neubrandenburg ist eine grüne und naturnahe Stadt voller Geschichte und ohne rauchende Schlote, in der es ansonsten alles gibt, was man von einer Großstadt erwartet – trotzdem hat man niemals das Gefühl, in einer solchen zu sein. Rollt das Wohnmobil aus der Stadt, erwartet den Reisenden eine spannende Tour mit einer Mischung aus Mittelalter und Natur, aus Forschung und Literatur: Hexenverfolgung in Penzlin, ein Abstecher in den zentralen Teil des Müritz-Nationalparks, Besuche bei Heinrich Schliemann, dem Erforscher von Troja, und dem bekannten Mundartdichter Fritz Reuter – hier findet sich für jeden Wohnmobilisten etwas Passendes.

Strecke:

Neubrandenburg (s. S. 68) – **Abstecher nach Alt Rehse** (hin und zurück 13 km, s. S. 73) – **Penzlin** (13 km, s. S. 75) – **Abstecher nach Prillwitz und Hohenzieritz** (hin und zurück etwa 26 km, s. S. 79) – **Abstecher in den Müritz-Nationalpark** (hin und zurück etwa 40 km, s. S. 80) – **Ankershagen** (10 km, s. S. 83) – **Varchentin** (15 km, s. S. 84) – **Kittendorf** (5 km, s. S. 85) – **Reuterstadt Stavenhagen** (9 km, s. S. 85) – **Abstecher Ivenacker Eichen und Tiergarten** (hin und zurück etwa 10 km, s. S. 87) – **Grammentin** (10 km, s. S. 89) – **Kummerow** (5 km, s. S. 90)

Streckenlänge:

ohne Abstecher ca. 67 km; mit Abstecher ca. 156 km

NEUBRANDENBURG

Das 1248 durch Johann I. von Brandenburg gegründete Neubrandenburg wird allgemein auch als die **Stadt der vier Tore** bezeichnet. Die Tore sind Teil einer seit dem 13. Jh. errichteten **Wehranlage,** die anfangs aus den gängigen Materialien wie Holz und Erde bestand und eigentlich nur einen Palisadenzaun darstellte. Bald wurde diese Anlage durch eine **Stadtmauer** aus Stein ersetzt, die bis heute gut erhalten ist. Mit einer Länge von ca. 2300 Metern und einer Höhe von bis zu sieben Metern umschließt die Mauer den historischen Stadtkern völlig.

Die vier aus rotem Backstein errichteten **Stadttore** gaben Neubrandenburg seinen Beinamen. Das älteste ist **das Friedländer Tor,** mit dessen Errichtung schon um 1300 begonnen wurde. Mitte des 14. Jh. folgte der Bau des **Stargarder Tores,** um 1400 entstand das **Treptower Tor** und das **Neue Tor** aus dem 15. Jh. ist das jüngste.

Aber nicht nur die Tore machen einen Spaziergang entlang der Stadtmauer so lohnenswert. Es gibt auch noch eine wirkliche Besonderheit zu entdecken: Die sogenannten **Wiekhäuser** sind ursprünglich rechteckige Vorsprünge im dicken Mauerwerk, die dazu gedacht waren, den anstürmenden Feind schon vor der Mauer abzuwehren. Nach dem Dreißigjährigen Krieg verlor die Verteidigungsanlage ihre Funktion und die Wiekhäuser wurden zu Wohnhäusern. Einst waren genau 56 in die Stadtmauer Neubrandenburgs eingefügt. Ein Wiekhaus wurde schon im Mittelalter durch einen sogenannten Fangelturm ersetzt und während des Zweiten Weltkrieges wurden viele andere bei Kämpfen zerstört. Bis heute erfuhren 25 Wiekhäuser eine Rekonstruktion und sind jetzt v. a. kleine **Läden** bzw. **Restaurants,** die wunderschön gestaltet zur Einkehr locken.

086ms-lr

Ein altes Wieckhaus in der Stadtmauer von Neubrandenburg

Besuchen kann man außerdem den **Fangelturm,** wegen seiner Nähe zum Franziskanerkloster auch Mönchenturm genannt. Er war lange Zeit das städtische Gefängnis. Man kann sagen, dass die Insassen sehr sicher verwahrt waren, denn die Mauern des Turms sind an seinem Fuß 2,30 m dick. Der Zugang lag in 6 m Höhe und war nur mithilfe von Leitern zu erreichen. Durch das sogenannte Angstloch, im Durchmesser nur 70 cm groß und hinter dem Eingang liegend, aber gleichzeitig die einzige Luft- und Lichtquelle des Raumes, wurden die Gefangenen tief abgeseilt. Letztlich saßen sie in einem Verlies fest, das 2 m unter der Straße liegt.

Eine weitere Sehenswürdigkeit der Stadt ist die dreischiffige **Hauptpfarrkirche St. Marien.** Schon 1298 geweiht, wurde sie ebenfalls im Zweiten Weltkrieg Opfer der Zerstörung. Heute dient sie als Konzerthalle der Neubrandenburger Philharmonie und ist Veranstaltungsort des bekannten **Neubrandenburger Jazzfrühlings** (www.jazzfruehling-nb.de), der jährlich im März stattfindet. Auch im Schauspielhaus, einigen Gasthäusern oder im Freien kann man in diesen Wochen verschiedene Konzerte z. T. hochkarätiger in- und ausländischer Künstler genießen und auch außerhalb dieser Zeit finden in Neubrandenburg viele Veranstaltungen statt.

Eines der ältesten Häuser der Innenstadt beherbergt das **Schauspielhaus Neubrandenburg,** das schon 1787 als Komödien-

Stellplätze

37 Wohnmobilstellplatz Wassersportzentrum Neubrandenburg

Einkaufen und Sonstiges

1 Marktplatz-Center Neubrandenburg

2 Touristinfo Neubrandenburg

P Parken

42 Parkplatz Stadthalle

43 Bahnhof Neubrandenburg

44 Parkplätze Brodaer Straße

haus Erwähnung fand und ca. 100 Jahre als Theatergebäude genutzt wurde. Während der nächsten 100 Jahre waren darin u. a. eine Anstalt für Bewegungskuren, eine Schneiderwerkstatt oder auch der Gemeindesaal untergebracht. 1994 öffnete, nachdem das Gebäude umfassend saniert worden war, das Theater für Schauspiel und Musiktheater wieder seine Pforten. Als ältestes erhaltenes Theatergebäude wurde die historische Bühne von der Europäischen Union als schützenswertes kulturelles Erbe eingestuft.

Obwohl Neubrandenburg den Besuchern ausreichend Parkraum bietet, ist das Auffinden eines **Parkplatzes** für Wohnmobile entlang der Straßen in der engen Innenstadt insbesondere wochentags ein Glücksspiel. Ein Versuch kann trotzdem nicht schaden. Die zahlreichen Tiefgaragen und Parkhäuser hier sind leider nicht wohnmobiltauglich. Aufgrund der relativ kurzen Wege eignen sich jedoch die außerhalb der Stadtmauern liegenden Parkplätze auch gut als Ausgangspunkt für eine Stadtbesichtigung.

Neubrandenburg liegt am Nordufer des **Tollensesees.** Unternimmt man ausgehend vom süd-westlichen Stadtteil Broda mit seinen großen Parkflächen, genauer dem „Brodaer Holz", einem dicht bewaldeten Hügelzug am Ufer des Tollensesees, einen kleinen Spaziergang (ca. 400 m), gelangt man auf einer Anhöhe zum **Belvedere,** von wo sich ein atemberaubender Blick über den gesamten See bietet.

P 41 **Parkplatz Brodaer Holz,** GPS 53.550260, 13.236340

Die großen Parkflächen zeigen allerdings schon, dass man sich hier in der Saison selten allein befindet. Die Waldflächen, das Ufer des Tollensesees und das Belvedere sind gut besuchte Ausflugsziele. Das Gebäude des Belvedere, 1823 im Stil eines griechischen Tempels errichtet, war ursprünglich ein Sommerhaus und wurde 1934 zum Kriegerdenkmal umgebaut. Daher rühren auch die wuchtigen Treppen und der große Platz vor dem Gebäude. Nach 1945 verfiel es zusehends und erst 1995 wurde es als offener Tempel wieder hergestellt und bildet nun regelmäßig die Kulisse für Konzerte und Theateraufführungen.

Will man noch mehr Eindrücke vom See gewinnen, könnte man z. B. das **Fahrrad** besteigen, denn der **Tollensesee-Radrundweg** von 37 km Länge führt vom Strandbad Broda über den Campingplatz Gatsch Eck 36 zum Jagdschloss Prillwitz. Von da geht es weiter über Usadel, Nonnenhof und Klein Nemerow bis zum **Aussichtsturm Behmshöhe,** den man wirklich unbedingt ersteigen sollte, um den grandiosen Rundblick über den Tollensesee und Neubrandenburg sowie das auf der anderen Seeseite liegende Belvedere zu genießen. Vom Aussichtsturm radelt man vorbei am Augustabad in Richtung Neubrandenburg und gelangt zum Ausgangspunkt dieser Tour zurück. Teilabschnitte des Tollensesee-Rundweges lassen sich auch gut zu Fuß erkunden.

Wem das zu anstrengend ist, der besteigt eines der beiden **Fahrgastschiffe,** die auf dem See kreuzen. Das eine ist ein Linienschiff, das die Orte rund um den See verbindet, das andere ist das Ausflugsschiff Mudder Schulten (www.fahrgastschiff-mudderschulten.de). So lässt sich das „Grüne Herz Neubrandenburgs", wie der See auch genannt wird, auf angenehme Art erkunden. Man fährt u. a. an der **Trümmerinsel** vorbei, einem ursprünglich 1941/42 von Kriegsgefangenen aus Polen und Jugoslawien künstlich geschaffenen Eiland im See und Teil der ehemals modernsten **Torpedoversuchsanstalt** Deutschlands. Die „Industrieversuchsanstalt des Oberkommandos der Marine in Neubrandenburg" unterlag strengster Geheimhaltung und die bei einer Wassertiefe von etwa 13 m ingenieurtechnisch sehr anspruchsvoll auf Stelzen in das Wasser gebaute Kommandozentrale war natürlich Sperrzone. Der gesamte nördliche Teil des Tollensesees wurde bis 1945 für Erprobungen sowie das Einregeln und Einschießen von Luft- und Seetorpedos der Deutschen Marine und der Luftwaffe genutzt. Am Ende des Zweiten Weltkrieges erfolgte die Sprengung der Kommandozentrale und es entstand im Laufe der Jahre eine grüne Insel, deren Beton- und Trümmergerüst noch zu erkennen ist. Bis heute werden gelegentlich Torpedos im Tollensesee gefunden, die bei den Versuchen verloren gingen. Da die Torpedos bei den Versuchen aber keinen Sprengkopf trugen, sind sie ungefährlich.

Information

› **Touristinfo Neubrandenburg,** Marktplatz 1, 17033 Neubrandenburg, Tel. 0395 5595127, www.neubrandenburg-touristinfo.de, geöffnet: Mo–Fr 10–18 Uhr, Sa 10–16 Uhr

025ms-lr

Sehenswertes

- **Kunstsammlung Neubrandenburg,** Große Wollweberstraße 24, 17033 Neubrandenburg, www.kunstsammlung-neubrandenburg.de, Tel. 0395 5551290, geöffnet: Mi–So 10–17 Uhr, Eintritt: 5 €. Städtische Kunstsammlung, die 1890 von der Stadt gestiftet wurde. Der größte Teil der Ausstellungsstücke ging 1945 verloren. 1982 wurde die Kunstsammlung neu gegründet. Heute wird Gegenwartskunst aller Richtungen ausgestellt.
- **Brigitte Reimann Literaturhaus Neubrandenburg,** Gartenstraße 6, 17033 Neubrandenburg, Tel. 0395 5719180, www.literaturzentrum-nb.de, geöffnet: Di/Mi 10–12 u. 13–16 Uhr, jeden 1. Sa im Monat 10–16 Uhr sowie nach Absprache, Eintritt: 2 €. Literatur- und Nachlasssammlung nicht nur zu Brigitte Reimann. Autorenlesungen, Buchpremieren und Musikveranstaltungen. Vor Ort gibt es nur wenige Parkmöglichkeiten, das Literaturzentrum ist aber in wenigen Minuten zu Fuß aus der Innenstadt zu erreichen.
- **Regionalmuseum Neubrandenburg,** Treptower Str. 38, 17033 Neubrandenburg, an drei Standorten in der Stadt (Treptower Tor, Franziskanerkloster, St. Marienkirche), Tel. 0395 5551270, www.museum-neubrandenburg.de, geöffnet: Mi–So 10–17 Uhr, Eintritt: 6 €. Das Museum ist eines der ältesten in Deutschland (gegr. 1872). Gezeigt werden Ausstellungsstücke von der Ur- und Frühgeschichte bis zur Gegenwart. Treptower Tor: Ausstellung Ur- und Frühgeschichte, Franziskanerkloster: Ausstellung Stadt- und Regionalgeschichte, St. Marienkirche: Ausstellung zur Backsteingotik.
- **Konzert- und Stadtkirche St. Marien,** An der Marienkirche, 17033 Neubrandenburg, Tel. 0395 5595127, www.konzertkirche-nb.de. Die Kirche ist eine 700 Jahre alte Backsteinkirche mit imposanten Ausmaßen. 2001 wurde sie nach einer Sanierung als Konzertsaal eröffnet und ist Spielort für die Neubrandenburger Philharmonie und Veranstaltungsort für u. a. die Festspiele Mecklenburg-Vorpommern. Ticket-Service über die Touristinfo.
- **Schauspielhaus Neubrandenburg,** Pfaffenstr. 22, 17033 Neubrandenburg, Tel. 0395 5699832, www.tog.de, geöffnet: nach Vorstellung. Das Schauspielhaus ist eines der ältesten Gebäude Neubrandenburgs und die älteste Theaterbühne Mecklenburgs. Ein Besuch lohnt sich immer.

⊡ *Romantische Wiekhäuser in der Stadtmauer Neubrandenburgs*

Parken

P 42 Parkplatz Stadthalle, GPS 53.548690, 13.254280, Parkstraße 3, 17033 Neubrandenburg. Großer Parkplatz der Stadthalle Neubrandenburgs, ausgezeichnet geeignet für Wohnmobile. Außerhalb der Veranstaltungszeiten relativ ruhig. In einem weiträumigen Parkareal ca. 300 m vom Tollensesee gelegen. In der Nähe befinden sich das Jahnsportforum und weitere gute Parkmöglichkeiten.

P 43 Bahnhof Neubrandenburg, GPS 53.561120, 13.261890, Am Bahnhof 5–6, 17033 Neubrandenburg. Relativ stark genutzter und eher kleiner Parkplatz, aber in sehr zentrumsnaher Lage. Fangelturm und Stadtmauer mit Wiekhäusern sind nur 200 m entfernt. In 100 m Entfernung befinden sich weitere Parkplätze am Güterbahnhof. Diese sind bei Zufahrt über den Innenring ebenfalls ausgeschildert.

P 44 Parkplätze Brodaer Straße, GPS 53.55627, 13.24757, Brodaer Straße, 17033 Neubrandenburg. Von der B104 (Rostocker Straße) in Richtung Hochschule Neubrandenburg auf die Brodaer Straße abbiegen. Großer Parkplatz des Schulbezirks. In der Nähe befinden sich noch weitere Parkmöglichkeiten. Die Entfernung zur Innenstadt beträgt etwa 800 m.

Einkaufstipp

› **Marktplatz-Center Neubrandenburg,** Krämerstraße 1a, 17033 Neubrandenburg, Tel. 0395 570610, www.marktplatz-center.de, geöffnet: Mo–Sa 10–20 Uhr, Lebensmittel ab 8 Uhr. Riesiges modernes Einkaufscenter in der Innenstadt mit Geschäften aller Art.

36 Campingplatz Gatsch Eck

GPS 53.514839, 13.206120

Gemütlicher Campingplatz mit Kiosk, Badestelle, Sportplätzen, separatem Hundestrand, Angelmöglichkeit und Bootssteg in einem Waldgebiet. Das Linienschiff Rethra hält vor Ort und bietet Ausflugsmöglichkeiten (Fahrradtransport möglich), Imbissangebot auf dem Platz. **Lage/Anfahrt:** In einem Mischwald direkt

Die St. Marienkirche im Stadtzentrum Neubrandenburgs ist heute ein wichtiger Veranstaltungsort

37 Wohnmobilstellplatz Wassersportzentrum Neubrandenburg

GPS 53.538971, 13.256520

Stellplatz mittlerer Größe mit ausgezeichneter Ausstattung in unmittelbarer Nähe des Tollensesees. Relativ ruhig. **Lage/Anfahrt:** Auf dem Gelände des Wassersportzentrums Neubrandenburg, ungefähr 2 km vom Stadtzentrum. Von der B96 am südlichen Ortseingang (OT Lindenberg) auf die Lindenstraße abbiegen, dann weiter auf die Augustastraße fahren, der Platz ist sehr gut ausgeschildert; **Untergrund:** Schotter, Rasengitter, Pflaster; **Service:** Strom, Trinkwasser, Abwasser, Chemie-WC; **Sicherheit:** beleuchtet; **Preise:** €; **Kontakt:** Yachtclub Neubrandenburg, Augustastraße 7, 17033 Neubrandenburg, Tel. 0171 4013488, www.yachthafen-nb.de.

104ms-lr

am Tollensesee. Von Neubrandenburg über die B192 in westliche Richtung. Die B192 bei Neuendorf verlassen und den Ort durchfahren. Dann dem Gatscher Damm ca. 5 km bis zum Campingplatz folgen; **Untergrund:** Schotterrasen, Wiese, Sand; fest; **Service:** Strom, Trinkwasser, Abwasser, Chemie-WC, WLAN; **Sicherheit:** umzäunt, beleuchtet; **Preise:** €; **Geöffnet:** April–Oktober; **Kontakt:** Gatsch Eck e. V., Campingplatz am Tollensesee, Gatscher Damm 1, 17039 Wulkenzin, Tel. 0395 5665152, Mobil 0171 9565112, www.campingplatz-gatscheck.de.

Um der Route weiter zu folgen, verlässt man Neubrandenburg über die B192 in süd-westlicher Richtung nach Penzlin.

ABSTECHER NACH ALT REHSE

(hin und zurück ca. 13 km)

Auf dem Weg von Neubrandenburg nach Penzlin lohnt sich ein Abstecher nach Alt Rehse. Es muss die ausnehmend schöne, aber auch sehr isolierte Lage des Ortes sein, die ihn so anziehend für Menschen machte. Das Dorf, abseits der Straße, aber direkt am **Tollensesee** gelegen, bietet mehr, als man auf den ersten Blick erwarten würde.

Neben einer durch Ausgrabungen nachgewiesenen früheren slawischen Besiedlung vor über 1000 Jahren ist der kleine Ort seit 800 Jahren auch urkundlich erfasst. Zwischen dem alten Dorfkern und dem Tollensesee ließ Freiherr von Hauff 1897 **Schloss und Schlosspark Alt Rehse** errichten. Die Nationalsozialisten enteigneten 1934 die damaligen Besitzer und übergaben den gesamten Besitz der Kassenärztlichen Vereinigung. Die errichtete hier die **Führerschule der Deutschen Ärzteschaft** mit dem Ziel der „weltanschaulichen und rassenhygienischen Schulung". Die Schule wurde 1935 in Anwesenheit von Rudolf Hess und Martin Bormann eröffnet.

Es folgte die Umgestaltung des zugehörigen Dorfes zum **nationalsozialistischen Musterdorf.** Dabei wurde nahezu der gesamte Ort im **Fachwerkstil** neu errichtet. Die Anordnung verspielter Fachwerkhäuser hat bis heute einen besonderen Charme. Alt Rehse und die hier getroffenen „rassenhygienischen" Überlegungen der Nazi-Ärzte spielten eine besondere Rolle im Nürnberger Ärzteprozess von 1947.

Nach dem Krieg wurde Alt Rehse von der Roten Armee und der Nationalen Volksarmee (NVA) der DDR in Besitz genommen. Die NVA ließ den Ort ab den 1980er-Jahren massiv ausbauen und errichtet zahlreiche, zum Teil zweistöckige unterirdische Bunker für die Nutzung als Kommandozentrale der nördlichen DDR. Schloss- und Schlosspark sind heute in Besitz einer Investorengruppe, der Park wurde saniert und es ist das Wellness- und Fitnesshotel „Park am See" entstanden. Seine gastronomischen Angebote stehen auch Besuchern offen. Die Ausstellung „Alt Rehse und der gebrochene Eid des Hippokrates" kann unweit des Schlosses besichtigt werden. Alt Rehse kann auch mit dem Linienschiff ab Neubrandenburg erreicht werden.

› **Erinnerungs-, Bildungs- und Begegnungsstätte Alt Rehse,** Am Gutshof 34, 17217 Alt Rehse, Tel. 03962 221123, www.ebb-alt-rehse.de. Ehemalige nationalsozialistische Führerschule und NS-Musterdorf mit Schloss und Schlosspark, Begegnungsstätte Eintritt frei

Die vielen Häuser im Fachwerkstil sind in Alt Rehse nicht zu übersehen

027ms-lr

PENZLIN

(13 km – km 13)

Penzlin, eine **Kleinstadt** mit etwa 4000 Einwohnern, war ehemals ein Verwaltungszentrum der Region und ist **seit über 1500 Jahren besiedelt.** Zeugen dieser Vergangenheit sind vor allem die bekannte Burg, der slawische Burgwall und die über 600 Jahre alte **Stadtkirche St. Marien.** Vom 15. Jahrhundert an gehörten große Teile der Stadt sowie Alte und Neue Burg den Herren von Maltzan, bis der letzte Erbe 1929 Konkurs anmelden musste. Anschließend gingen die umfangreichen Besitzungen durch mehrere Hände und wurden 1940 schließlich von der Stadt Penzlin übernommen.

Die Umgebung ist für mecklenburgische Verhältnisse relativ **hügelig,** was eine Folge der Weichseleiszeit ist. Natürlich liegt auch Penzlin wie fast alle größeren Orte der Mecklenburgischen Seenplatte an einem Gewässer. Der **Große Stadtsee** nimmt eine Fläche von knapp 90 ha ein. Am Ostufer des nördlichen Seeteils, nahe dem Ortsteil Werder, sind die Reste einer **slawischen Wallanlage** zu sehen, die auf das 7. Jahrhundert datiert wird. Eine weitere, heute noch gut erkennbare Slawenburg befand sich am nördlichen Stadtrand (Neue Burg Penzlin).

Ab dem 13. Jahrhundert erfolgte die deutsche Besiedlung des Gebietes. Aus dieser Zeit stammt die **Alte Burg Penzlin,** die als späteres **Zentrum der Hexenverfolgung** überregionalen, aber eher traurigen Ruhm erwarb. Sie ist heute wunderbar saniert und ihr **Hexenmuseum** unbedingt einen Besuch wert. Unzufrieden mit dem Komfort der mittelalterlichen Burg erbauten die Herren von Maltzan 1810 noch ein kleineres Schloss unweit der Alten Burg und bezeichneten dieses als **Neue Burg Penzlin.** Der Neubau wurde innerhalb des Ringwalles der alten Slawenburg am Stadtrand errichtet. Das verschaffte der Neuen Burg zwar einen einzigartigen romantischen Standort, man zerstörte aber bei ihrem Bau weite Teile der alten slawischen Anlage

Großstein- und Hügelgräber – Zeugen früher Besiedlung

Großsteingräber *finden sich in größerer Zahl in Norddeutschland und im skandinavischen Raum. Sie bestehen aus* ***Findlingen,*** *also Gesteinsablagerungen aus der letzten Eiszeit. Im Volksmund bezeichnet man sie auch als* ***Hünengräber,*** *wobei dieser Name auf das mittelhochdeutsche Wort „hiune" und das niederdeutsche Wort „hûne" zurückgeht. Beide bedeuten „Riese" und so werden die Gräber wohl für Riesen gemacht worden sein bzw. es waren echte Hünen, die sie während der Jungsteinzeit (3500–2800 v. Chr.) erbauten.*

Synonym werden aber auch noch mehrere andere Bezeichnungen für die Gräber verwendet, so z. B. der Name ***Megalithgräber*** *(aus dem Griechischen: „mega" = groß und „lithos" = Stein). Wenn die Steingräber aus Geschiebeblöcken errichtet wurden, aus einer Steinkammer bestehen und von einem Hügel überdeckt werden, spricht man außerdem auch von* ***Hünenbetten.***

Die sogenannten ***Hügelgräber*** *bestehen dagegen nur aus* ***Erdmaterial*** *und stammen meist aus der Bronze- oder Eisenzeit.*

Seit vielen Jahren beschäftigt die ***Bauweise beider Grabarten*** *nicht nur die Wissenschaftler, sondern auch Einheimische und Schriftsteller sowie Heimatforscher und natürlich die zahlreichen Besucher der Grabanlagen. Bis heute gibt es bei Hobbyforschern und in Fachkreisen verschiedene Theorien über ihre Entstehung.*

In Bezug auf die Großsteingräber behauptete der Bentheimer Gelehrte Dr. Johann Picardt im 17. Jh. sogar, ***Riesen und Zwerge*** *hätten diese in gemeinschaftlicher Arbeit errichtet und seien von den damaligen Menschen anschließend mit großen Holzkeulen vertrieben worden.*

Die Frage nach möglichen Methoden des Grabbaus stellte sich immer wieder. So führte man 1999 und 2000 im Emsland ***Experimente*** *durch, die das Rätsel lösen sollten, wie die tonnenschweren Steine transportiert werden konnten. Während dieser Versuche stellte man*

fest, dass es unmöglich ist, einen ca. 8 Tonnen schweren Findling über gefrorenen Boden sowie Schnee und Eis zu schleifen, weil sich bei diesem Vorgang jede kleine Unebenheit des Bodens zu einem unüberwindlichen Hindernis entwickelt. Ein Transport auf ***Rollhölzern*** *gelang zwar, aber man benötigte sage und schreibe zehn Personen, damit sich der Hünenstein überhaupt in Bewegung setzte. Die Rollhölzer mussten außerdem absolut parallel laufen – auch in Kurven – und zudem musste ein Schlitten zum Tragen der Last verwendet werden. Die Art und Weise wie die Gräber gebaut wurden, konnte deshalb mit diesem Experiment nicht abschließend geklärt werden.*

Archäologen fanden in den verbliebenen Steingräbern vor allem ***Keramik der Trichterbecherkultur*** *(so benannt wegen der Form der Tongefäße),* ***Pfeilspitzen*** *und* ***Steinäxte,*** *aber auch* ***Schmuck*** *wie beispielsweise Bernsteinperlen. Vollständige menschliche Überreste waren dagegen selten, sodass einige Wissenschaftler die Theorie entwickelten, dass die Gräber nur als* ***Beinhäuser*** *gedient haben: Die Knochen der Toten wurden darin aufbewahrt, nachdem die Verstorbenen zunächst auf Gestellen oder der Erde dem völligen Zerfall ausgesetzt waren. Die Forscher gehen auch davon aus, dass Großsteingräber nicht nur* ***Bestattungsstätten*** *waren, sondern auch als* ***magische Kultstätten*** *dienten. Gleichermaßen könnten die Hünengräber auch dafür gemacht worden sein, die* ***Macht einer Sippe*** *zu zeigen, denn es handelte sich einst um weit sichtbare und* ***repräsentative Bauwerke,*** *die meist in der Nähe damaliger Handelsstraßen standen.*

Will man sich die Großsteingräber – bzw. das was von ihnen übrig blieb – ansehen, muss man sich heute oft von den größeren Straßen wegbewegen. Dies lässt sich meist problemlos mit kürzeren ***Wanderungen*** *durch die Mecklenburger Natur verbinden. An manchen Stellen gibt es Hinweisschilder, denen man einfach folgen kann, manchmal muss man sich aber auf seine eigenen Augen verlassen, um die Gräber zu entdecken.*

Vor allem ab der Route 3 dieses Tourguides trifft man auf zahlreiche ***bronzezeitliche Grabanlagen,*** *die heute mehr oder weniger gut erhalten und zugänglich sind. Als exemplarisch werden die folgenden Grabanlagen für einen Abstecher empfohlen, da sie unmittelbar oder in nur kurzer Entfernung an den vorgeschlagenen Routen liegen.*

- ***Hügelgrab Peckatel,*** *Route 3, GPS 53.440250, 13.030210. Das Hügelgrab, von den Einheimischen interessanter Weise „Geldberg" genannt, befindet sich südlich des Ortes Klein Vielen, auf halbem Weg an der Verbindungsstraße von Klein Vielen nach Adamsdorf, etwa 1,5 km von Peckatel entfernt. Parken ist vor Ort möglich. Das Grab ist ungefähr 6 m hoch und hat einen Außendurchmesser von 30 m. Das Hügelgrab wurde bereits 1844 archäologisch untersucht. 1915 fand eine zweite Grabung statt.*
- ***Hügelgrabanlage Carlshof,*** *Route 4, GPS 53.703283, 12.557450. Zwischen der Burg Schlitz und Carlshof in einem malerischen Waldstück, das zu Wanderungen einlädt, befindet sich eine umfangreiche Hügelgrabanlage in unmittelbarer Straßennähe. Die Straße ist zwar recht schmal, jedoch gut mit Wohnmobilen zu befahren. Die Grabanlage besteht aus insgesamt sechs Hügelgräbern, die im Durchmesser bis zu 14 m Breite aufweisen. An den Waldwegen und in der Nähe der Hügelgräber befinden sich entsprechende Informationstafeln und ein kleinerer Waldparkplatz, der auch für Wohnmobile geeignet ist.*
- ***Großsteingräber Dambeck,*** *Route 5, GPS 53.36160, 12.49370. Bei Dambeck befinden sich drei bekannte bronzezeitliche Steingräber. Zwei davon liegen im ehemaligen Park des Gutes Dambeck in Kreuzungsnähe von B198 und Röbeler Chaussee. Am besten verlässt man die B198 in Richtung Dambeck und parkt gleich am Anfang der Röbeler Chaussee auf dem Großparkplatz an der Tankstelle.*
- ***Großsteingräber Stuer,*** *Route 5, GPS 53.377967, 12.331808. Rund um Stuer gibt es insgesamt acht bekannte Grabanlagen. An den angegebenen Koordinaten lassen sich im Abstand*

von wenigen Metern zwei Großsteingräber finden. Um zu den Gräbern zu kommen, verlässt man die B198 in Stuer in Richtung Neu Stuer. Etwa 150 Meter hinter dem Bahnübergang befindet sich auf der rechten Seite eine Informationstafel. Neben dieser führt der Weg an Häusern vorbei und weiter in den Wald. Etwa 50 Meter hinter den Gebäuden befinden sich die beiden Gräber.

- ***Großsteingräberfeld Zislow,*** *Route 5, GPS 53.42376, 12.32598. Die Gegend um Zislow ist für mehrere Grabanlagen im Umkreis weniger Hundert Meter bekannt. Um sie zu finden, fährt man von Suckow in Richtung Zislow. Das Gräberfeld befindet sich etwa 2 km vor Zislow auf der östlichen Straßenseite im Waldgebiet. Zur Grabanlage führt ein schmaler Waldweg, an dessen Anfang eine Hinweistafel steht. Die angegebenen Koordinaten bezeichnen eines der Gräber nur etwa 150 m von der Straße entfernt. Das betreffende Dolmengrab wurde 1985 ausgegraben. Darin lagen zwei Skelette, darunter das eines Kindes. Eine Informationstafel befindet sich am Grab.*
- ***Großsteingrabanlage Adamshoffnung,*** *Route 5, GPS 53.434664, 12.328278. Hier findet man die Reste einer aufwendigeren Grabanlage aus der Bronzezeit. In einem Steinkreis wurden Urnen- und Körpergräber angelegt. Die Anlage befindet sich nördlich der Straße zwischen Zislow und Adamshoffnung, etwa 400 Meter hinter dem Ortsausgang von Zislow. Man kann die Anlage sozusagen aus dem Wohnmobil betrachten, denn die Route 5 führt direkt daran vorbei.*
- ***Großsteingrab Luisenhof-Reimershagen,*** *Route 6, GPS 53.673017, 12.198150. Bei diesem idyllisch in einem Waldgebiet gelegenen Großsteingrab sind noch die Tragsteine erhalten. Von Krakow kommend zweigt kurz vor Reimershagen nach Süden eine Straße in Richtung Alt Sammit ab. Dort befindet sich auch ein Hinweisschild. Man folgt dieser Straße etwa 200 m tief in den Wald. Dort führt auf der linken Straßenseite ein Waldweg nach ca. 800 m zum Grab. An diesem Abzweig bestehen für große Wohnmobile nur eingeschränkte Parkmöglichkeiten.*
- ***Steinkreis Lenzen bei Lohmen,*** *Route 6, GPS 53.69185, 12.02605. Der Steinkreis aus neun größeren Steinen, eine Art Mini-Stonehenge, hat einen Durchmesser von 11 Metern und stellt eine Markierung für Urnengräber dar. Er liegt etwas versteckt und ist nur zu Fuß oder per Rad zu erreichen. Von Lenzen ist ein Feldweg zum Steinkreis ausgeschildert. Er ist für Wohnmobile nicht geeignet. Der Campingplatz Garder See 82 (Route 6, s. S. 165) ist ca. 3,5 km entfernt.*
- ***Großsteingrab Dabel,*** *Route 7, GPS 53.664436, 11.919233. Das 1966 ausgegrabene Dolmengrab liegt direkt an der B192, am östlichen Ortsausgang von Dabel. Im Ort befindet sich noch ein weiteres Großsteingrab. Beide Gräber sind ausgeschildert.*
- ***Großsteingrab Klein Görnow bei Sternberg,*** *Route 7, GPS 53.76124, 11.81007. Hierbei handelt es sich um ein 9 m langes Ganggrab, in dem bei seiner Ausgrabung 1996 umfangreiche Funde gemacht wurden. Das Grab befindet sich an der Verbindungsstraße von Klein Görnow nach Eickelberg, direkt am Abzweig nach Groß Görnow.*

118ms-lr

Auch das Großsteingrab Fuchstannen in Bollewick ist sehenswert

028ms-lr

und machte so eine gründliche Erforschung dieser mehr als tausendjährigen Siedlung und Befestigung unmöglich. Alte und Neue Burg waren bis 1945 durch eine aufwendige Holzbrücke verbunden. In der Not nach 1945 wurde diese von den Bewohnern Penzlins abgerissen und in den heimischen Öfen verfeuert.

In der Mitte und auf der höchsten Erhebung der Stadt befindet sich die **Kirche St. Nikolai.** Sie wurde im 14. Jahrhundert als imposanter Backsteinbau in einer dreischiffigen Ausführung erbaut, aber noch häufig verändert. Die älteste Glocke stammt aus dem Jahr 1732. In der Südkapelle befindet sich die **Familiengruft derer von Maltzan.**

Von der Neubrandenburger Chaussee führt ein etwa 500 m langer und gemütlicher Fußweg auf den **Mühlberg.** Dort befindet sich ein **Obelisk,** der zur Erinnerung an die erstmalige Aufhebung der Leibeigenschaft in Mecklenburg 1816 erbaut wurde. Von hier bietet sich ein schöner Blick über Penzlin und das Umland (GPS 53.50517, 13.09928). Der Weg zum Obelisk ist ausgeschildert, am Abzweig befinden sich zwei Parkplätze für kleine Wohnmobile. Größere Wohnmobile können gegenüber an den alten Garagen parken.

In der **Walpurgisnacht** und am vorletzten Augustwochenende ist die Stadt besonders stark besucht. Gründe dafür sind der **Hexenmarkt** und das mehrtägige **Burgfest.**

Information

› **Tourist-Info Penzlin,** Turmstraße 35 (Heinrich-Voß-Literaturhaus), 17217 Penzlin, Tel. 03962 210064, www.amt-penzliner-land.de, geöffnet: Mo, Di, Do 9–12 u. 13–17 Uhr

Parken

P 45 **Parkplatz Alte Burg,** GPS 53.506420, 13.088060, 17217 Penzlin, kostenfrei, Zufahrt vom Stadtzentrum über die Große Straße oder die Weberstraße. Für Wohnmobile gut geeigneter Parkplatz, ca. 100 m von der Burg entfernt. In der Nähe gibt es einen Kinderspielplatz und ein Burgrestaurant.

P 46 Parkplätze Wilhelm-Scharff-Allee, GPS 53.50697, 13.09237, 17217 Penzlin, kostenfrei. Kurz vor dem nördlichen Ortsausgang Penzlins (Richtung Neubrandenburg) biegt man von der Neubrandenburger Chaussee auf die Wilhelm-Scharff-Allee ab. Sie ist die Zufahrt zur Neuen Burg. Kostenfreier, gepflasterter und ruhiger Parkplatz, der sich auch gut als Übernachtungsplatz eignet.

P 47 Parkplatz Turmstraße, GPS 53.50480, 13.09143, 17217 Penzlin, kostenfrei, Zufahrt über die Große Straße auf die Grapenwerderstraße oder direkt über die Turmstraße. Der Parkplatz befindet sich an der Ecke Turmstraße/Grapenwerderstraße.

Sehenswertes

› **Museum Alte Burg Penzlin,** Alte Burg 1, 17217 Penzlin, Tel. 03962 210494, http://alte-burg.amt-penzliner-land.de, geöffnet: Mai–August täglich 10–18, April, September, Oktober täglich 10–17 Uhr, November–März Sa/So 13–16.30 Uhr, Eintritt: Erwachsene 5 €, Kinder 3 €. Mittelalterliche Burg mit Museum über Magie und Hexenverfolgung in Mecklenburg sowie rustikalem Burgrestaurant.

38 Seeweide Penzlin

GPS 53.48794, 13.09491

Neu errichteter Campingplatz in Seenähe mit Badestelle und Streichelzoo. **Lage/Anfahrt:** Südlich von Penzlin am Großen Stadtsee, von Penzlin in Richtung Ortsteil Werder fahren; **Untergrund:** Wiese; **Service:** Strom, Trinkwasser, Abwasser, Chemie-WC, WLAN; **Sicherheit:** umzäunt; **Preise:** €, **Geöffnet:** April–Oktober; **Kontakt:** Seeweide | Naturcamping Penzlin, Halbinsel Werder 33, 17217 Penzlin, Tel. 03962 2578290, www.seeweide.de.

Von Penzlin aus fährt man über die B192 auf die B193 und biegt dann von dieser nach ca. 1 km in Richtung Groß Vielen und Ankershagen ab.

Die schön sanierte Alte Burg in Penzlin

ABSTECHER NACH PRILLWITZ UND HOHENZIERITZ

(hin und zurück ca. 26 km)

Von Groß Vielen oder bereits ab Penzlin bietet sich für Freunde historischer Schlossanlagen und geflegter Landschaftsparks die Abstecher nach Prillwitz und Hohenzieritz an. Für Besitzer großer Wohnmobile sind diese beiden Orte am besten über die B193 und Peckatel zu erreichen oder man radelt schon ab Penzlin die etwa 7 km über Werder und Zippelow bis nach Prillwitz. Sogar die Anreise mit dem Linienboot ab Neubrandenburg oder einer anderen Anlegestelle ist möglich.

Das **Jagdschloss Prillwitz,** etwa 1890 von Großherzog Adolf Friedrich V. im Jugendstil erbaut, besticht durch seine romantische Lage am **Liepssee.** Deshalb wird es auch gern als „Liepser Schlösschen" bezeichnet. Der gepflegte und sehr schöne Schlosspark kann von Besuchern kostenlos durchwandert werden. Das Schloss selbst ist nur im Rahmen von Veranstaltungen für Besucher zugänglich.

Die ruhige und verträumte Umgebung lädt zu **Rad- und Wandertouren** ein. In unmittelbarer Nähe des Jagdschlosses befindet sich die Bootsanlegestelle der Linienschifffahrt, sodass von hier auch **Schiffsfahrten** bis nach Neubrandenburg unternommen werden können oder sich von dort mit dem Schiff ein Ausflug zum Schlosspark anbietet.

› **Jagdschloss Prillwitz,** Prillwitz 8, 17237 Hohenzieritz-Prillwitz, www.jagdschloss-prillwitz.de. Dorf komplett Richtung See (Schiffsanleger) durchfahren.

Nur 4 km von Prillwitz entfernt und damit auch gut von dort zu Fuß oder per Fahrrad erreichbar und auch gut ausgeschildert, befindet sich in **Hohenzieritz** das nächste Schloss. Aus Richtung Prillwitz führt der Weg bis zum Schloss Hohenzieritz direkt am zugehörigen Schlosspark entlang.

Im **Schloss Hohenzieritz** verstarb 1810 die für ihren Patriotismus bekannte preußische Königin Luise, Tochter des Großherzogs von Mecklenburg-Strelitz. Das Schloss wurde im Jahr 1751 erbaut und diente einst als Sommersitz ihres Vaters. Im Gegensatz zu vielen anderen Schlössern überstand das Bauwerk den Zweiten Weltkrieg ohne Schäden und wurde inzwischen auch aufwendig restauriert.

Im Schloss haben die Verwaltung des Müritz-Nationalparks und eine Königin-Luise-Gedenkstätte ihren Sitz. Der 25 ha große **Schlosspark** wurde ab 1776 im englischen Stil angelegt.

› **Schloss und Schlosspark Hohenzieritz mit Luisen-Gedenkstätte,** Schlossplatz 3, 17237 Hohenzieritz, Tel. 039824 2191987631, geöffnet: November–März nur Veranstaltungen, April Sa/So 10–16, Mai–September Di–So 10–17, Oktober Sa/So 10–16 Uhr, Schlosspark ganzjährig geöffnet, www.mv-schloesser.de/de/location/schloss-hohenzieritz, Eintritt: Erwachsene 3 €, Kinder 2 €

ABSTECHER IN DEN MÜRITZ-NATIONALPARK

(hin und zurück ca. 40 km)

Folgt man von Penzlin der B193 nach Süden, erreicht man bequem den **westlichen Teil des Müritz-Nationalparks.** Über Adamsdorf und Kratzeburg gelangt man schnell bis nach Granzin. Dort geht es nur zu Fuß, per Rad oder mit dem Nationalparkbus weiter. Auf der Anfahrt finden sich ab Adamsdorf zahlreiche Wanderparkplätze neben der Straße, die sich gut als Ausgangspunkt für Wanderungen eignen, auf einigen darf allerdings nicht übernachtet werden. Der kleine Ort Granzin bildet

Dürften heute in der Kernzone des Nationalparks nicht mehr gebaut werden – Bootshäuser am Granziner See

030ms-lr

Hexenverfolgung in Mecklenburg

*Im **Altertum, im Mittelalter** und sogar in der **frühen Neuzeit** waren viele natürliche Ereignisse für die damals lebenden Menschen sehr rätselhaft. Deshalb machten sie **dunkle Mächte** für Naturkatastrophen, Krankheiten oder schlimme Schicksalsschläge verantwortlich und die Menschen fühlten sich ihnen hilflos ausgeliefert. Der Glaube an Zauberei und damit an **Zauberer,** die besondere Fähigkeiten besaßen, war allgegenwärtig. Diese Magier konnten gute und böse Geister rufen und nach ihrem Willen wirken lassen, weshalb den Zauberern meist mit Ehrfurcht begegnet wurde. Nun konnte es aber passieren, dass eine große Feuersbrunst wütete, eine Menge Vieh ohne ersichtlichen Grund starb oder ein verheerendes Unwetter geschah. Da brauchte man einen Schuldigen, manchmal fiel der Verdacht auf einen **Zauberer,** der vielleicht schwarze Magie ausüben konnte.*

*Auch nach der **Christianisierung** glaubte man weiterhin an Zauberer und diese wurden über lange Zeit geduldet. Aber nachdem im 12. und 13. Jahrhundert Glaubensgemeinschaften entstanden, die Kritik an der Kirche übten, änderte sich deren Einstellung. Die **Katharer,** eine christliche Reformbewegung, wuchsen zu einer enormen Organisation an. Weil sich viele Gläubige von der „wahren" Lehre abwandten, wurden die Katharer für die herrschende Kirche **zur Gefahr.** Deshalb griff der Papst zum letzten Mittel: Gewalt. Ein Kreuzzug wurde durchgeführt und man brauchte eine Erklärung für die verhängnisvolle Entwicklung: **Der Teufel** sei am Werk gewesen und habe ketzerische Gedanken unters Volk gebracht. Ihm hätten angeblich **Wahrsager, Magier und Zauberer** geholfen und auch sie mussten daher bekämpft werden. Die **päpstliche Inquisition** (lateinisch „inquisitio" = „gezielte Untersuchung") wurde ins Leben gerufen. Diese Behörde fahndete intensiv nach Ketzern, welche jetzt als Hexer und Hexen bezeichnet wurden. Oft wurde das Vorgehen der Inquisition von anonymen Anzeigen oder von Gerüchten unterstützt, die Missgünstige in die Welt setzten.*

*Zu einem **Zentrum der Hexenverfolgung** entwickelte sich u.a. Mecklenburg. Zwischen 1336 und 1777 kam es in der Region zu ca. 4000 Prozessen. Zu Beginn fanden diese v.a. in den Hansestädten Rostock und Wismar statt. Die große Hexenverfolgung setzte in den 1570er-Jahren ein. Als die **Pest** wütete, ging die Zahl der Prozesse nach oben. Einen weiteren Höhepunkt verzeichnete man **nach dem Dreißigjährigen Krieg.** Vor allem **Frauen** wurden angeklagt, da sie als leicht beeinflussbar, schwach und eitel galten. Aber auch **Männer** und sogar **Kinder** wurden der **Hexerei** beschuldigt.*

*Der eigentliche **Hexenprozess** begann mit einem sogenannten „gütlichen Verhör", dem schloss sich das „Schreckeinjagen mit Worten" an. Gestanden die Angeklagten nicht, zeigte und erklärte man ihnen die **Folterwerkzeuge,** die während der „peinlichen Verhöre" zur Anwendung kamen. Oft wandte man Daumenschrauben an oder es kamen „spanische Stiefel" zum Einsatz. Fehlte nun immer noch das Geständnis, folgten „Hexenproben". Dabei war z.B. die „Wasserprobe" beliebt, bei der die Hände und Beine der Angeklagten fest zusammengebunden wurden. Nachdem sie ins Wasser gestoßen wurde, schaute man, ob sie eine Weile oben schwamm. Das taten die meisten und so war ihre Hexerei bewiesen, denn das Wasser als Reinheitselement hatte sie abgewiesen. Verschiedene **Urteile** bildeten den Abschluss eines Verfahrens. Neben Freisprüchen war „Landesverweis" ein recht mildes Urteil. Auf andere wartete der Scheiterhaufen. Glück hatte, wer vorher schon erwürgt oder enthauptet wurde.*

*Tiefere Einblicke in jene grausamen Abläufe und historische Hintergründe erhält man beim Besuch des Hexenkellers auf der **Burg Penzlin** (s. S. 75), wo Folterwerkzeuge ausgestellt sind und Dokumente den Hexenwahn des Mittelalters belegen und die Zeit wieder lebendig werden lassen.*

das Herz des westlichen Nationalparks und ist komplett von ihm umgeben. Die Straße von Kratzeburg ist der einzige größere befestigte Zufahrtsweg nach Granzin. Leider ist es **nicht so einfach** möglich, den westlichen Teil des Nationalparks **mit Wohnmobilen zu durchqueren.** Es gibt nur kleine Ortverbindungen, die zwar für den Durchgangsverkehr freigegeben sind, doch diese sollten aufgrund ihrer oft schlechten Beschaffenheit und geringen Breite von Wohnmobilfahrern nicht unterschätzt werden. Um den Durchgangsverkehr zu begrenzen, sind diese Wege auch meist nur sparsam beschildert. Eine gute Karte ist hier sehr hilfreich. **Kleinere Fahrzeuge** können ab Kratzeburg auf kurzem Weg den Nationalpark nach Ankershagen durchqueren und damit wieder auf die vorgeschlagene Route gelangen. Über einen teilweise nur aus zwei betonierten Spuren bestehenden Weg gelangt man direkt zum Wanderparkplatz Havelquelle (Route 2, s. S. 49) und von hier nach Ankershagen. Wer mit einem großen Fahrzeug sichergehen will, verlässt das Gebiet aber besser wieder über die B193.

Kratzeburg, Dalmsdorf und Granzin haben schöne **Badestellen.** Unbedingt anhalten sollte man in Dalmsdorf an der Glasmanufaktur von Bettina Paesler. Die in Route 2 bei der Nationalparkbeschreibung genannten **Wanderparkplätze** sind als **Ausgangspunkt für Aktivitäten** uneingeschränkt empfehlenswert (s. S. 48).

Aktivität

› **Glasmanufaktur Bettina Paesler,** Dalmsdorf 1, 17237 Kratzeburg, Tel. 039822 296057, www.glasmanufaktur-dalmsdorf.de, geöffnet: April–Oktober 11–17 Uhr. Sehr schöne Glasmanufaktur mit Café, Biergarten, Werkstatt und Verkauf. Verschiedene Fusing-Kurse möglich.

Gastronomie

› **Havelkrug Granzin,** Granzin 1, 17237 Kratzeburg-Granzin, am Ortseingang von Granzin in der Nähe zum Nationalparkeingang, Tel. 039822 20232, www.havelkrug-granzin.de, geöffnet: Mi–Sa 12–21 Uhr, So 13–20 Uhr. Der Havelkrug bietet eine ausgezeichnete italienische Küche, die jedem verwöhnten Genießergaumen mit ihrem mediterranen Flair schmeichelt und die man in dieser recht abgelegenen Gegend niemals erwarten würde. Der Wanderparkplatz Granzin an der Havel (Route 2, s. S. 50) befindet sich nur etwa 200 m vom Restaurant entfernt.

Aktivität

› **Kanu-Hecht,** Dalmsdorf 6, 17237 Kratzeburg, www.kanu-hecht.de, Tel. 039822 17983 und 0172 3014818. Kanustation mit Kanuverleih, Nationalparkführungen und Imbissangebot.

138ms-lr

39 Campingplatz Naturfreund Kratzeburg

GPS 53.416088, 12.954090

Kleiner, urgemütlicher und ruhiger Campingplatz, deutlich abseits des Ortes gelegen. Im Grünen mit familiärer Atmosphäre, Kiosk, Kanuverleih und kleiner Badestelle. **Lage/Anfahrt:** In einem Waldgebiet am Ufer des Käbelicksees, ungefähr 1,5 km südlich Kratzeburgs. Am östlichen Ortseingang von Kratzeburg der Ausschilderung folgen und nach Süden abbiegen. Dann die Bahnstrecke unterqueren und vorbei am Wanderparkplatz des Nationalparks; **Untergrund:** Wiese, Sand; fest; **Service:** Strom, Trinkwasser, Abwasser, Chemie-WC, WLAN; **Preise:** €; **Geöffnet:** April–Oktober; **Kontakt:** Fam. Wolski, Campingplatz Naturfreund, Dorfstraße 3, 17237 Kratzeburg, Tel. 039822 20285, www.campingplatz-naturfreund.de.

139ms-lr

ANKERSHAGEN

(10 km – km 23)

Eine gewisse Berühmtheit erreichte das kleine Dorf Ankershagen durch **Heinrich Schliemann,** den weltbekannten Entdecker von Troja, und durch **Johann Heinrich Voß,** der als Erstübersetzer die Werke von Homer ins Deutsche übertrug. Voß arbeitete von 1766 bis 1769 als Hauslehrer in Ankershagen. Schliemann, dessen Vater hier als Pfarrer tätig war, verbrachte seine ersten 10 Lebensjahre im Dorf. Das Andenken der beiden Söhne des Ortes wird im **Heinrich-Schliemann-Museum** bewahrt. Das Museum ist attraktiv gestaltet und seine Außenanlagen, unverkennbar durch das berühmte Trojanische Pferd in einer großen Ausführung markiert, laden zu Spiel oder Picknick ein.

Ankershagen liegt an einem Zugang zum **Müritz-Nationalpark.** Von hier aus lässt sich bequem die **Havelquelle** erreichen. Als Ausgangspunkt für Ausflüge dorthin eignet sich besonders der Wanderparkplatz Havelquelle (Route 2, s. S. 49) ca. 2,5 km westlich des Ortes. Um ihn zu erreichen, muss man im Ort auf die Mühlenstraße abbiegen und ihr folgen.

Der Havelkrug Granzin ist ein beliebtes Ziel

Sehenswertes

- **Heinrich-Schliemann-Museum Ankershagen,** Lindenallee 1, 17219 Ankershagen, Tel. 039921 3252, www.schliemann-museum.de, geöffnet: April–Oktober Di–So 10–17 Uhr, November–März Di–Fr 10–16, Sa 13–16 Uhr, Eintritt: 7 € Erwachsene, 3,50 € Kinder. Museum im Geburtshaus Schliemanns, dem ehemaligen Pfarrhaus, mit Dauerausstellung und Veranstaltungen sowie einem Café.

031ms-lr

Parken

P 48 Parkplatz Ankershagen, GPS 53.483660, 12.959510, Lindenallee 4, 17219 Ankershagen. Großer kostenloser und gepflasterter Parkplatz im Ort, in der Nähe zum Schliemann-Museum. Liegt zwar innerorts, ist aber ruhig und eignet sich auch als Übernachtungsplatz. Unweit des Parkplatzes befindet sich der sehr empfehlenswerte Gasthof Linde.

Man folgt nun der Kreisstraße 10 weiter über Wendorf nach Möllenhagen und kreuzt dort die B192. Anschließend fährt man in Richtung Lehsten und dann über Carolinenhof nach Varchentin. Wer zum Stellplatz Alt Schloen 40 möchte, bleibt ab Möllenhagen auf der B192.

40 Camping Sabines Bio-Bauernhof

GPS 53.550278, 12.820833

Weiträumiger Bio-Bauernhof und Campingplatz umgeben von Wäldern und Feldern, besonders für Kinder interessant. Restaurant, Badeteich, Ponyreiten. **Lage/Anfahrt:** Ca. 800 nördlich von Alt Schloen. Von Schloen oder von der B194 nach Alt Schloen, dann auf der Deverner Straße den Ort verlassen und der Straße weiter folgen; **Untergrund:** Wiese; **Service:** Strom, Trinkwasser, Abwasser, WLAN; **Preise:** €; **Geöffnet:** März–Oktober; **Kontakt:** Devener Weg 5, 17192 Alt Schloen, Tel. 039934 973991, www.camping-sabines-bauernhof.de.

VARCHENTIN

(15 km – km 38)

In Varchentin befindet sich eine der ehemals größten **Schlossanlagen** der Mecklenburgischen Seenplatte. Leider geht eine Restaurierung auch hier nicht so richtig voran, doch Besucher sollten trotzdem einen Blick auf die großzügige Anlage inklusive Schlosspark werfen. Sie erinnert eher an den Sitz eines englischen Lords als an sparsamen Mecklenburger Landadel. Der Schweizer **Auguste de Meuron** entwarf 1847 ein imposantes Ensemble im **Tudorstil** für den reichen **Hamburger Kaufmann Gottlieb Jenisch.** Der lang

Das Trojanische Pferd im Außengelände des Schliemann-Museums in Ankershagen

gestreckte Bau gliedert sich in ein Haupthaus, an das sich zu beiden Seiten Verbindungsbauten anschließen, die jeweils von einem quadratischen Turm flankiert werden. Die Türme überragen selbst das auffallend hohe Haupthaus. In der Mitte befindet sich der etwas vorgezogene Haupteingang, der mit gotischen Filialtürmen geschmückt ist.

Den zugehörigen **Landschaftspark** ließ Jenisch von **Peter Joseph Lenné,** dem königlich preußischen Gartenbaudirektor, anlegen. Beeindruckend sind dabei vor allem die künstlich geschaffenen Sichtachsen vom Herrenhaus zum Großen Varchentiner See. Durch Heirat fiel der Besitz 1875 den **Grafen Grote** zu. Diese ließen 1895 im Park wenige Hundert Meter vom Schloss ein **Mausoleum** mit einer Neorenaissancefassade errichten. Der letzte Graf Grote fiel 1942 im Krieg und seine Witwe siedelte in die USA über. Nach russischer Besetzung wurde das Schloss anschließend als Hotel und Landwirtschaftsschule genutzt.

Durchquert man den lang gestreckten Ort, findet man am westlichen Dorfrand auf einem kleinen Hügel noch eine alte **Backsteinkirche** mit Holzturm, deren Anfänge bis in das Jahr 1280 zurückreichen. In der Nähe der Kirche ist eine alte **Slawensiedlung** am **Kleinen Varchentiner See** ausgewiesen. Der Weg zu ihr und zum Seeufer bietet sich für eine kurze Wanderung an. Mehr als ein paar Erdhügel, die auf Informationstafeln erklärt werden, erschließen sich aber dem ungeübten Auge nicht.

Die weitere Route folgt ab Varchentin der B194 in Richtung Stavenhagen.

KITTENDORF

(5 km – km 43)

Direkt an der B194 befindet sich in Kittendorf das gleichnamige **Schloss.** Was in Varchentin noch nicht gelang, wurde hier meisterhaft umgesetzt. Das prächtige Schloss in englischem Stil von 1853 wurde umfassend saniert und steht heute als Schlosshotel mit ausgezeichnetem Café und Restaurant und schönem Park Besuchern immer offen. Die Gastronomie im Schloss ist täglich ab 14 Uhr geöffnet (www.schloss-kittendorf.com). Der ehemals 110 ha und heute noch 20 ha große Schlosspark wurde wie der Varchentiner **Schlosspark** von Peter Joseph Lenné angelegt.

REUTERSTADT STAVENHAGEN

(9 km – km 52)

Wie der Namenszusatz, der die Stadt seit 1949 schmückt, verrät, ist Stavenhagen vor allem durch den hier geborenen berühmten **niederdeutschen Schriftsteller Fritz Reuter bekannt.** Das **Reuter-Museum** befindet sich seit 1949 in dessen Geburtshaus, dem ehemaligen Rathaus, und widmet sich dem Leben des Schriftstellers. Außerdem erlaubt die Fachbibliothek mit ihren ca. 15.000 Bänden wissenschaftliches Arbeiten in Bezug auf das Niederdeutsche. Vor dem Museum schaut der Dichter in Form eines von Wilhelm Wandschneider 1911 geschaffenen **Denkmals** selbst auf die Besucher. Auch eine **Reuter-Eiche** kann der Gast bestaunen. Diese wurde vom Schriftsteller selbst an der Chaussee nach Neubrandenburg gepflanzt, bevor er seine Geburtsstadt verließ und 1863 nach Eisenach übersiedelte. Einen Kranz aus Zweigen dieses Baumes überbrachte der damalige Bürgermeister, Herr von Bühlow, persönlich zur Beisetzung des Dichters im Jahre 1874 nach Eisenach.

Ganz der Tradition verpflichtet, finden jährlich am zweiten Juni-Wochenende **Fritz-Reuter-Festspiele** auf dem Markt vor dem Literaturmuseum statt. Mehrere Tausend Gäste und über einhundert Mitwirkende machen Stavenhagen dann zur „Platt-Hauptstadt“. Ein Gottesdienst auf Plattdeutsch in der **Stadtkirche** eröffnet das Fest und Lesungen, Konzerte und Theateraufführungen stehen für die

Fritz Reuter – bekanntester Mundartdichter Deutschlands

„Brrr!", seggt de Schult Kampehl,
„wat is't för Weder!"
As hei herin tredd in den Kraug
„Dat is för'n Hund nich gaud genaug!
Na, sünd ji denn nu hir, ein jeder?"
„Ick glöw binah. Blot Jochen Ölbarg fehlt."
„Wo de nu woll herümmer nält?
Dat is 'ne olle Nuss' sin Lewsdag west
Un bliwwt ok so! Wo de woll rümmer däs't? (…)

Alles klar? Die Beschäftigung mit dem literarischen Werk Reuters ist spannend, handelt es sich doch um den ***bedeutendsten Dichter niederdeutscher Mundart.*** *1810 als Sohn des Stavenhagener Bürgermeisters geboren, fügt Reuter sich dem Wunsch des Vaters und beginnt zu studieren. Er schließt sich den Burschenschaften an und es dauert nicht lange, da erfolgt seine* ***Verhaftung*** *wegen „Majestätsbeleidigung und versuchtem Hochverrat" – eine nicht unübliche Anschuldigung für politisch Aktive in den bewegten Zeiten des Vormärz.*

Ab Mitte des 19. Jh. findet Reuter Ruhe und Muße für schriftstellerisches Arbeiten, dabei liegt sein Hauptaugenmerk auf der ***plattdeutschen Sprache.*** *Ihm ist es wichtig, die Literaturfähigkeit dieser zu zeigen. Sein Erstlingswerk, „Läuschen un Rimels" von 1853, beinhaltet heitere Gedichte und wird ein großer Erfolg.*

Höhepunkt seines schriftstellerischen Wirkens wird der dreiteilige Roman „Ut mine Stromtid", weitere Werke folgen.

Obwohl er Übersetzungen ins Hochdeutsche ablehnte, war Fritz Reuter der ***meistgelesene Autor seiner Zeit.*** *Niederdeutsch erlebte einen enormen Aufschwung und wurde zu einem Identität stiftenden Merkmal für die norddeutsche Bevölkerung.*

Veranstaltungsvielfalt. Des Weiteren wird das **plattdeutsche Wort des Jahres** erkoren und die liebste Redensart sowie der aktuellste Begriff gewählt. Ein ausgelassenes Markttreiben rundet die Festspiele ab, die immer wieder beweisen, dass „Plattdütsch läwt".

Die Kleinstadt Stavenhagen wurde 1230 erstmals erwähnt und erlitt durch mehrere große **Stadtbrände** und den **Dreißigjährigen Krieg** mehrfach schwere Zerstörungen. Der heutige Verwaltungssitz der Stadt ist im **Schloss** angesiedelt, das man schnell vom Markt aus erreicht, wenn man einen kleinen Park durchquert. Mitte des 18. Jh. wurde das Schloss als barockes Gebäude erbaut und 1890 durch einen runden Treppenturm ergänzt. Es ist auf einem kleinen Hügel gelegen und von einem hübschen Park umgeben.

Stavenhagen ist heute nicht mehr die kleine Stadt, die Reuter vor Augen hatte. Mittlerweile hat sich die Stadt nämlich zu **einem der wirtschaftlich erfolgreichsten Standorte** der neuen Bundesländer gemausert. Neben Netto, Pfanni, Immergut und weiteren großen Firmen stärken kleine und mittelständische Unternehmen die Stadt und füllen das Stadtsäckel ausnehmend gut: Stavenhagen ist seit 2005 **schuldenfrei,** ein heute doch sehr beeindruckender Umstand.

Information

› **Stadtinformation Stavenhagen,** Markt 1, 17153 Stavenhagen, Tel. 039954 279835, www.reuterstadtstavenhagen.de, geöffnet: Mo–Fr 9–17 Uhr, Sa und So 10–17 Uhr

Parken

P 49 Parkplatz am Schloss, GPS 53.693980, 12.910410, Kreuzung Amtsbrink/Neubrandenburger Straße, 17153 Stavenhagen. Von der B104/B194 auf den Amtsbrink abbiegen und Richtung Zentrum folgen. Für kleine Wohnmobile geeigneter Parkplatz am Fuß des Schlosshügels und 5 Min. vom Zentrum des Ortes entfernt. Aufgrund der ausgezeichneten Wirtschaftslage der Stadt sind fast alle Parkplätze in Stavenhagen (so auch dieser) kostenlos. Größere Wohnmobile können sehr gut an der Zufahrtsstraße zum Parkplatz parken.

031ms-lr

P 50 Parkplatz Ivenacker Tor, GPS 53.697520, 12.912110, Stadtholzweg, 17153 Stavenhagen. Vom Stadtring Fritz-Reuter-Straße nach Norden auf den Stadtholzweg abbiegen. Großer, für alle Wohnmobile geeigneter Parkplatz. Eignet sich auch als Übernachtungsplatz. Dahinter sind zwei kleine Seen.

Sehenswertes

- **Fritz-Reuter-Literaturmuseum,** Markt 1, 17153 Stavenhagen, Tel. 039954 21072, www.fritz-reuter-literaturmuseum.de, geöffnet: April-Oktober täglich 10-17, November-März Di-So 10-17 Uhr, Eintritt: 4 €. Schön und umfassend gestaltetes Reuter-Museum im ehemaligen Rathaus.
- **Stadtkirche Stavenhagen,** Bei der Kirche, 17153 Stavenhagen, Tel. 039954 21813. Die große Kirche wurde 1774 erbaut und ist einen Besuch wert. Sie verfügt über einen aufwendig gestalteten Altar mit Altarbild aus dem 15. Jh., der von einer viel älteren Kirche übernommen wurde. Die Orgel wurde 1861 vom bekannten Orgelbauer Lütkemüller geschaffen.

Stavenhagen verlässt man über die B194 in Richtung Basepohl. Etwa 4 km hinter Basepohl zweigt dann die Kreisstraße 3 nach Grammentin ab. In Basepohl gibt es eine Parkmöglichkeit im Ort in der Nähe des Sees.

ABSTECHER IVENACKER EICHEN UND TIERGARTEN

(hin und zurück etwa 10 km)

Nur fünf Kilometer von Stavenhagen entfernt, befindet sich der **Ivenacker Tiergarten,** in dem man 1000 Jahre alte und wahrhaft beeindruckende **Stileichen** bestaunen kann. Von Basepohl sind es auf gut ausgebauter Straße nur 1,5 km zum Tiergarten. Ein Besuch ist deshalb für Naturfreunde ein unbedingtes Muss. Die Eichen sind die wohl ältesten ihrer Art in Mitteleuropa und viele **Mythen** ranken sich um diese Giganten. Eine Sage weiß zu berichten, dass es sich bei sieben dieser Bäume um verwandelte Zisterziensernonnen handelt. Da die Nonnen ihr Gelübde brachen, erstarrten sie zu Eichen. Alle hundert Jahre wird eine von ihnen erlöst und so stirbt eine Eiche ab. Diese Eichen waren, so eine andere Sage, zu Beginn des 19. Jh. schon so

Ein Blick in das Fritz-Reuter-Literaturmuseum in Stavenhagen

groß, dass der legendäre Hengst Herodot in ihnen versteckt worden sei. Herodot stammt aus dem Gestüt Ivenack und wurde während der napoleonischen Besatzungszeit von den Truppen Napoleons nach Frankreich geraubt. Blücher selbst soll ihn zurückgebracht haben.

Auf jeden Fall handelt es sich um beeindruckende Riesen, denn die mächtigste Eiche ist **ca. 35,50 m hoch** und der **Umfang ihres Stammes** beläuft sich auf **über elf Meter.** Zwölf Erwachsene braucht man, um sie umfassen zu können. Die Bäume sind **Relikte des Hude-Waldes,** eines als Weide genutzten Waldes aus dem Mittelalter.

Um 1300 trieben die **Zisterzienser** ihr Vieh in den Wald und ungefähr vierhundert Jahre später entstand der eigentliche **Tiergarten.** Auf dem ehemaligen Rittergut Ivenack setzte man zu Jagdzwecken Damwild aus und umzäunte große Waldflächen. Während der Weltwirtschaftskrise 1929 wurde der Tiergarten aufgelöst und erst Anfang der 1970er-Jahre begann das Forstamt Stavenhagen mit seiner Wiederbelebung. Eine ca. 75 ha große Fläche wurde eingezäunt und erneut Damwild angesiedelt, sodass der Besucher heute die Tiere ganzjährig in freier Wildbahn beobachten kann. Während des Rundganges trifft man ständig auf einige von ihnen.

Insgesamt sind etwa **10 km Rundweg** ausgebaut und zur Stärkung lädt innerhalb des Geländes eine kleine **Gaststätte** mit Freisitz ein, von welchem aus sich das Damwild hautnah erleben lässt. Bei dem Besuch der Ausstellung im restaurierten Barockschlösschen gleich neben dem Restaurant kommen vor allem Kinder auf ihre Kosten, denn hier wird interaktiv Wissenswertes über den Wald und dessen Bewohner wie Wölfe, Hirsche und Vögel vermittelt. Man kann auch hören, wie der Wald in den verschiedenen Jahreszeiten klingt und letztlich laden der Eichhörnchenkobel und das Meditationsnest zum Verweilen ein.

Besondere Attraktion ist der 640 m lange **Baumwipfelpfad** mit seiner Aussichtsplattform in 40 m Höhe.

Innerhalb des Geländes befindet sich auch das **Lischengrab** aus der zweiten Hälfte des 18. Jh. Es ist ein Denkmal auf einem kreisrunden Hügel, den zwei Gedenksteine schmücken. Sie erinnern an die große Liebe zwischen dem Grafen von Ivenack und Anna Elisabeth Gilo, die im Alter von 22 Jahren starb. Das Lischengrab liegt auf dem **Oszug,** womit ein schmaler **Wallberg** gemeint ist, der in den Gletscherspalten während der Abtauphase durch Sand- und Kiesablagerungen entstand. Über Jahrhunderte wurden diese Ablagerungen aus den Osern von den Menschen genutzt, sodass viele verschwanden. Der Os, der den Tiergarten durchquert, ist in seiner gesamten Längeist fast 40 km lang und durchschnittlich zwei bis vier Meter hoch und stellt damit einen der längsten erhaltenen Oszüge in Norddeutschland dar.

Der Ivenacker Tiergarten ist ein wirklich lohnens- und empfehlenswertes Ausflugsziel, in dem man sich als großer oder kleiner Naturliebhaber durchaus einen ganzen Tag vergnügen kann.

Im nicht weit entfernten Ort Ivenack findet man die Überbleibsel der weitläufigen **Schlossanlage Ivenack,** eines der ehemals berühmtesten und reichsten Schlösser und Güter Mecklenburgs. Anschauen kann man heute neben dem Schlossgebäude unter anderem auch der Marstall, das Teehaus und die Orangerie. Um den Ivenacker See führt ein Rundwanderweg.

› **Ivenacker Tiergarten,** Tel. 039957 29816, geöffnet: April–Dezember 9.30–17 Uhr, im Sommer bis 19 Uhr, Baumwipfelpfad November–März geschlossen, Eintritt: Erwachsene 6 €, Kinder 2 €, Baumwipfelpfad zusätzlich 5 € pro Person, www.ivenacker-eichen.de. Zufahrt: Der Tiergarten liegt an der Verbindungsstraße zwischen B194 und Ivenack.

Parken

P **51 Parkplatz Ivenacker Eichen,** GPS 53.716350, 12.952160, Eichenallee, 17153 Ivenack, 2 €/Tag. An der Ortsverbindungsstraße zwischen Basepohl und Ivenack. Ein schöner und großer Parkplatz gegenüber dem Eingang zum Tiergarten, der sich auch

033ms-lr

gut als Übernachtungsplatz eignet. Nach Schließung des Tiergartens am Abend steht man hier sehr ruhig und idyllisch. Ein zweiter Großraumparkplatz liegt etwa 200 m entfernt.

GRAMMENTIN

(10 km – km 62)

Grammentin ist ein lang gestrecktes Straßendorf. Im Ort befindet sich eine alte Kirche, die allerdings ihre besten Tage leider schon hinter sich hat und dringend einer Renovierung bedarf. Wenn trotzdem häufiger Besucher den Ort frequentieren, dann liegt das vor allem an dem **„Gehöft“.**

Dieser Name steht für das große **Atelier des Malers und Grafikers Günter Horn** mit seinem Lehmofen und dem dazugehörigen zur Galerie ausgebauten doppelseitigen **Landhaus** mit dem glasüberdachten Galeriezwischenhof und der zusätzlichen Sommergalerie in der „alten Scheune“.

Das „Gehöft“ war und ist ein beständiger Treffpunkt von Kunstinteressierten. Zwar wurden die großen Kunstfeste 2006 eingestellt, da die Organisation und die behördliche Auflagen zu hohe Anforderungen darstellten, doch es finden auch heute immer noch verschiedene Veranstaltungen in einem kleineren Rahmen statt. Diese werden über die Homepage des Malers ausgewiesen.

Günter Horn ist ein bekannter **Schüler Otto Nagels** und durch seine Malereien und Grafiken bekannt. Einen Blick sollte man auf das Feuerwehrgebäude des Dorfes werfen, dessen Fassade von Horn mit Bildern unkonventionell gestaltet wurde. Es befindet sich etwas außerhalb des Ortes. Der Weg zum Gehöft ist nach der ehemaligen Gaststätte „Kreischsäge“ausgeschildert.

Das Wild kommt in Ivenack bis an das Barockschlösschen heran

41 Camping- und Wohnmobilpark Sommersdorf

GPS 53.798611, 12.875556

Sehr schöner und freundlicher Campingpark mit gesondertem Wohnmobilhafen, Vollausstattung, Badestrand, Boots- und Fahrradvermietung, Bistro. **Lage/Anfahrt:** Nördlich des Dorfes Kummerow am Kummerower See. Von der B194 in Richtung Demmin über Wolkwitz nach Sommersdorf oder über Kummerow nach Sommersdorf; **Untergrund:** Wiese; fest; **Service:** Strom, Trinkwasser, Abwasser, Chemie-WC, WLAN; **Sicherheit:** beleuchtet; **Preise:** €; **Geöffnet:** ganzjährig; **Kontakt:** 17111 Sommersdorf, Tel. 039952 2973, www.camping-sommersdorf.de.

202ms-lr

Für große Wohnmobile bestehen am Atelier keine Park- und Wendemöglichkeiten. Besser ist es, im Umfeld der „Kreischsäge" zu parken und die etwa 800 m zu laufen.

Immer einen Stopp wert ist die **Konditorei Komander** in Grammentin mit ihrem berühmten Ivenacker Baumkuchen. In der Konditorei findet man auch ein Café. 2021 neu entstanden ist die **Brasserie Märchengarten** mit italienischer Küche. In dem kleinen Ort sind Konditorei und Brasserie leicht zu finden.

Sehenswertes

- **Das Gehöft,** Günter Horn, Dorfstr. 151, 17153 Grammentin, GPS 53.75140, 12.90549, www.guenter-horn.com

KUMMEROW AM SEE

(5 km – km 74)

Obwohl vermutlich bereits seit dem 5. Jh. von slawischen Stämmen besiedelt, wird der Ort erstmalig 1222 urkundlich erwähnt. Der Name Kummerow stammt vermutlich aus dem Slawischen und bedeutet etwa **„Mückenort"**, was in den Sommermonaten nach wie vor als durchaus zutreffende Beschreibung gelten kann.

Von 1309 bis 1945 drückten die **Herren von Maltzan** dem Ort ihren Stempel auf, auch wenn er nach dem **Dreißigjährigen Krieg** vorübergehend in schwedischem und dänischem Besitz war. Für die Kolonisierung

Naturpark Mecklenburgische Schweiz und Kummerower See

Der Begriff Mecklenburgische Schweiz wurde angeblich vom Erbprinzen Georg von Mecklenburg-Strelitz im Zuge der Grundsteinlegung von Burg Schlitz im Jahre 1811 erstmalig genannt. Hintergrund dieser Bezeichnung ist zweifellos die für die Region typische, von der letzten Eiszeit geprägte Landschaft. Gletscher und Schmelzwasserströme dieser Eiszeit haben hier vor etwa 15.000 Jahren das Bild der Landschaft geformt, die mit ihren ***grünen Hügeln*** *und* ***idyllischen Seen*** *aus der schönen Natur Mecklenburgs besonders heraussticht.*

Höhenunterschiede *von mehr als 100 Metern, im flachen Mecklenburg recht auffallend, bewirken, dass die Gegend mehr an Hügelländer und Mittelgebirge erinnert. Sie gilt als typische, von Menschen geprägte* ***Kulturlandschaft*** *mit reicher Flora und Fauna und vielen Schlössern, Gutshäusern und Parkanlagen. Lange bevor die Menschen des Mittelalters hier ihre heute noch sichtbaren Spuren und baulichen Zeugen hinterließen, war das Gebiet bereits besiedelt. Beweise für die* ***Besiedlung seit der mittleren Steinzeit*** *(etwa 2000–1000 v. Chr.) sind Großsteingräber, Steinkisten- und Hügelgräber sowie alte slawische Burgwälle.*

Die eigentliche ***Mecklenburgische Schweiz*** *befindet sich im Zentrum des heutigen Naturparks und wird von den charakteristischen* ***Stauchmoränen*** *gebildet. Diese präsentieren sich den Besuchern als Hügelketten. Durch die größtenteils freie und waldarme Landschaft ist von ihnen ein weiter Blick möglich, denn nur 18 % des Naturparks sind von Wald bedeckt. Mehr als 70 % werden* ***landwirtschaftlich genutzt.***

Zum Naturpark Mecklenburgische Schweiz und Kummerower See gehören auch der ***Malchiner*** *und der* ***Kummerower See*** *sowie das* ***Peenetal*** *bis Demmin. Früher ein beständiges Feuchtgebiet, wurde der Boden über Jahrhunderte entwässert, um landwirtschaftlich nutzbare Fläche zu gewinnen. Trotz dieser langen Trockenlegung finden sich in der Umgebung der Gewässer auch heute noch* ***stark durchfeuchtete Abschnitte,*** *die von großer Bedeutung für* ***Flora*** *und* ***Fauna*** *sind. Hier finden sich besonders seltene Vorkommen von Orchideen, Trollblumen oder Schachbrettblumen. Auch Biber, Wasseramseln, Eisvögel, Kraniche, See-, Fisch- und Schreiadler sind häufig zu beobachten. Der* ***Vogelzug*** *mit seinen rastenden Kranichen, Gänsen und Enten zieht jährlich viele Besucher in seinen Bann.*

Um den Kummerower See ist ein ***Naturerlebnispfad*** *entstanden. Insgesamt fünf* ***Aussichtstürme*** *bei Verchen, Neukalen, Wendischhagen, Dahmen und auf der Burgwallinsel Teterow machen eine ungestörte Beobachtung von Wasservögeln möglich. Ein weitreichendes auch für Fahrräder offenes* ***Wegenetz*** *mit zahlreichen Informationstafeln erlaubt es, die reizvolle Landschaft im gesamten Naturpark aktiv zu erleben. Viele der Wasserflächen und die Peene können außerdem mit* ***Booten*** *befahren werden. Jährlich durchqueren Zehntausende Wasserwanderer mit kleinen Falt-, aber auch mit komfortablen Hausbooten die Mecklenburgische Schweiz. Deshalb gibt es zahlreiche kleine* ***Naturcampingplätze*** *ohne großen Komfort, auf denen man mit Zelten übernachten kann. Hier sind Wohnmobile durchaus willkommen. Mehr Luxus bieten die meist neu entstandenen* ***Marinas,*** *von denen einige auch die Übernachtung von Wohnmobilen gestatten.*

Seit 1997 ist das Gebiet ein ***ausgewiesener Naturpark,*** *dessen offizielle Fläche 67.000 ha beträgt. Die Verwaltung des Naturparks ist in Basedow in der Dorfstraße 124 zu finden. Mit Faltblättern zu unterschiedlichen Themen informiert sie über Natur und Landschaft, Schlösser und Herrenhäuser, alte Bäume sowie über Künstler im Naturpark. Mehrere detaillierte Rad- und Wanderkarten können in der Region in jeder Tourist-Information käuflich erworben werden.*

des Gebietes sorgte eine frühe Burganlage, die später zu einer Wasserburg ausgebaut wurde. Ab 1733 wurde aus dem Baumaterial der Burg das barocke **Schloss Kummerow** errichtet, welches durch den späteren Bau von umliegenden Wirtschaftsgebäuden zu einer großen Gutsanlage wurde. Nach der Enteignung 1945 nutzte man den Bau als Schule und Gemeindebüro. Das Schlossgebäude wurde teilsaniert und wird unregelmäßig für Veranstaltungen und Ausstellungen genutzt. Informationen dazu findet man auf der Website www.schloss-kummerow.de. Reste der Landschaftsparks zwischen dem Hauptgebäude und dem See sind noch zu sehen.

Einige **Grabplatten** der hier ehemals ansässigen **derer von Maltzan** befinden sich in der kleinen **Dorfkirche,** die auf eine Kirchengründung im 13. Jahrhundert zurückgeht. Ihr heutiges Aussehen erhielt sie im 18. Jahrhundert. Zur Kirche muss man sich nach dem Ortseingang rechts halten.

In Kummerow findet man eine sehr schön ausgebaute **Badestelle** unweit des Schlosses am Kummerower See. Zwischen Schloss, Badestelle und dem neu gebauten Hafen verläuft ein Wanderweg immer am Seeufer entlang. Parkmöglichkeiten bestehen am Hafen, der im Ort ausgeschildert ist. In den Sommermonaten werden dort auch sehr einfache Campingmöglichkeiten auf einer kleinen Wiese angeboten. Ein Ausflugsschiff der Blau-Weissen Flotte verkehrt zwischen verschiedenen Orten auf dem Kummerower See und legt auch im Kummerower Hafen an.

42 Campingplatz Meesiger-Gravelotte

GPS 53.823952, 12.915280

4 ha großer Campingplatz in einem Waldstück, mit Vollausstattung, Badestrand, Spielplatz und Gastronomie, eigene Hafenlage. **Lage/Anfahrt:** Nordwestlich des Dorfes Meesiger direkt am Kummerower See. Von der B194 über Borrentin nach Meesiger oder über Sommersdorf nach Meesiger; **Platzanzahl:** 10; **Untergrund:** Wiese; fest; **Service:** Strom, Trinkwasser, Abwasser, Chemie-WC; **Sicherheit:** umzäunt, beleuchtet; **Preise:** €; **Geöffnet:** April–September; **Kontakt:** Gemeinde Meesiger, Am Kummerower See, 17111 Meesiger, Tel. 039994 10732, www.campingplatz-gravelotte.de.

Anschlussroute

Von Kummerow folgt man dem Leuschentiner Damm (Dorfstraße in Kummerow) und kommt nach ungefähr 2 km in Leuschentin an. Von diesem kleinen Ort sind es nur noch 3 km bis nach Malchin, dem Ausgangspunkt der nächsten Route (s. S. 96).

ROUTE 4

VON MALCHIN NACH WAREN

035ms-lr

1 cm = 2 km
© Reise Know-How 2023
Schwerin
Waren (Müritz)
Neubrandenburg
Neustrelitz
Rheinsberg
Wittenberge
Elbe
Mecklenburgische Schweiz
TETEROW
Teterower See
Teschow
Alt-Sührkow
Hardtberg
122
Hohen Mistorf
Slawischer Burgwall
Teschower Siedlung
Mieckow
Teterower Heidberge
Klein Roge
Groß Roge
Wotrumer See
Rostocker Tor
Malchiner Tor
Bergring
Neu Wokern
Niendorf
Remplin
Retzow
Hahnenberg
108
Pisede
Gülitz
MALCHIN
Mühletor-siedlung
Pfarrkirche St. Maria u. Johannes
Schlosspark
Neu Panstorf
Alt Panstorf
Pampow
Grambzow
Klein Köthel
Groß Köthel
Klein Wokern
Groß-Wokern
Bergfeld
Glasow
Wendisch-hagen
Dahmer Kanal
Deutsche Alleenstraße
Fuhrtsberg
104
Leuschentin
Wüstgrabow
Basepol
Kätnerberg
87
Hohen Demzin
Badenberg
84
Nien-hagen
Klaber
Bristow
Basedow-Höhe
Viezenhof
Gielow
Ostpeene
Duckow
Scharpzow
Kölpin
Reuterstadt STAVENHAGEN
Gülzow
Carlsdorf
Burg Schlitz
Buchenberg
Carlshof
Schloss
Basedow
Gessin
Gielow Ausbau
Kummerower
Bülow
Schorssow
Haussee
Malchiner See
44
Seedorf
Eichberg
54
Stöckersoll
Vorp
Kipsenberg
57
Pinnow
Neubauhof
Pribbenow
Barz
Klein Luckow
Großen Luckow
Park
Zidorf
Hinrichs-felde
Demzin
Liepen
Schloß Grubenhagen
45
Langwitz
Schießberg
62
Zettemin
Rottmanns-hagen
108
Dahmen
Rothenmoor
Christinen-hof
Carlsruhe
Faulenrost
Voßhag
Kirch Grubenhagen
Schwinken-dorf
See
Rambow
Groß Rehberg
Lupendorf
Rittermanns-hagen Hof
Rützen-felder See
Tressow
Schwaben-dorf
Vollrathsruhe
Klocksin
Moltzow
Schloss
Ulrichshusen
Rittermanns-hagen
Rützenfelde
Kittendorfer Peene
Mittelhof
Hinrichshagen
Rittermanns-hagener See
Flacher See
Blücherhof
Marxhagen
Schwarzen-hof
Lanser See
Hungerstorf
Clausdorf
194
Levenstorf
Lütgendorf
Großer Varchentiner See
Cramon
Sophienhof
Louisen-feld
Panschen-hagen
Lansen-
-Schönau
Varchentin
Tiefer See
Sommerstorf
Baum-garten
Neu Schönau
Alt Schönau
Groß Gievitz
Klein Varchentiner See
Alt Gaarz
Kraazer See
Bergsee
Neu Gaarz
Alt Falkenhagen
Jägerhof
Klein Gievitz
Sorgenlos
Beckenkrug
Torgelower See
Torgelow am See
Deven
Krummer See
Grabowhöfe
40
Groß Plasten
Mühlen-see
Vielis
Neu Falkenhagen
Meierei
Neu Schloen
Alt Schloen
Schloen
Klein Plasten
Loppin
Loppiner See
Amsee
Rügeband
Schmacht-hagen
Tief-waren-see
Rundling
192
Heide
Jabel
Jabelscher See
Schwenzin
Weinberg-Schloss
Waren-hof
WAREN (Müritz)
Schwastorf
84
Damerow
Kargow
Silz
Wisentgehege
47
46
Marien
Papenberg
Godow
Groß Dratow
Klein Dra
Nossentin
Damerower Werder
52
50
Müritz-Museum
Binnenmüritz
Heidepark
72
Fleesensee
Kölpinsee
Feisneck-see
Kargow-Unterdorf
Hinbergsee
MALCHOW
Ferienanlage Land Fleesensee
51
Ecktannen
Krummer See
Kargower Holz
Bocks
Untergöhren
31
48
Malchower See
Göhren-Lebbin
Schloss Blücher
Wendhof
Klink
Damerow
Federow
Moorsee
Grabenitz
Müritz-
Warnker See
49
Langer
70
Laschendorf
Rehmel
Kloster Malchow
Penkow
Poppentin
Rederang-see
Mühlensee
Deutsche Alleenstraße
Roez
192
Sembzin

199ms-lr

ROUTENÜBERSICHT

HISTORIE, EIN ERFINDER, WISENTE UND MODERNES STADTLEBEN – DURCH DAS ALTE MECKLENBURG

Siegfried Marcus kennen heute nur wenige Leute, dabei baute er 16 Jahre vor Karl Benz das erste Automobil. Er versäumte jedoch die Patentanmeldung und verpasste so den internationalen Ruhm. Diese Route startet in seiner verschlafenen Geburtstadt Malchin und führt über ruhige Straßen vorbei an den Prunkbauten des alten Mecklenburger Landadels zum Herzen der Mecklenburgischen Seenplatte – der Müritz. Egal ob Basedow, Burg Schlitz oder Ulrichshusen, die auf der Tour angesteuerten Herrensitze werden ihre beeindruckende Wirkung bei jedem Besucher entfalten. Heute ist es schwer vorstellbar, dass sich der Reichtum ihrer früheren Besitzer nur auf Landwirtschaft gründete. In der Müritzstadt Waren ist alles zu finden, was heute zu einer pulsierenden Urlauberstadt gehört, aber bereits am Stadtrand finden Naturfreunde Ruhe und Zugang zum Wasser und zu den Waldflächen des Müritz-Nationalparks. Ein für jeden Wohnmobilisten sicherlich unvergesslicher Besuch des Wisentreservates Damerower Werder rundet die Tour ab.

Strecke:

Malchin (s. S. 96) – **Basedow** (8 km, s. S. 99) – **Abstecher nach Burg Schlitz** (hin und zurück etwa 7 km, s. S. 102) – **Abstecher nach Ulrichshusen** (hin und zurück etwa 11 km, s. S. 103) – **Waren** (32 km, s. S. 104) – **Abstecher ins Wisentreservat Damerower Werder** (hin und zurück etwa 22 km, s. S. 112)

Streckenlänge:

ohne Abstecher 40 km; mit Abstecher 68 km

⊡ *100 ha mit 36 Skulpturen und Denkmälern umfasst der berühmte Park von Burg Schlitz*

⊠ *Kapitelstartseite: Von der Gaststätte der Müritzfischer kann man den Stadthafen von Waren (s. S. 104) überblicken*

MALCHIN

Malchin liegt zwischen Malchiner und Kummerower See im Osten der waldreichen Mecklenburgischen Schweiz. Der Ort wurde erstmals als Fischerdorf urkundlich erwähnt und erhielt 1236 das Stadtrecht. Eine **wechselhafte Geschichte** sollte das Schicksal der Stadt in der Folge bestimmen.

Schrecklich gestaltete sich für Malchin die Zeit des **Dreißigjährigen Krieges,** denn die Stadt wurde sage und schreibe sechzehn Mal geplündert, Heerscharen der verschiedenen Parteien – ca. 80.000 Mann – lagerten um die Stadt, plünderten und verwüsteten. Unvorstellbare Not war das Ergebnis für die Bewohner. Knapp einhundert Jahre später, im **Nordischen Krieg,** waren es dänische und russische Truppen, welche die Stadt belagerten. Auch im **Siebenjährigen Krieg** geriet die Stadt ins Schussfeld und 1806 wurde sie von den **Franzosen** unter Marschall Murat erneut geplündert.

Trotz allem entwickelte sich die Stadt, was sie wohl vorrangig ihrer Funktion als **Verkehrsknotenpunkt** und der politischen Bedeutung als **Tagungsort des Mecklenburger Landtages** verdankte. Dieser versammelte sich von 1618 bis 1916 in Malchin. Waren und Güter erreichten die Stadt außer über die Straßen auch über den schiffbaren Peenestrom und die im 19. Jahrhundert frühzeitig gebaute Eisenbahnverbindung zwischen Güstrow und Neubrandenburg. Die Großherzoglich Mecklenburgische Friedrich-Franz-Eisenbahn machte Malchin zu ihrem Verwaltungssitz und einige Unternehmen, z. B. eine große Zuckerfabrik, siedelten sich an. So gelangte die Stadt vor etwa 100 Jahren zu einem gewissen Wohlstand. Doch 1945 waren es wieder Krieg und Zerstörung, die den Ort heimsuchten. Militärisch sinnloser und heftiger Widerstand in den letzten Tagen des **Zweiten Weltkrieges** führte beim Einmarsch der Roten Armee zu **großflächigen Zerstörungen** und der nahezu vollständigen Vernichtung aller Wohngebäude in der Innenstadt. Nach **umfangreichen Sanierungsarbeiten** im Rahmen der Städteförderung ab 1991 bietet Malchin seinen Besuchern nun wieder **gepflegte Sehenswürdigkeiten** und **historische Baudenkmäler.**

Bereits bei der Einfahrt in die Stadt fallen einem die ersten Hinweise auf die 800-jährige Stadtgeschichte auf: Zwei gut erhaltene alte Stadttore, Reste der Stadtmauer und Teile der Stadtbefestigung, ein Fangelturm, das Rathaus, der Wasserturm sowie einige historische Wohn- und Geschäftshäuser sind nicht zu übersehen.

Dominant wirkt die **Stadtkirche St. Johannis,** eine gotische Backsteinbasilika von gewaltigen Ausmaßen – vielleicht auch deshalb, weil sie nach den Zerstörungen von 1945 völlig frei in der Innenstadt steht. Ihr Bau wurde bereits 1397 begonnen. Keins der Gebäude, die sich ursprünglich im Nahbereich der Kirche befanden, ist kriegsbedingt heute noch erhalten. Der 67 Meter hohe **Kirchturm** kann bestiegen werden, um Malchin und Umge-

141ms-lr

◸ *Das Kalensche Tor ist ein bekanntes Wahrzeichen Malchins*

117ms-lr

bung von oben zu betrachten. Zu den sehenswerten **Schätzen der Kirche** gehören der Marienaltar aus dem 15. Jahrhundert und die in ihrem Klang einzigartige und mit viel Aufwand rekonstruierte Friese-Orgel von 1877. Sie ist eine der größten Orgeln Mecklenburgs. Neben der Kirche befindet sich in der Schweriner Straße das mit nur 12 m² wohl kleinste Kinderbuchmuseum Deutschlands.

Das **Rathaus,** dessen gotischer Keller aus dem 14. Jahrhundert stammt, wurde 1996 saniert. Aufgrund der wechselvollen Geschichte Malchins ist es bereits der fünfte Rathausbau der Stadt. Am Markt und rund um Rathaus und Kirche findet man zahlreiche Parkmöglichkeiten auch für größere Fahrzeuge. Die Gebühren in der Innenstadt betragen 0,50 €/Stunde.

Die von den ehemals vier Toren der Stadt noch heute erhaltenen beiden Stadttore, das **Kalensche Tor** und das **Steintor,** wurden ausgezeichnet restauriert. Auch der Malchiner **Fangelturm** und die letzten Reste der ehemals zwei Kilometer langen alten **Stadtmauer** wurden in einen ansprechenden Zustand versetzt.

Malchin entwickelte sich in den letzten Jahren zu einem **Zentrum des Wassersporttourismus.** Seit 1993 wurde Kösters Eck, eine Halbinsel, kontinuierlich umgestaltet. Im Jahr 2000 konnte hier der **Wasserwanderrastplatz Kösters Eck** eingeweiht werden, nachdem die Halbinsel 1999 durch eine 18 Tonnen schwere Holzbrücke mit den Pisedeer Wiesen verbunden wurde. Sanitäre Anlagen, Strom- und Wasseranschlüsse stehen den Wassertouristen ebenso zur Verfügung wie in der Saison eine ausgezeichnete Betreuung durch eine Hafenmeisterin. Als erster Sportboothafen im Binnenland wurde dem Malchiner Wasserwanderrastplatz das Qualitätssiegel „Gelbe Welle“ vom Landestourismusverband verliehen.

⊡ *Die Innenstadt Malchins wird von der mächtigen Stadtkirche beherrscht, die die schweren Zersörungen 1945 überstand*

Rund um die Stadt eröffnet sich ein wahres Paradies für **Wanderer** und **Freunde der Natur,** denn Haine und Waldgebiete prägen die Umgebung ebenso wie die Moorsümpfe der Peene. Moordeiche bilden gemeinsam mit einem Netz aus Gräben durch Torfmoore und Torfstiche eine urige, teils wildromantische Landschaft.

Jährlich im Frühjahr wird das Festgelände Waldarena südlich vom Zentrum Malchins zum Austragungsort eines **Bikertreffens,** das unzählige Teilnehmer und Gäste in die Stadt lockt und das größte Treffen dieser Art in Norddeutschland ist. Um das erste Maiwochenende bestimmen ab Donnerstagabend Motorräder das Stadtbild, auf mehreren Bühnen werden Konzerte gegeben, verschiedene Vorführungen finden statt und ein Mittelalter- sowie ein Westernlager entstehen. Auf dem Marktplatz von Malchin gibt es Bikerhochzeiten und den Start zur Bikerausfahrt. Ein Höhenfeuerwerk rundet das Festival ab (www.motorradtreffen-malchin.de). Daneben gibt es in Malchin verschiedene weitere Veranstaltungen. Ende Juni richtet die Stadt drei Tage lang ihr Altstadtfest aus, im Juli findet ein Lichterfest statt und im August folgt das Stadt-Open-Air.

An den berühmtesten Einwohner Malchins wird mit dem Siegfried-Marcus-Oldtimertreffen im September erinnert.

Siegfried Marcus

Siegfried Samuel Marcus war ein bekannter ***Mechaniker*** *und* ***Erfinder.*** *Er wurde 1831 in* ***Malchin*** *geboren und starb 1898 in Wien. In seinem Geburtsort begann er eine Mechanikerlehre, die er in Hamburg beendete. 1852 kam er nach Wien, gründete 1856 seine erste Werkstatt und wurde durch verschiedene Entwicklungen bekannt. Neben dem* ***elektrischen Zünder*** *wurde seine Methode zur* ***Carbonisierung von Luft*** *1865 patentiert. Zwei Jahre später erhielt Marcus auf der* ***Pariser Weltausstellung*** *eine Silbermedaille und der Kaiser verlieh ihm das* ***Goldene Verdienstkreuz.*** *Um 1870 fuhr Marcus als erster Mensch mit einem Benzinfahrzeug, das von einem „Explosionsmotor" angetrieben wurde. Insgesamt ließ er zehn* ***Verbrennungsmotoren*** *bauen, seinen* ***Lebensunterhalt*** *bestritt er allerdings durch den Bau unterschiedlicher Geräte für das grafische Gewerbe und militärische Zwecke sowie den Verkauf seiner Erfindungen.* ***131 Patente*** *hatte Marcus zu seiner Zeit in 16 Staaten angemeldet, darunter aber kein Patent für ein Automobil. So nahm er auch nicht für sich in Anspruch, der Erfinder des Automobils gewesen zu sein, auch wenn in Wien die Inschrift an einem ihm zu Ehren errichteten Denkmal dies behauptet. Allerdings war er der Erste, der Benzin als Treibstoff verwendete. Verschiedene seiner Erfindungen (Leihgaben des Technischen Museums Wien) können heute im* ***Siegfried-Marcus-Raum des Stadtmuseums*** *in der alten Stadtmühle Malchin besichtigt werden.*

Information

› **Stadtinformation Malchin,** Steinstraße 6, 17139 Malchin, Tel. 03994 640111, www.amt-malchin-am-kummerower-see.de, geöffnet: Mo/Di/Mi/Fr 10–12 und 13–15.30, Do 10–12 und 13–18 Uhr

Sehenswertes

› **Stadtkirche St. Johannis,** Schweriner Straße 5, 17139 Malchin, Tel. 03994 299465, geöffnet: Mai–September Mo–Sa 11–17 Uhr, So nach dem Gottesdienst ab 10.30 Uhr. Backsteinbau mit erheblichen Ausmaßen, der die Innenstadt architektonisch beherrscht. Im Inneren finden Besucher Kostbarkeiten und selten Stücke wie den Marienaltar, eine reich verzierte astronomische Uhr von 1596, ein altes Taufbecken und eine Friese-Orgel mit 28 Registern.

› **Stadtmuseum Malchin,** Goethestraße 5, 17139 Malchin, www.museum-malchin.de, Tel. 03994 227235, geöffnet: April–Oktober am Wochenende 14–17 Uhr, Eintritt: frei. Kleines, aber sehr interessantes Museum, insbesondere zur Stadt Malchin und Siegfried Marcus. Das Museum wird durch einen Verein betrieben, deshalb sind die Öffnungszeiten relativ unverbindlich.

Parken

P 52 Parkplatz Am Kanal, GPS 53.743000, 12.765930, 17139 Malchin. In der Nähe des Fangel- und des Wohnturmes. Unbefestigter, aber sehr großer und wohnmobiltauglicher Parkplatz mit kurzem Zugang zur Innenstadt. Nur ca. 100 m entfernt befindet sich der Stellplatz Malchiner Kanu-Club.

Von Malchin wird über die gut ausgebaute L20 in wenigen Minuten Basedow erreicht. In Malchin dazu der Ausschilderung nach Malchow folgen.

43 Wohnmobilstellplatz Malchiner Kanu-Club

GPS 53.744438, 12.766650

Familiärer, kleiner und preisgünstiger Stellplatz auf dem Gelände des Kanu-Clubs Malchin. Sehr verkehrsgünstig gelegen, etwa 500 m bis in die Innestadt, Bootsverleih möglich. **Lage/Anfahrt:** Am Dahmer Kanal östlich der Innenstadt Malchin. In der Nähe des markanten Fangelturms von der B104 auf die Straße Am Kanal abbiegen; **Untergrund:** Rasengitter, Pflaster; **Service:** Strom, Trinkwasser, Abwasser, Chemie-WC, WLAN; **Sicherheit:** umzäunt, beleuchtet; **Preise:** €; **Geöffnet:** April–Oktober; **Kontakt:** Malchiner Kanu-Club e.V, Am Kanal 2, 17139 Malchin, Tel. 03994 239468, Mobil 01520 3645453, http://malchiner-kanu-club.de.

142ms-lr

BASEDOW

(8 km – km 8)

Zwar liegt Basedow heute nicht mehr an einem der Hauptverkehrswege, wer an der Abzweigung zum Ort aber einfach vorbeifährt, dem entgeht das vielleicht interessanteste Dorf der Mecklenburgischen Seenplatte. Basedow ist mehr als nur ein durchschnittlicher mecklenburgischer Ort. Es ist ein **Gesamtensemble** aus einem der schönsten ehemaligen Herrensitze, einem ausgedehnten Landschaftspark, Wirtschaftsgebäuden und dem heute auch von Künstlern geprägten Dorfareal. Nur selten ist eine solche Komposition so gut gelungen und verzaubert so sehr ihre Besucher.

Der Ort ist untrennbar mit der Geschichte **derer von Hahn,** einem der ältesten und einflussreichsten Fürstengeschlechter Mecklenburgs, verbunden. Der Name Basedow kommt aus dem Slawischen und bedeutet „Ort des Holunders“. Die hier 1467 auf den Resten einer bereits vorher vorhandenen

Der Alte Schafstall in Basedow – Verkauf ländlicher Erzeugnisse, Ausstellung und Gastronomie

112ms-lr

037ms-lr

Burganlage errichtete Ritterburg wurde im 16. Jahrhundert zu einem repräsentativen **Herrenhaus** im Stil der Renaissance umgebaut. Dabei ließ man die für den Umbau nicht benötigten Ruinenreste der alten Burganlage stehen.

Ab 1839 ließen die von Hahn das Herrenhaus, das Dorf und die Wirtschaftsgebäude durch den Architekten F. A. Stüler neu gestalten und der bekannte Landschaftsgärtner Peter Joseph Lenné legte den wunderschönen 6 ha großen **Landschaftspark** an. In enger Zusammenarbeit der beiden gelang eine vollkommene Landschaftsgestaltung. Alte und neue Gebäude, Wege und Bäche, Großsteingräber und noch vorhandene Reste mittelalterlicher Verteidigungsanlagen fügen sich perfekt zusammen. Stüler schuf ein faszinierendes Märchenschloss. Möglich machten diese Kunstwerke der hohe Ertrag der von Hahn'schen Güter. Basedow war die **reichste Gutsherrschaft Mecklenburgs.** Die Besitzungen erstrecken sich über 25.000 ha. Leider wurden 1945 einige Räume des Schlosses zerstört.

Auch in der DDR wurde die Schönheit Basedows schnell erkannt und das Schloss als einer der ersten alten Herrensitze bereits 1951 **unter Denkmalschutz** gestellt. Die **Hauptachse des Dorfes** erstreckt sich vom ehemaligen Torhaus bis zu einem Obelisk am Dorfende. Die sehr schöne **Kirche** des Ortes ist seit dem 13. Jahrhundert nachgewiesen und erhielt ihre heutige Form im 15. Jahrhundert. Ihr kostbares Inneres und ihre alte Orgel, eine der ältesten in Mecklenburg, sind wahre Besuchermagnete. Auf dem Friedhof befindet sich die **Grablege des Geschlechtes von Hahn.** Außer dem Schloss und der Kirche sollten sich Besucher auch den Marstall, die alte Brauerei, das Inspektorenhaus, das Großsteingrab am Rande des Schlossparks, die Ruinen der alten Burganlage und die Alte Försterei nicht entgehen lassen.

Bereits bei der Einfahrt in den Ort ist der **Alte Schafstall** nicht zu übersehen (www.

alter-schafstall-basedow.de). Anette Gräfin Hahn von Burgsdorff eröffnete hier 1998 ein Café und verkauft ländliche Erzeugnisse. Seit 2006 ist dort auch eine Ausstellung der Naturparkverwaltung Mecklenburgische Schweiz und Kummerower See zu besichtigen. Ein weiteres Café befindet sich in der **Alten Schmiede** unweit des Schlosses.

Basedow zieht jährlich Tausende Besucher an. Einblick in die Geschichte des Orts erhält man am besten bei einer **Führung** durch den Ort.

Auf dem gesamten Schlossgelände finden umfangreiche Sanierungsarbeiten statt und ein Wellnesshotel mit Tennisplätzen und weiteren Sportmöglichkeiten ist entstanden. Hier steht den Gästen auch ein Restaurant offen.

Information

› **Dorf- und Schlossführung Basedow,** Frau Christel Müller, Dorfstraße 31, 17139 Basedow, Tel. 0160 95650843, www.gaestefuehrerin-mueller.de. Frau Müller ist die kompetente Ansprechpartnerin für den Ort und kennt seine Geschichte wie keine andere. Sie bietet auch Führungen in Kummerow (Route 3, s. S. 90) an.

Sehenswertes

› **Kirche Basedow,** Dorfstraße 18, 17139 Basedow, an der durchgängigen Dorfstraße südlich des Schlosses, geöffnet: Mai–Sept. 11–17 Uhr. Für ein Dorf ungewöhnlich großer Kirchenbau von 1440. Im Innern der Kirche befinden sich neben dem prachtvollen Renaissancealtar von 1592 die Sandstein-Epitaphe der Familie Hahn und eine Orgel von 1680. Von Mai bis November finden hier Konzerte statt.

Einkaufen

› **Alter Schafstall,** Dorfstraße, 17139 Basedow, www.alter-schafstall-basedow.de, Tel. 039957 20454, geöffnet: März–Oktober tägl. ab 10 Uhr, November–Februar nur Sa/So 12–17 Uhr. Schön gestalteter Bauernmarkt mit ländlichen Produkten und Restaurant.

◁ *Schloss Basedow ist ein verstecktes Juwel*

44 Naturcampingpark Seedorf

GPS 53.679965, 12.630844

Campingpark mittlerer Größe am Ostufer des Malchiner Sees und von Wald umgeben. Der Platz wurde erst 2004 eröffnet. Sehr gute Ausstattung und schöner Sandstrand. Mit eigenem Bootsverleih, Gaststätte und Anlegestelle. **Lage/Anfahrt:** Von der L20 in Seedorf zum Campingpark abbiegen. Der Platz ist sehr gut ausgeschildert; **Untergrund:** Wiese; fest; **Service:** Strom, Trinkwasser, Abwasser, Chemie-WC, WLAN; **Sicherheit:** umzäunt, beleuchtet; **Preise:** €; **Geöffnet:** April–Oktober; **Kontakt:** Campingplatz 1, 17139 Basedow-Seedorf, Tel. 039957 29139, www.campingpark-seedorf.de.

45 Campingparadies Dahmen

GPS 53.662159, 12.584770

Sehr schön gelegener und familienfreundlicher Campingplatz direkt am Ufer des Malchiner Sees am Rande der kleinen Ortschaft Dahmen. Großer Badestrand, Gaststätte, Boots- und Fahrradverleih. **Lage/Anfahrt:** Über die L20 bis nach Dahmen. Dort zum Campingplatz abbiegen. Zufahrt sehr gut ausgeschildert; **Untergrund:** Wiese; fest; **Service:** Strom, Trinkwasser, Abwasser, Chemie-WC, WLAN; **Sicherheit:** umzäunt, beleuchtet; **Preise:** €; **Geöffnet:** ganzjährig mit Einschränkungen im Winter; **Kontakt:** Am Erlengrund 1, 17166 Dahmen, Tel. 039933 733753, www.campingparadies-dahmen.de.

Von Basedow geht es wieder zurück auf die L20 in Richtung **Seedorf.** Der Ort ist schnell durchfahren und genau so schnell ist man in **Dahmen,** wo man eine **Wanderung zum Seeadler-Beobachtungsturm** unternehmen kann.

Von dem massiven hölzernen Beobachtungsturm am Südende des Malchiner Sees können Besucher ungestört die schöne Natur und den Blick über den See genießen. Der Seeadler-Beobachtungsturm kann nur auf Wanderwegen erreicht werden. Den besten Zugang hat man vom Sportplatz Dahmen, der sich an einem Weg namens Am Kanal befindet. Der Parkplatz am Sportplatz ist sehr groß und auch für große Wohnmobile sowie als Übernachtungsplatz geeignet. Von hier erreicht man auf dem gut ausgeschilderten und festen Wanderweg zu Fuß in etwa 20 Minuten den Beobachtungsturm.

› **Seeadler-Beobachtungsturm Dahmen,** GPS 53.668300, 12.571350

P **53 Parkplatz Sportplatz Dahmen,** GPS 53.662650, 12.579567

Über Dahmen fährt man die L20 bis zur Kreuzung mit der B108. Hier biegt man nach rechts auf die Bundesstraße in Richtung Ziddorf ab, das man kurz danach erreicht. Ab hier sind es auf der relativ stark befahrenen B108 20 km bis Waren.

ABSTECHER NACH BURG SCHLITZ

(hin und zurück etwa 7 km)

Burg Schlitz ist nur etwa 3,5 km von Ziddorf entfernt und wird auf der B108 in Richtung Teterow in wenigen Minuten erreicht. Man muss nicht unbedingt das exquisite Restaurant oder den Wellnessbereich des **Schlosshotels** der Burg Schlitz besuchen, um sich einen bleibenden Eindruck dieser Anlage zu verschaffen. Der liebevoll gestaltete Schlosspark mit seinen Sehenswürdigkeiten steht allen Besuchern offen. Für Reisende mit Wohnmobil trifft es sich hier gut, dass sich nur wenige Meter neben dem repräsentativen Eingangstor der Schlossanlage ein großer Parkplatz befindet, auf dem man auch gut übernachten kann.

Baubeginn für die **Schlossanlage Burg Schlitz** war 1806. Der Name leitet sich vom Geschlecht der hessischen Reichsgrafen von Schlitz ab. Der Gutsherr und spätere Bauherr der Burg, Hans von Labes, war zwar sehr vermögend, aber nur von niederem Adelsstand. Deshalb wurde er von den hessischen Reichsgrafen adoptiert und zum Grafen erhoben, um standesgemäß eine ihrer Töchter heiraten zu können. Als Hans von Schlitz beauftragte er den Bau der aufwendigen Schlossanlage.

Früher befanden sich hier die Reste einer alten Burgruine, welche im Zuge des Neubaus abgetragen wurden. Gleichzeitig begann man mit der Gestaltung des umliegenden 80 ha großen Landschaftsparks. Durch kriegsbedingte Verzögerungen wurden Schloss und Parkanlagen erst 1824 fertiggestellt. In den 1930er-Jahren ging der Besitz an Emil Georg von Stauß, den damaligen Generaldirektor der Deutschen Bank, über. Dieser stellte das Schloss den **Nationalsozialisten** zur freien Verfügung. Während des Bestehens der DDR verkam es zusehens und wurde nach 1990 schließlich von der Jägermeister-AG gekauft, saniert und als Schlosshotel der Extraklasse eröffnet. Während des G8-Gipfels 2007 in Heiligendamm waren die Schönheiten von Burg Schlitz in das Besuchsprogramm der hochkarätigen politischen Gäste eingebunden. Das verwundert nicht, denn außer dem Schloss gibt es noch den frei zugänglichen **Landschaftspark,** der Wege für stundenlange Spaziergänge und zahlreiche künstlerische Kostbarkeiten zu bieten hat. In dem weitläufigen, hügeligen Parkgelände sind **36 Denkmale** verteilt, mit denen Graf Hans von Schlitz an historische Begebenheiten oder Personen erinnern wollte. Besonders der **Nymphenbrunnen,** die **Kapelle** und verschiedene **Obelisken** beeindrucken heute die zahlreichen Besucher.

Parken

54 Wanderparkplatz Burg Schlitz, GPS 53.703900, 12.548710, neben der B108 und gegenüber dem Eingangstor von Burg Schlitz. Großer und mit Rasengittersteinen befestigter Wanderparkplatz. Im Kreuzungsbereich der B108 befindet sich ein uriges Gasthaus. Der Platz ist für eine Übernachtung geeignet.

113ms-lr

Aktivität

Direkt vom Wanderparkplatz Burg Schlitz führt eine kleine, schmale Straße nach **Carlshof,** einer kleinen, aber sehr idyllischen Wohnsiedlung. Die direkte Entfernung vom Parkplatz entlang der Straße beträgt nur ca. 1000 m. Es gibt aber auch verschiedene gut ausgeschilderte **Wanderwege** durch den wunderschönen alten Buchenbestand, auf denen die Strecke zu Fuß bedeutend verlängert werden kann. Besonders interessant wird die Tour durch das ausgedehnte **Hügelgräberfeld** aus der Bronzezeit (etwa 1000 v. Chr.), welches sich in diesem Waldgebiet befindet. Das Gräberfeld besteht aus sechs Hügelgräbern mit Durchmessern von bis zu 14 m und einer Höhe von 2 m, die noch sehr gut erhalten sind. In Carlshof befindet sich das **Keramik-Atelier** von Elke Steckhan. Der Weg zu ihrem Künstlerhaus ist ausgeschildert.

⌃ *Schloss Ulrichshusen ist im Sommer ein bekannter Festspielort*

ABSTECHER NACH ULRICHSHUSEN

(hin und zurück ca. 11 km)

Für diesen Abstecher verlässt man in Moltzow die B108 in Richtung Waren und fährt etwa 5,5 km über Rambow bis nach Ulrichshusen. Die altehrwürdige **Schlossanlage Ulrichshusen** hat den Wechsel in das 21. Jahrhundert als **Kultur- und Festspielstätte** geschafft und sich zu einem bedeutenden Festspielort des Landes- und Festspielsommers Mecklenburgs entwickelt. Der gesamte Ort wurde in den letzten Jahren für die Besucher ausgebaut und saniert und lädt zu einem Besuch ein.

In der **Konzertscheune,** die 1994 mit einem Auftritt Yehudi Menuhins eingeweiht wurde, finden jährlich zwischen Juni und September und in der Adventszeit Konzerte mit namhaften Künstlern statt. Aber auch dem Nachwuchs wird hier eine Bühne geboten.

Zehntausende Besucher strömen deshalb in diese mecklenburgische Kulturoase, in der 1100 Gäste Platz finden. Der **Saal des Schlosses** wird für **Kammerkonzerte** genutzt und bietet 400 Zuhörern besonderen Genuss. Schlossführungen werden für 3,50 € nach vorheriger Anmeldung oder an veröffentlichten Terminen angeboten. Im ehemaligen Pferdestall lädt täglich ab 12 Uhr das ausgezeichnete **Restaurant Am Burggraben** seine Gäste zu regionalen Speisen wie Wildspezialitäten aus dem eigenen Revier ein. Ein großer überdachter Ausschank mit Imbissangebot wurde neu gebaut. In der alten Wassermühle befindet sich ein weiteres Restaurant. Neu entstanden ist auch ein Bistro mit Hofladen.

Als **Ulrich von Maltzahn** 1562 hier eine Wasserburg - sein „hus" - errichtete, war all das ganz sicher noch nicht absehbar. Die Geschichte der Schlossanlage blieb auch anschließend weiter fest mit der Familie von Maltzahn verbunden. Nachdem 1624 ein **Feuer** die Burg erstmals zerstörte, baute Bernd-Ludolph von Maltzahn, Quartiermeister Wallensteins, das Schloss wieder auf. Am Ende des **Dreißigjährigen Krieges** befand es sich in schwedischer Hand. Im 18. Jahrhundert gelangte es wieder in den Besitz einer Linie der Maltzahns, wurde 1842 an die Linie **Hahn-Basedow** verkauft und wechselte noch mehrmals den Besitzer. Zum Ende des **Zweiten Weltkrieges** war dann auch dieses Schloss Quartier für Flüchtlinge und Vertriebene, später diente es als Verkaufsstelle und bis 1976 auch als Wohnraum. Danach verfiel das Anwesen langsam, bevor 1987 das Haupthaus aus bisher ungeklärter Ursache abbrannte. Sechs Jahre später entschlossen sich **Helmuth Freiherr von Maltzahn** und seine Frau Alla, Nachfahren des Erbauers, zum Kauf des Schlosses und restaurierten es in Zusammenarbeit mit dem Landesamt für Denkmalpflege Mecklenburg-Vorpommern, der Deutschen Stiftung Denkmalschutz sowie der Deutschen Stiftung Umweltschutz. Heute findet man hier anstelle der einstigen Ruine ein kulturhistorisches Kleinod, das als Hotel dient.

Umgeben ist das Gebäude von einem schönen **Park** inklusive **Angelsteg** und **Badestelle.** Letztere kann allerdings nur von Hotelgästen genutzt werden. Das weiträumige Areal des wunderschönen Schlosses lädt zu einem Bummel ein. Parkplätze, auch für große Wohnmobile, stehen in großer Anzahl kostenlos auf einem etwa 300 m entfernten Parkplatz zur Verfügung, der sich auch für eine Übernachtung anbietet. Am besten verbinden Wohnmobilisten den Besuch des Schlosses mit einer der zahlreichen kulturellen Veranstaltungen.

› **Schloss Ulrichshusen,** Seestraße 14, 17194 Ulrichshusen, www.ulrichshusen.de, Tel. 039953 7900. Sehr großer und wohnmobiltauglicher Parkplatz (GPS 53.62286, 12.62607). Nur 300 m entfernt befinden sich das Restaurant Am Burggraben, das Schloss und die Veranstaltungshalle.

Von Ulrichshusen erreicht man Waren, indem man zurück nach Moltzow fährt und dort wieder auf die B108 abbiegt. Alternativ kann man auch die Landstraßen über Tressow beziehungsweise Hinrichshagen nach Waren nutzen. Die Entfernung ist mit ungefähr 20 km Fahrstrecke auf beiden Routen in etwa die gleiche.

WAREN

(32 km - km 40)

Bereits um 150 n. Chr. wird eine Ansiedlung an dieser Stelle erstmals urkundlich vom alexandrinischen Geografen Claudius Ptolemäus unter dem Namen „Virnum" erwähnt. Seit 1914 heißt die heutige Stadt Waren (Müritz). Wahrscheinlich geht der Name auf den germanischen Stamm der Warnen zurück.

Die Stadt wurde 1260 an der Handelsstraße von Wismar nach Land Stargard gegründet, seit 1292 besitzt sie das Stadtrecht und 1306 erhielt Waren das Fischereirecht auf

Angeln an der Mecklenburgischen Seenplatte

Im „Land der Tausend Seen" ist das Fischen nicht nur Beruf und Hobby der Einheimischen, auch Urlauber können sich leicht ihren Teil des Fischreichtums „angeln". Die ***hohe Anzahl von Angelgewässern*** *bietet in Verbindung mit der* ***Vielfalt an Fischen*** *die Gewähr für einen erfolgreichen Angelausflug. Egal, ob Hecht, Barsch, Karpfen, Schleie oder die hier besonders beliebte Maräne, die in anderen Teilen Deutschlands auch als Felchen oder Renke bezeichnet wird, an wohlschmeckenden Fischen ist kein Mangel. In Norddeutschland hält sich zwar standhaft die Vorstellung, Maränen wären nicht zu angeln, aber das ist auf jeden Fall nur ein Gerücht! Aber zugegeben, schwierig ist es schon.*

Voraussetzung für jegliche Fischerei ist der Besitz eines ***Fischereischeins*** *und einer Angelkarte für das zu beangelnde Gewässer. Mecklenburg-Vorpommern erkennt auch alle anderen deutschen Fischereischeine an. Urlauber können für 24 € auch einen auf 28 Tage befristeten Schein erwerben.*

Genaue Informationen findet man dazu auf der Homepage des Landesamts für Landwirtschaft, Lebensmittelsicherheit und Fischerei Mecklenburg-Vorpommern, www.lallf.de. Das Ablegen einer Prüfung ist nicht erforderlich, der Antragsteller muss aber seinen Personalausweis bzw. bei Kindern einen Kinderausweis oder die Geburtsurkunde vorweisen. Kinder unter 10 Jahren benötigen selbst keinen Fischereischein, wenn sie in Begleitung eines Fischereischein-Inhabers angeln.

Zusätzlich zum Fischereischein braucht man eine ***Angelkarte,*** *mit der Besitzer oder Pächter eines Gewässers dem Angler das Fischen in ihren Gewässern erlauben. In Mecklenburg-Vorpommern gibt es keine freien Angelgewässer, eine Angelkarte wird also in jedem Fall benötigt. Vielerorts wird sie in Touristeninformationen und auf Campingplätzen angeboten. Der Preis beginnt bei etwa 10 €.*

Sehr zu empfehlen ist der Kontakt zur größten deutschen ***Binnenfischergenossenschaft,*** *den* ***Müritzfischern.*** *Mit mehr als 90 Seen und der gesamten Müritz bewirtschaftet sie einen großen Teil der Gewässer der Mecklenburgischen Seenplatte. Sie unterhält zehn Fischereihöfe – hier erhält man auch Fischereischeine und Angelkarten – und in vielen Orten ist sie mit ihrem Angebot präsent. Auch alle anderen selbstständigen Fischer helfen natürlich gern und bieten Informationen, Hilfe und Angelkarten an.*

Bootsvermietungen *findet man im gesamten Gebiet der Mecklenburgischen Seenplatte zu Hauf. Auch* ***Angelführungen*** *und* ***Fischräuchereien*** *gibt es nicht zu knapp.* ***Angelspezialseen*** *mit starkem Fischbestand bieten eine Erfolgsgarantie und sind besonders für Kinder interessant. Die notwendige* ***Angelausrüstung*** *kann überall geliehen werden.*

› ***Fischerei Müritz-Plau GmbH,***
Eldenholz 42, 17192 Waren (Müritz), Tel. 03991 15340, www.mueritzfischer.de

der Müritz. In diese mittelalterliche Zeit fällt auch der Ausbau zur Stadtanlage mit einem Markt, auf dem das erste Rathaus und die **St. Georgenkirche** errichtet wurden. Fünf große **Stadtbrände** im 16. und 17. Jahrhundert und der **Dreißigjährige Krieg** verwüsteten die Stadt, sodass immer wieder neu- und umgebaut werden musste. Auch von **Kämpfen** zwischen napoleonischen Truppen und Soldaten unter Blüchers Führung im Jahr 1806 blieben Waren und seine Umgebung nicht verschont.

Der **wirtschaftliche Aufschwung** der Stadt erfolgte im ausgehenden 18. und im 19. Jahrhundert, angeschoben von der Kanalisierung und Schiffbarmachung der Elde und dem Bau des Bolter Kanals, die eine verstärkte Ansiedlung verschiedener Gewerbe und kleinerer Industriebetriebe nach sich zogen und auch das Entstehen von höheren Bildungseinrichtungen (Gewerbeschule, Gymnasium) ermöglichten. Hier eröffnete im Jahre 1845 auch die erste Badeanstalt an der Müritz.

Waren entwickelte sich mit dem 1848 erfolgten Ausbau der „Chaussee Malchow – Waren – Neubrandenburg“ und dem Anschluss der Stadt an die Bahnstrecke zwischen Waren und Malchin zum **Verkehrsknotenpunkt.** Zahlreiche **Betriebe** wie eine Maschinenfabrik, eine Eisengießerei und Unternehmen des Fischfangs und der Fischverwertung entstanden. Schon Anfang des 20. Jahrhunderts entwickelte sich der **Fremdenverkehr** zum bestimmenden Faktor und Leitsprüche wie „Wandern, Baden, Wasserfahren – nirgends schöner als in Waren“ warben deutschlandweit für die Stadt. Während der Zeit des **Nationalsozialismus** wurde der Fremdenverkehr hier aber erheblich eingeschränkt und nach dem Zweiten Weltkrieg dauerte es zehn Jahre, ehe Waren wieder als Urlaubsort etabliert werden konnte. Große Ferienheime der DDR-Einheitsgewerkschaft FDGB und Zeltplätze entstanden und damit der Massentourismus.

Im Zuge einer großflächigen neuen Verkehrsplanung wurden in den 1970er-Jahren Teile der historischen Altstadt abgerissen. Das hatte zur Folge, dass sich viele Bürger Warens für den Erhalt der verbliebenen Bauten der Stadt einsetzten und sich in der **Bürgerbewegung „Rettet die Altstadt“** organisierten.

Ab 1991 erfolgte dann die Sanierung des historischen Stadtkerns im Rahmen der Städtebauförderung und somit zeigt die Stadt heute mit Kirchen, Rathaus, Altem und Neuen Markt und den Speichern ein eindrucksvolles Bild. Der Aufstieg auf den Turm der **Marienkirche** wird mit einem fantastischen Rundblick über Stadt und See belohnt.

Die **Tourist-Information** bietet für historisch und kulturell Interessierte täglich **Führungen** an. Sie dauern 1½ Stunden und führen entlang liebevoll restaurierter Fachwerkhäuser bis zum unbedingt sehenswerten **Hafen der Stadt,** der maritimes Flair versprüht. Wem selbstständiges Entdecken lieber ist, der sollte auf die „Hörspielführung“ zurückgreifen. Mittels **Audioguide** wird der Besucher von der „personifizierten Müritz“, die ihr Flussbett für einen Stadtrundgang verließ, durch

041ms-lr

die Straßen geführt. Vorteil ist hier die freie Zeiteinteilung, die Gelegenheit zur Einkehr in einem der verschiedenen Restaurants oder Cafés bietet.

Waren liegt an der **Müritz,** aber nicht nur an dieser, sondern auch am **Kölpinsee,** am **Tiefwarensee,** am **Feisnecksee,** am **Melzer See** und am **Waupacksee.** Außerdem befindet sich mitten in der Stadt der **Herrensee.** Logisch, dass die **Marina** ein zentraler Punkt der Stadt ist. Seit 2002 findet hier jeweils am letzten Maiwochenende die **Müritz Sail,** ein maritimes Fest für die ganze Familie, statt. Wettkämpfe zu Wasser wie verschiedene Regatten, Drachenbootrennen oder auch Tauziehen auf dem Wasser stehen im Mittelpunkt des Geschehens. Dazu gesellt sich eine ausgeprägte Bummel- und Erlebnismeile an Land. Ähnlich turbulent geht es am zweiten Wochenende im Juli zu, denn da feiert Waren das **Müritzfest.** Auf mehreren Bühnen in der Innenstadt präsentieren sich Künstler und verschiedene Erlebniswelten wie die Kinderwelt, die Wasserwelt oder die Historienwelt laden zum Besuch ein. Aber auch außerhalb der Feste bieten die **Fußgängerzone** in der Langen Straße und die vielen Nebengässchen der Innenstadt dem Gast ein gemütliches Ambiente zum Einkaufen und Bummeln und Gelegenheit zum Verweilen in einem der vielen Cafés. Waren fällt als **Luftkurort** unter die sogenannte **Bäderregelung,** was bedeutet, dass viele Geschäfte der Innenstadt auch sonntags geöffnet haben. Dienstags und donnerstags finden auf dem Neuen Markt **Wochenmärkte** statt, freitags können auf einem **Frischemarkt** Lebensmittel erworben werden. Oft gibt es in den Sommermonaten sogenannte **Grüne Märkte,** auf denen frische regionale Produkte zum Kauf einladen.

042ms-lr

Im Stadthafen von Waren findet jährlich die Müritz-Sail statt

Die Lange Straße ist die Einkaufsmeile von Waren

Direkt am Herrensee öffnete 2007 das **Müritzeum** (der Name setzt sich aus Müritz und Museum zusammen) seine Pforten, in dem die naturhistorischen Sammlungen Mecklenburg-Vorpommerns beheimatet sind. Schon 1866 hatte Freiherr Hermann von Maltzahn ein Müritzmuseum gegründet, das mehrmals umzog und 1929 seinen endgültigen Platz fand. Der heutige Museumsbau ist ein imposantes Gebäude. Mit verkohltem Lärchenholz verkleidet, entstand es nach Entwürfen des schwedischen Architektenbüros Wingardh und wird heute einmal als „schnittiges Ufo", ein andermal als „uraltes Schiff" empfunden. Innerhalb des Hauses genießt man einen Streifzug durch Wälder, Moore, Vogel- und natürlich Wasserwelten. Über zwei Etagen reicht das **Maränenbecken** (es beherbergt einen 500-köpfigen Maränenschwarm) mit seinen 100.000 Litern Fassungsvermögen und der größten, jemals in Europa gefertigten Glasscheibe.

Waren ist eine sehr **wohnmobilfreundliche Stadt.** Im Innenstadtbereich gibt es zahlreiche geeignete Parkmöglichkeiten, die jedoch leider praktisch überall kostenpflichtig und recht teuer sind. Gewerbliche Stellplätze für Wohnmobile gibt es in und rund um Waren ebenfalls genügend, aber natürlich entstehen auch auf ihnen Stellplatzgebühren. Ob er deshalb einen Park- oder gleich einen Wohnmobilstellplatz nutzt, muss jeder Besucher selbst entscheiden. Bemerkenswert ist jedenfalls, dass 10 Stunden Parken in der Warener Innenstadt teurer sind als ein 24-Stunden-Stellplatz bei einem Campingplatzanbieter. Kostenfrei kann man dagegen auf den **Wanderparkplätzen** des Müritz-Nationalparks (Specker Straße und Ostufer Feisnecksee, s. S. 49) und dem **Großparkplatz Am Nesselberg** (am Stadtrand) stehen.

2012 erhielt die Stadt Waren (Müritz) die Anerkennung des Kurortprädikates **„Staatlich anerkanntes Heilbad“.** Waren ist damit das erste Heilbad an der Mecklenburgischen Seenplatte. Die von der Stadt erhobene Kurtaxe beträgt von Mai bis September 2 €/Person und von Oktober bis April 1,50 €/Person.

Ab Waren sind die **Nationalparkgemeinden Federow, Schwarzenhof und Speck sehr schnell zu erreichen.** Nationalparkbesucher sind dort willkommen, das gesamte Umfeld bietet interessante Ausflugsmöglichkeiten zu Fuß und per Fahrrad. Ab Speck sollte man insbesondere die etwa 2 km lange Wanderung zum Käflingsberg mit seinem 55 m hohen Aussichtsturm nicht verpassen. Nach 167 Stufen bietet sich dort eine einzigartige Aussicht über den Nationalpark.

148ms-lr

Information

› **Tourist-Information Waren,** Haus des Gastes, Neuer Markt 21, 17192 Waren (Müritz), Tel. 03991 747790, www.waren-tourismus.de, geöffnet: Mai–September täglich 9–18 Uhr, Oktober–April Mo–Fr 9–18 Uhr, Sa 10–15 Uhr.

Sehenswertes

› **Stadthafen Waren,** Müritzstraße, 17192 Waren (Müritz). Waren hat aus seinem Stadthafen, dem Herzen der Stadt, viel mehr gemacht als „nur“ eine Marina. Hier entstand ein wunderschönes und großflächiges Ensemble aus sanierten Alt- und Neubauten, Gastronomie, Shopping und Kultur, welches mit den zahlreichen Booten und glitzernden Wasserflächen ausgezeichnet harmoniert und alle Besucher beeindruckt und zum stundenlangen Bummeln einlädt.

› **Müritzeum,** Zur Steinmole 1, 17192 Waren (Müritz), Tel. 03991 633680, www.mueritzeum.de, geöffnet: April–Oktober täglich 10–19 Uhr, November–März täglich 10–18 Uhr, Eintritt: Erwachsene 14 €, Kinder 6 €. Das größte Süßwasseraquarium Deutschlands mit Ausstellungen, Veranstaltungen, Gastronomie und Shopping kann die ganze Familie einen ganzen Tag lang fesseln.

› **St. Georgenkirche,** Kirchplatz, 17192 Waren (Müritz), Tel. 03991 732504, Mai–Okt. Mo–Sa 10–16 Uhr. Die im 14. Jh. erbaute und mehrfach umgestaltete Kirche ist eines der ältesten Gebäude Warens. Bemerkenswert ist eine über 600 Jahre alte Kruzifixgruppe, denn es ist bis heute nicht geklärt, wie sie den verheerenden Stadtbrand von 1699 überstehen konnten, da bei diesem selbst Kirchenglocken schmolzen. Anziehend für Besucher sind auch die Fenster des Altarraumes und der Seitenschiffe.

› **St. Marienkirche,** Große Burgstraße, 17192 Waren (Müritz), Tel. 03991 635723, geöffnet: April–Okt.

46 Wohnmobilstellplatz Blumen und Parken Waren

GPS 53.513611, 12.694444

Größerer Stellplatz nur für Wohnmobile (Wohnwagen verboten) an einem Blumenhaus. Relativ zentrumsnah zwischen zwei größeren Straßen. Entfernung bis ins Stadtzentrum nur ungefähr 500 m. **Lage/Anfahrt:** Von der B192 (Schweriner Damm) auf die Mecklenburger Straße abbiegen. Der Stellplatz ist gut ausgeschildert; **Untergrund:** Wiese; fest; **Service:** Strom, Trinkwasser, Abwasser, Chemie-WC, WLAN; **Sicherheit:** umzäunt; **Preise:** €; **Geöffnet:** ganzjährig; **Kontakt:** Jens Steindorf-Sabath, Blumen und Parken, Mecklenburger Straße, 17192 Waren, Tel. 03991 668557, Mobil 0173 2070738, www.blumen-und-parken.de.

143ms-lr

47 Wohnmobilstellplatz Strandstraße Waren

GPS 53.512222, 12.686389

Park- und Stellplatz in unmittelbarer Wassernähe und nur wenige Meter vom Stadthafen entfernt. Aufgrund der Nutzung als Parkplatz dürfen zwischen 11 und 17 Uhr keine „Hindernisse" um das Fahrzeug aufgestellt werden. Grillfeuer, Sonnensegel und Campingmöbel sind generell verboten. WLAN. **Lage/Anfahrt:** Der Beschilderung in Richtung „Parkplatz Hafen" folgen. Über die Strandstraße zur Zufahrt des „Hotels am Yachthafen", dann sofort scharf nach rechts abbiegen, und zwischen zwei Häusern zum Parkplatz fahren. **Untergrund:** Pflaster; **Service:** Strom, Trinkwasser, Abwasser, WLAN; **Preise:** €; **Geöffnet:** ganzjährig; **Kontakt:** Ferienkontor, Strandstraße 3b, 17192 Waren (Müritz), Tel. 03991 1816719, Mobil 0160 7063456, www.wohnmobile-mueritz.de.

144ms-lr

Endlose Wanderwege und verschiedene Naturdenkmale findet man im Herz des Nationalparks zwischen Federow und Speck

Mo–Fr 10–18, Sa 10–16, So 11–16 Uhr. Sankt Marien, die „Niege Kerk", wurde im 14. Jh. auf dem höchsten Punkt der Stadt und den Ruinen der alten Burg der Herren von Werle errichtet und prägt mit ihrem 54 m hohen Turm das Stadtbild. Die Aussichtsplattform in 45 m Höhe kann für 1 € Gebühr bestiegen werden. Einen besseren Überblick über die Stadt und das Umland hat man nirgends. Der gut erhaltene romanische Chor aus Feldsteinen stammt aus der alten Burg und damit aus der Zeit vor 1225. Er ist das älteste Bauwerk der Stadt.

Aktivität

› **Freiluftspiele Müritz-Saga,** Am Mühlenberg, 17192 Waren (Müritz), Tel. 0177 7006012 (Tickethotline), www.mueritz-saga.de, geöffnet: Juli–September Mi–Sa 19.30 Uhr, So 19 Uhr. Die Kartenpreise liegen je nach Platzgruppe etwa zwischen 25 und 34 €. An der Abendkasse ist ein Zuschlag von 2 € zu entrichten. Pro Vorstellung besuchen mehr als 1000 Zuschauer die Naturbühne. Die Müritz-Saga besteht aus jährlich wechselnden Freiluft-Theaterstücken für die ganze Familie, die im 17. Jh. spielen. Den Zuschauern wird eine unterhaltsame Show mit Pferden, Kämpfen und Feuerwerk geboten.

› **Kletterwald Müritz,** Kameruner Weg 13, 17192 Waren (Müritz), www.kletterwald-mueritz.de, Tel. 03991 631226, Mobil 0172 6068358, 0152 33708246, geöffnet: April–Okt. tägl. ab 10 Uhr, Juni–Sept. ab 9 Uhr, Eintritt: Erwachsene 25 €, Kinder 18 €, auch Familienpreise. Von der B192 am südlichen Ortseingang von Waren auf den Kameruner Weg abbiegen und Ausschilderung folgen. Große Anlage mit neun Parcours, mehr als 1,8 km Kletterstrecke, Seilbahnabfahrten bis 80 m. Mit unterschiedlichen Schwierigkeitsgraden, für die ganze Familie geeignet. Mindestgröße von 1,25 m erforderlich.

145ms-lr

Einkaufstipp

Die **Lange Straße** gehört zur schön sanierten Altstadt und ist die Shoppingmeile der Stadt. Auf einer Länge von mehreren Hundert Metern reiht sich hier Geschäft an Geschäft. Die Straße führt am Marktplatz und der Kirche St. Marien vorbei und ist auch ohne Kaufrausch einen Spaziergang wert.

Parken

P 55 Wohnmobilparkplatz Zum Amtsbrink, GPS 53.516230, 12.68109, 17192 Waren (Müritz). Ca. 200 m vom Müritzeum entfernt, geöffnet: ganzjährig, 2 €/Std., Tageskarte 20 €, maximale Standzeit 10 Std. Über die B192 (Schweriner Damm) auf die Herrenseebrücke und weiter bis zur Straße Zum Amtsbrink. Der Parkplatz ist ausgeschildert. Übernachtung ist möglich.

P 56 Parkplatz Fischerhof, GPS 53.50920, 12.691330, Am Seeufer 73, 17192 Waren (Müritz), geöffnet: ganzjährig, 1 €/Std., Tageskarte 8 €. Parkplatz im Innenbereich des Fischerhofs der Müritzfischer. Der Platz kann bei Veranstaltungen im Fischerhof nicht genutzt werden. Übernachtung ist möglich.

P 57 Parkplatz Auf dem Nesselberg, GPS 53.506240, 12.701850, 17192 Waren (Müritz). Großer, kostenloser und ruhiger Parkplatz am südlichen Stadtrand von Waren, der sich für Wohnmobile aller Größen sehr gut eignet. Zu Fuß ca. 25 Min. bis zur Innenstadt. Keine Übernachtung erlaubt.

48 Campingplatz Zur hohlen Eiche Klockow

GPS 53.475376, 12.872393

Etwas versteckter, aber sehr familiärer Campingplatz umgeben von dichtem Wald. Spielplatz und Gaststätte am Platz. **Lage/Anfahrt:** Ca. 13 km östlich

50 Camping- und Wohnmobilpark Kamerun Waren

GPS 53.510555, 12.649444

Großer Campingplatz mit ausgezeichneter Ausstattung und umfassendem Rahmenprogramm. WLAN, Kinderanimation, Showbühne, Spielplatz, Sportplätze und vieles mehr. Zusätzlich großer Womo-Park vor dem Eingang. **Lage/Anfahrt:** Am Müritzufer ca. 2 km südlich der Stadt Waren. Von der B192 im Ortsteil Eldenholz direkt zum Campingplatz abfahren. Platz ist gut ausgeschildert; **Untergrund:** Wiese; fest; **Service:** Strom, Trinkwasser, Abwasser, Chemie-WC, WLAN; **Sicherheit:** umzäunt, beleuchtet; **Preise:** €€; **Geöffnet:** ganzjährig; **Kontakt:** Zur Stillen Bucht 3, 17192 Waren (Müritz), Tel. 03991 122406, www.campingpark-kamerun.de.

146ms-lr

Waren in der sehr kleinen Siedlung Klockow. Über die B192 nach Schwastorf und weiter über Dratow nach Klockow; **Untergrund:** Rasengitter, Wiese; fest; **Service:** Strom, Trinkwasser, Abwasser, Chemie-WC, WLAN; **Sicherheit:** beleuchtet; **Preise:** €; **Geöffnet:** ganzjährig mit Sonderpreisen in den Wintermonaten; **Kontakt:** Dorfstr. 1f, 17219 Schloen-Dratow, Tel. 039921 36900, www.kleinernaturzeltplatz.de.

Die familiäre Gaststätte auf dem Campingplatz Klockow ist sehr beliebt

49 Wohnmobilstellplatz Ziegenwiese Kargow

GPS 53.463082, 12.799103

Kleiner einfacher privater Stellplatz am Ortsrand von Schwarzenhof. Idealer Ausgangspunkt für Ausflüge im Nationalpark. **Lage/Anfahrt:** An der Hauptstraße durch Schwarzenhof gegenüber der Nationalparkinformation, angrenzend befindet sich ein Wanderparkplatz; **Untergrund:** Wiese, fest; **Service:** Strom, Trinkwasser; **Sicherheit:** umzäunt, beleuchtet; **Preise:** €; **Geöffnet:** ganzjährig; **Kontakt:** Schwarzenhof 7, 17192 Kargow, Tel. 03991 633842, Mobil 0175 1986361.

51 Campingplatz Ecktannen am Müritz-Nationalpark Waren

GPS 53.499444, 12.663611

Großer Campingplatz in einem Waldgebiet mit natürlicher Platzgestaltung. Sehr gute Ausstattung mit Boots- und Fahrradverleih, Spielplätzen und Badestelle, auch behindertengerecht. Neben dem Campingplatz wird auch ein separater Wohnmobilpark mit 17 Stellplätzen angeboten. Der Platz liegt am südlichen Ortsrand von Waren in direkter Nachbarschaft zum Müritz-Nationalpark, WLAN. **Lage/Anfahrt:** Von der Ortsmitte Warens über den Schweriner Damm fahren und dann nach rechts auf die Mecklenburger Straße in Richtung Süden abbiegen. Dann auf die Papenbergstraße und über die Straße Am Seeufer bis zur Fontanestraße fahren. Dieser bis zum Campingplatz folgen, ausgeschildert; **Untergrund:** Wiese; **Service:** Strom, Trinkwasser, Abwasser, Chemie-WC, WLAN; **Sicherheit:** umzäunt, beleuchtet, bewacht; **Preise:** €€; **Geöffnet:** ganzjährig; **Kontakt:** Fontanestraße 66, 17192 Waren (Müritz), Tel. 03991 668513, www.camping-ecktannen.de.

146ms-lr

Anschlussroute

Auf der nur etwa 7 km langen Fahrt über die B192 bis nach Klink kann man sich gar nicht verfahren. Klink und die Fahrtrichtung Röbel oder Malchow sind sehr gut ausgeschildert.

ABSTECHER INS WISENTRESERVAT DAMEROWER WERDER

(hin und zurück etwa 22 km)

Die **Halbinsel** Damerower Werder befindet sich zwischen Kölpinsee und Jabelschen See. Von Waren erreicht man sie, indem man erst auf die B192 und dann am südlichen Ortsrand auf die L205 in Richtung Malchow fährt.

Aufgrund der **vollständigen Bewaldung** bietet die Halbinsel den hier lebenden Tieren nicht nur Schutz und Deckung, sondern auch genügend Nahrung. Auf einem Gelände von 320 ha leben **Rehe, Füchse, Hirsche, Wildschweine** – und seit 1957 auch **Wisente.**

War der Wisent *(bison bonasus)* vor 2000 Jahren noch in großen europäischen Wäldern zu Hause, setzte eine rücksichtslose Jagd den Beständen über die Jahre hinweg zu, sodass die Tiere **fast ausgerottet** wurden. **Polen** übernahm in der Rettung der Wisente eine Vorreiterrolle. Im **Białowieża-Urwald** ließen polnische Könige die Tiere betreuen und eingesetzte Wächter beaufsichtigten den Urwald. Während des **Ersten Weltkrieges** starben aber viele der Wisente durch Kriegshandlungen und Wilderei – das Ende der natürlichen Wisent-Herden war gekommen. Seit 1929 durchstreifen aber wieder Wisente den Białowieża-Urwald. Anfangs lebten sie in Zuchtstellen, später jedoch im gesamten Wald.

1957 bat die polnische Regierung die DDR um Unterstützung bei der Erhaltung der Tiere und so wurde das **Reservat Damerower Werder** eingerichtet. Als Geschenk zum Start der Wisentzucht kamen zwei Tiere, der Stier Pumik und die Kuh Puella, in die damalige DDR. Schon im darauffolgenden Jahr erblickte Dagmar als erstes Wisentkalb auf dem Werder das Licht der Welt. Sie und alle nachfolgend Geborenen haben „Da“ als Anfangssilbe ihrer Namen, um auf ihren Herkunftsort zu verweisen. 2001 konnte auf dem Damero-

wer Werder das **200. Kalb** begrüßt werden. Wegen der naturnahen Haltung und der guten Betreuung ist die Vermehrungsrate hier relativ hoch, meist werden die Kälber im Mai und Juni geboren.

Nach einer Zuchtpause von fünf Jahren erblickten hier 2021 wieder Kälber das Licht der Welt. Insgesamt beläuft sich die Zahl der Geburten mittlerweile auf über 330. Nicht mehr alle Namen der Wisente beginnen mit der Vorsilbe „Da", weil in den vergangenen Jahren zur Auffrischung der Zucht zwei Wisentkühe aus Leipzig und Hersfeld sowie ein Bulle aus Niedersachsen angesiedelt wurden.

Von Ostern bis Ende Oktober können Gäste täglich von 10 bis 18 Uhr **Gast im Wisentreservat** sein. Im November und Dezember ist nur am Wochenende von 10 bis 17 Uhr geöffnet, von Januar bis Ostern ist das Reservat geschlossen. Die Eintrittskarten (Erwachsene bezahlen 4 Euro, Kinder bis 12 Jahre nichts) erwirbt man im Infocenter, in dem sich auch wichtige Informationen über die Wisente finden. In einem Restaurant bzw. bei schönem Wetter auf einer großen Terrasse werden Speisen und Getränke angeboten. Am meisten lohnt sich der Besuch des Reservates natürlich zu den **Fütterungszeiten** (11 Uhr und 15 Uhr), denn dann kann man von zwei Tribünen aus den Wisenten in Schaugattern sozusagen von Angesicht zu Angesicht gegenüberstehen. Beeindruckend sind sie allemal, schließlich werden die Bullen bis zu 1000 kg schwer und erreichen eine Widerristhöhe von bis zu zwei Metern.

Aber auch wenn die Wisente gerade einmal nicht für Besucher präsent sind und sich in den hinteren Teil der Insel zurückgezogen haben, gibt es im Reservat einiges zu ent-

⌃ *Der Kölpinsee am Damerower Werder*

044ms-lr

decken. So existieren ein **Rotwildgatter** und ein **Walderlebnispfad,** der u. a. ein **Ameisenhaus,** einen **Fledermauskasten** sowie **Fühl- und Sichttafeln** beinhaltet. Zwischen den Bäumen warten Balancierstrecken, Schaukeln, Rutschen und vieles mehr auf Kinder und bieten **Kletterspaß** in verschiedenen Schwierigkeitsstufen. Schautafeln zur Geschichte des Wisentreservates runden das Ganze ab. Für Naturliebhaber bietet der Damerower Werder mit seinen angrenzenden **Seen** einen reizvollen Ausblick. So ist es durchaus möglich, im klaren Wasser, ganz knapp unter der Wasseroberfläche, einen Hecht zu bestaunen oder anderen Fischen beim Schwimmen zuzusehen.

Ausreichend viele **Parkplätze** befinden sich etwa 200 Meter vom Eingang des Wisentreservates entfernt. Aber es ist durchaus möglich, auch auf andere Weise zu diesem lohnenswerten Ausflugsziel zu gelangen, nämlich per Fahrrad oder während der Sommersaison mit einem Schiff der Weissen Flotte von Malchow oder Waren aus.

Auf halber Strecke zwischen Waren und dem Wisentreservat bietet sich die Möglichkeit, nach Grabowhöfe in den **Tiererlebnispark Müritz** abzubiegen. Besonders mit Kindern lohnt sich eine Besuch des kleinen privaten Zoos mit etwa 80 verschiedenen Tierarten auf einem 14 ha großen, ehemals landwirtschaftlich genutzten Gelände.

› **Wisentreservat Damerower Werder,** Zum Werder 5, 17194 Jabel-Damerow, GPS 53.527470, 12.547890, Tel. 039929 76711, www.wald-mv.de/Forstaemter/Nossentiner-Heide/Wisentreservat-Damerow, geöffnet: November–Ostern täglich 10–17 Uhr, Ostern–Oktober 10–20 Uhr, Eintritt: 4 €, Kinder bis 12 Jahre frei. Von Waren über die L205 Richtung Malchow und ca. 700 m nördlich Jabel von nach Damerow abbiegen.

› **Tiererlebnispark Müritz,** Tarpstraße, 17194 Grabowhöfe, GPS 53.56672, 12.59381, Tel. 0172 8871223, www.tiererlebnispark-mueritz.de, geöffnet: ganzjährig 10–18 Uhr, Eintritt: 12 € Erwachsene, 8 € Kinder, November–Februar verringerte Eintrittspreise. Anfahrt: Von L205 in Richtung Damerow ca. 1,5 km nach Waren in Richtung Grabowhöfe abbiegen.

Parken

P 58 **Parkplatz Wisentgehege Damerower Werder,** GPS 53.527720, 12.547020, Zum Werder, 17194 Jabel-Damerow, ca. 200 m vor dem Eingang zum Wisentgehege, geöffnet: ganzjährig. Kostenloser, großer, naturbelassener Parkplatz. Wohnmobile dürfen nur den befestigten Teil und keine Wiesenflächen nutzen.

P 59 **Parkplatz Jabelscher See,** GPS 53.542690, 12.554630, ca. 300 m nach der Abzweigung von der L205 in Richtung Damerower Werder, geöffnet: ganzjährig, kostenfreier Parkplatz mit Badestelle.

043ms-lr

Den besten Blick auf die Wisente im Damerower Werder erhält man während der Fütterungszeiten

ROUTE 5

VON KLINK NACH ZISLOW

046ms-lr

1 cm = 2 km
© Reise Know-How 2023
Schwinzer
Heide
Drewitzer See
Jagdresidenz
Deutsche Alleenstraße
Nossentiner Hütte
Hoher Berg 84
Silz
Nossentin
Neu Gaarz
Grabowhöfe
Krummer See
Loppin
Loppiner See
Jabel
Jabelscher See
Damerow
Wisentgehege
Damerower Werder
Schwenzin
Karow
Zarchlin
Leisten
Quetzin
Alt Schwerin
Agroneum Alt Schwerin
Sparow
Heidepark
Mönchbusch
Samoter See
Fleesensee
Kölpinsee
MALCHOW
Malchow
Trostfeld-siedlung
Ferienanlage Land Fleesensee
Untergöhren
Göhren-Lebbin
Schloss Blücher
Wendhof
Klink
Grabenitz
Jürgenshof
Plauer Werder
Plauer See
Windpark
Plauerhagen
West-siedlung
Malchower See
Laschendorf
Penkow
Poppentin
Lenz
Petersdorfer See
Sandfeld-siedlung
Kloster Malchow
Deutsche Alleenstraße
Roez
Sembzin
Klebe
Burgturm
Hühnerleiter
Lalchow
PLAU am See
Petersdorf
Waren (Müritz)
Kisserow
Sietow
Sietow-Dorf
Plötzenhöhe
Großer Pätschsee
Adamshoffnung
Grüssow
Lexow
Hinrichsberg
Reppentin
Seelust
Zislow
Fünf-Seen
Walow
Zierzow
Gotthun
Appelburg
Gaarz
Silbermühle
Suckow
Satow
Kogeler See
Kogel
Strietfeld
Kleiner Kreßinsee
Großer Kreßinsee
Groß Kelle
Groß Kelle See
Marienfelde
Gnevsdorf
Dresenow
Woldzegarten
Stadtrand-siedlung
Twietfort
Bad Stuer
Tal der Eisvögel
Stuer
Rogeez
Tangahnsee
Krimm
Minzow
RÖBEL /Müritz
Müritz-Therme
Marienkirche
Ganzlin
Stuer Vorwerk
Neu Stuer
Röbel (Müritz)
Leizen
Dambecker See
Dambeck
Nätebow
Bollewick
Retzower Tannen
Retzow
Altenhof
Darze
Eckerberg 97
Käselin
Fincken
Bütow
Karchow
Erlenkamp
Spitzkuhn
Wendisch Priborn
Ausbau
Tönchow
Knüppeldamm
Knüppeldamm Ausbau
Dammwolde
Massower See
Wildkuhl
Kambs
Karbow
MEYENBURG
Griffenhagen
Buddenhagen
Dosse
Jaebetz
Massow
Zepkow
Wredenhagen Siedlung
Melz
Stepenitz
Bergsoll
Evchensruh
Wredenhagen
Mönchsee
Elde
Kanal
Freyenstein
Schmolde
Stadtwüstung
Grabow-Below
Neukrug
Kieve
Penzlin
Neu Cölln
Königsberg 110
Wittstocker Heide
Niemerlang
Gedenkstätte Belower Wald
Dudel
Tetschendorf
Wulfersdorf
Ackerfelde
Heinrichsdorf
Schwerin
Waren (Müritz)
Neubrandenburg
Neustrelitz
Rheinsberg
Wittenberge
Elbe
E 55
19
192
103
198

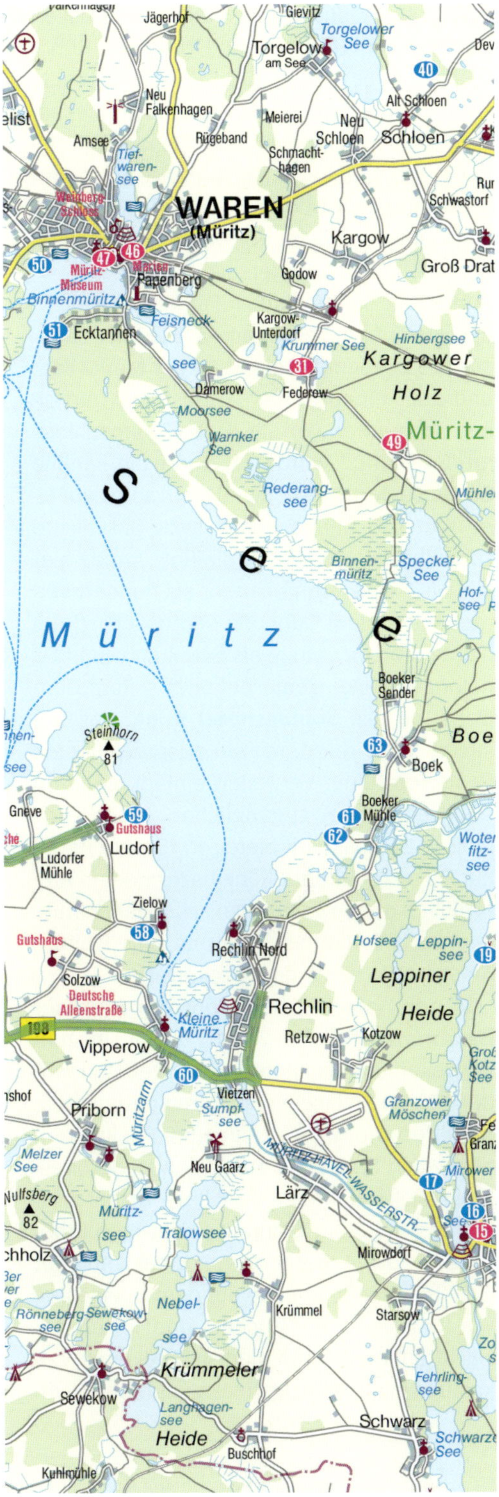

ROUTENÜBERSICHT

DIE MÜRITZ, LUFTFAHRT, EINE SPANNENDE SAGE UND BÄREN – DAS HERZ DER MECKLENBURGISCHEN SEENPLATTE

Der kleine Ort Klink ist einer der bekanntesten Urlauberorte an der Müritz. Touristen können hier das prächtige Schloss ansteuern. Klink bietet Wohnmobilisten einiges für einen kurzweiligen Besuch. Nach einer Schifffahrt, dem ausgiebigen Besuch des örtlichen Bauernmarktes oder einfach einem Strandtag kann man anschließend in der Müritz-Therme in Röbel den Tag entspannt ausklingen lassen. Die ehemalige Erprobungsstelle der Luftwaffe am Südufer der Müritz, das heutige Luftfahrttechnische Museum in Rechlin, kann Besucher stundenlang fesseln. Wem Technisches nicht so am Herzen liegt, dem bietet der Besuch der Kirchenruine in Dambeck ein sagenumwobenes Erlebnis. Oder man stoppt in Bollewick an der größten Feldsteinscheune Deutschlands und schlendert durch die dortigen Lädchen. Besonders Kinderherzen, aber natürlich auch die aller erwachsenen Tierfreunde werden im Bärenpark Stuer erwärmt und ganz nebenbei erfährt Groß und Klein viel Wissenswertes über Meister Petz.

Strecke:
Klink (s. S. 118) – **Sietow** (6 km, s. S. 120) – **Röbel** (9 km, s. S. 121) – **Abstecher nach Ludorf** (hin und zurück ca. 4 km, s. S. 125) – **Abstecher nach Rechlin** (hin und zurück ca. 34 km, s. S. 127) – **Bollewick** (3 km, s. S. 131) – **Wredenhagen** (9 km, s. S. 132) – **Dambeck** (9 km, s. S. 133) – **Stuer** (11 km, s. S. 135) – **Zislow** (7 km, s. S. 139)

Streckenlänge:
ohne Abstecher 54 km; mit Abstecher 92 km

« *Kapitelstartseite: Der Blick auf die Binnenmüritz vom Turm der Marienkirche in Röbel (s. S. 121)*

KLINK

Schon 1345 wurde Klink erstmals urkundlich erwähnt, der Name des Ortes stammt aus dem Slawischen und bedeutet so viel wie Keil- oder Winkeldorf. Die Gemeinde Klink umfasst die Ortsteile Sembzin, Grabenitz, Eldenburg-Süd und natürlich den gleichnamigen Ort selbst. Klink ist eines der größten Urlauberzentren an der Müritz und seit vielen Jahren staatlich anerkannter Erholungsort. Es liegt direkt an der B192, auf einer Landenge, wo sich **Kölpinsee** und **Müritz** fast treffen. Um die Herrschaft über Klink gab es wegen der exponierten Lage immer wieder Anlass für Konflikte. Vor allem um das Fischerei- und Wasserrecht wurde gestritten und der Ort wechselte häufig den Besitzer.

Von Klink aus kann man gut zu einer **Radtour** oder **Wanderung** aufbrechen, im Sommer an einem der **fünf Badestrände** ein Bad nehmen oder **paddeln, surfen** und **angeln.** Seen, Wälder, Wiesen und Moore laden zum Entdecken ein und der Ort selbst bietet neben verschiedenen kulinarischen auch diverse **Einkaufsmöglichkeiten.**

Nur zwei Kilometer nördlich des alten Dorfes Klink befand sich das ehemalige Müritz Hotel. Im Jahr 1974 entstand hier eine der **größten Urlaubersiedlungen der DDR.** Auf einer ursprünglich von Wald und Wiesen bedeckten, über 45 ha großen Fläche mit Anschluss an die Müritz wurde praktisch eine komplette Stadt erbaut, mit dem Ziel Hunderttausenden Urlaubern einen damals meist zweiwöchigen Urlaub zu ermöglichen. Nach 1990 wurde der Betrieb der riesigen Anlage zunehmend unrentabel, 2017 erfolgte dann der Abriss. Mit einiger Verzögerung begann im Mai 2022 der Neubau einer zeitgemäßigen Hotelanlage, deren Fertigstellung aktuell für 2024 geplant ist.

In dem weitläufigen Areal mit seinem langen Müritzufer empfindet man die Bauarbeiten als wenig störend, sodass man dort durchaus länger wandern, bummeln oder baden kann. Es gibt einen sehr schönen Badestrand und der Schiffsanleger der Weissen Flotte wird im Rahmen von Linien- und Rundfahrten täglich angefahren. Die Anlegestelle ist im Fahrplan als Müritz-Klinik ausgewiesen, da sich hier auch noch eine Reha-Klinik befindet. Nach negativen Erfahrungen hat man leider nun jede Übernachtung von Wohnmobilen auf dem Gelände mit seinen riesigen Parkflächen strikt untersagt.

In Klink sollte man auf jeden Fall auch das gleichnamige bekannte **Schloss** besuchen, das ebenfalls direkt an der Müritz liegt und über einen weißen Sandstrand und einen Jachthafen verfügt. Das „Traumschloss an der Müritz" wurde 1898 für die Familie Schnitzler fertiggestellt und kann somit auf eine über 100-jährige, wechselvolle Geschichte zurückblicken. 1945 zog die Rote Armee hier ein, bis 1966 wohnten mehr als hundert Vertriebene in dem Gebäude und anschließend diente die Einrichtung als Schulungs- und Erholungsanlage. Heute befindet sich in dem Gebäude das **Schlosshotel Klink,** das Besucher nicht nur durch ein ausgezeichnetes Restaurant zum Verweilen einlädt, sondern auch einen frei zugänglichen, 35.000 m² großen Schlosspark bietet. In diesem heute auch als Freizeitpark Klink bezeichneten Areal gibt es neben gastronomischen Einrichtungen auch Verkaufsstände und eine weitere Anlegestelle der Fahrgastschifffahrt.

In der Hafenstraße 3 lädt der **Müritzer Bauernmarkt** täglich von 10 bis 21 Uhr zum Verweilen und Einkaufen ein. Angeboten werden saisonale Fisch- und Wurstspezialitäten, Sanddornprodukte, Wein und Backwaren, aber auch Souvenirs und Wohnaccessoires. Das zugehörige Restaurant hat Platz für über 90 Gäste und im Sommer findet man Erholung auf der Außenterrasse. Mecklenburger Gerichte stehen ebenso auf dem Speiseplan wie hausgemachte Kuchen- und Tortenspezialitäten. Auch kann man sich bei einer Verkostung in die Welt des Tees einführen lassen

⊡ *Schloss Klink, von der Seeseite aus betrachtet*

oder man schaut der Schokoladenmeisterin bei ihrer Arbeit über die Schulter. Ein großer kostenfreier Parkplatz neben dem Markt bietet auch Wohnmobilen Platz.

Hinter dem Bauernmarkt befindet sich in einem weiteren Gebäude „Christins Glaswelt", eine große Glasmanufaktur mit Ausstellung und Verkauf. Die Gemeinde erhebt eine Kurtaxe von 2 € pro erwachsener Person.

Information

› **Tourist-Information Klink,** Schlossstraße 1, 17192 Klink, Tel. 03991 634688, www.gemeinde-klink.info, geöffnet: Mai–Oktober täglich 10–18 Uhr. Direkt an der B192 im ehemaligen Torhaus.

Einkaufsmöglichkeit

› **Müritzer Bauernmarkt Klink,** Hafenstraße 3, 17192 Klink, www.mueritzer-bauernmarkt.de, Tel. 03991 6346390, geöffnet: täglich 10–21 Uhr. Am nördlichen Ortseingang, direkt von der B192 erreichbar. Großes Verkaufsgebäude mit Restaurant. Es gibt auch eine Konditorei, Kunsthandwerk, regionale Spezialitäten, Souvenirs und Veranstaltungen.

› **Christins Glaswelt,** Hafenstraße 1, 17192 Klink, www.christins-glaswelt.com, geöffnet: Mo–Sa 10–17 Uhr, Tel. 03991 6317817. Großes Haus mit Einkauf und Manufaktur auf zwei Etagen. Sehr großes Angebot an Glasprodukten für Gebrauch, Kunst und Schmuck.

52 Wohnmobilstellplatz Marina Eldenburg „Zwischen den Seen"

GPS 53.50793, 12.63570

Neuer Stellplatz an einer neuen und großen Marina und Ferienanlage, voll ausgestattet. Bootsvermietung, Gastronomie, Angeln über angrenzenden Fischereihof und Marina möglich. **Lage/Anfahrt:** Unübersehbar an der B192 zwischen Waren und Klink gelegen; **Untergrund:** Schotter, Asphalt, fest; **Service:** Strom, Trinkwasser, Abwasser, Chemie-WC, WLAN; **Sicherheit:** umzäunt, beleuchtet; **Preise:** €; **Geöffnet:** ganzjährig, im Winter gibt es Einschränkungen durch abgestellte Boote; **Kontakt:** Stellplatz zwischen den Seen, An der Reeck 19, 17192 Waren (Müritz), Tel. 03991 165559, Mobil 0160 7779274, www.caravan-engel.de.

Von Klink folgt man der B192 weiter in Richtung Sietow.

047ms-lr

SIETOW
(6 km – km 6)

Die kleine Gemeinde Sietow besteht neben anderen Ortsteilen aus den beiden Siedlungen Sietow und Sietow-Dorf. Das alte Sietow, ein Dorf mit **landwirtschaftlicher Prägung,** wurde etwa um 1300 erstmalig erwähnt und gehörte viele Jahrhunderte zum Besitz des **Klosters Dobbertin.**

In den 1930er-Jahren wurden hier zahlreiche **Aussiedler aus Westpreußen** sesshaft, die dem Ort ein neues Aussehen gaben. Das älteste Gebäude Sietows ist die **Dorfkirche,** die in ihrer sieben Jahrhunderte umfassenden Geschichte mehrfach umgebaut wurde. Sie präsentiert sich heute als interessantes Bauwerk, in dem die Stilrichtungen der verschiedenen Epochen noch gut zu erkennen sind.

Sietow-Dorf liegt ausnehmend schön an einer nach dem Ort benannten **Bucht am Müritzufer** und dieser Lage verdankt der Ort seine **touristische Bedeutung.** In Ufernähe stehen heute zahlreiche Ferienhäuser, es gibt eine schöne Hafenanlage, Boots- und Fahrradverleihstellen und einen Campingplatz. Insbesondere der Fischverkauf ist in Sietow-Dorf bemerkenswert. Ein Tipp für Fischliebhaber ist das Restaurant Fischerhütte. Mit der Aalräucherei Zum Seeberg findet sich auch noch ein weiteres kleines, aber schönes Fischrestaurant gleich in der Nähe.

Am letzten Juliwochenende feiert der Ort sein traditionelles dreitägiges **Hafenfest.**

Gastronomie

› **Fischerhütte Sietow,** Am alten Hafen, 17209 Sietow, Tel. 039931 52711, www.fischerei-alt-schwerin.de geöffnet: April–Oktober täglich ab 11 Uhr. Außerhalb der Urlaubssaison nicht täglich geöffnet. Kleine rustikale Fischgaststätte mit eigener Fischräucherei. Preisgünstige Angebote aus eigenem Fang.

53 Campingplatz Sietower Bucht

GPS 53.432485, 12.581041

Kleiner, schöner und gemütlicher Campingplatz in sehr ruhiger Lage. In der Mittagspause (13–15 Uhr) sind keine An- und Abreisen möglich. Außerhalb der Hauptsaison ist eine Voranmeldung nötig. Achtung: keine Wohnmobile über 3,5 t und Gesamtlänge über 8,20 m.

Lage/Anfahrt: Am Ortsrand von Sietow-Dorf, wenige Meter vom Müritzufer entfernt. Von Sietow ca. 2 km über die Ortsverbindungsstraße nach Sietow-Dorf; **Untergrund:** Wiese; **Service:** Strom, Trinkwasser, Abwasser, Chemie-WC, WLAN; **Sicherheit:** umzäunt; **Preise:** €; **Geöffnet:** April–Oktober; **Kontakt:** Herr Weidler, Campingplatz Sietower Bucht, Dorfstraße 21, 17209 Sietow-Dorf, Tel. 039931 52068, www.weicamp.de; **Achtung:** Haustiere sind nicht gestattet.

149ms-lr

55 Müritz-Camp Gotthun

GPS 53.419750, 12.620810

Das Camp besteht aus zwei per Zaun getrennten, aber nebeneinander liegenden Campingplätzen mit jeweils getrennten Einfahrten: Nitschow (Textil-Camping) und Hirschberg (FKK-Camping). Die Zufahrtswege trennen sich schon einige hundert Meter vor den Campingplätzen. Die angegebenen Koordinaten beziehen sich auf diesen Abzweig. In der Mittagspause (13-15 Uhr) sind keine An- und Abreisen möglich. **Lage/Anfahrt:** Nordöstlich der Gemeinde Gotthun liegen beide Campingplätze direkt am Müritzufer. Von der L24 nach Gotthun abbiegen. Den Ort durchfahren und am nördlichen Ortsausgang der Beschilderung zu den Campingplätzen folgen; **Untergrund:** Wiese; **Service:** Strom, Trinkwasser, Abwasser, Chemie-WC; **Sicherheit:** umzäunt; **Preise:** €; **Geöffnet:** April–Oktober; **Kontakt:** Müritz-Camp GmbH Gotthun, Schlossstraße 4, 17207 Gotthun, Tel. Campingplatz Nitschow 039931 52615, Campingplatz Hirschberg 039931 50965, Mobil beide Plätze 0171 7473915, www.mueritzcamp-gotthun.m-vp.de, www.mueritzcamp-nitschow.de, www.mueritzcamp-hirschberg.de.

151ms-lr

54 Wohnmobilstellplatz Pension Müritzwiese Gotthun

GPS 53.420703, 12.592676

Ruhige und parzellierte Stellmöglichkeiten auf einem Wiesengrundstück hinter der Pension. Sehr schöne Anlage in sehr ruhiger Lage. **Lage/Anfahrt:** letztes Grundstück am Ortsausgang Gotthun in Richtung Campingplätze Müritz-Camp, einfach der Straße durch den Ort folgen; **Platzanzahl:** 15; **Untergrund:** Wiese; **Service:** Wasser, Strom, Abwasser, Chemie-WC; **Sicherheit:** umzäunt; **Preise:** €; **Geöffnet:** ganzjährig; **Kontakt:** Pension Müritzwiese, Müritzweg 11, 17207 Gotthun, Tel. 039931 53441, Mobil 0170 2060156, www.pension-mueritzwiese.de.

194ms-lr

Von Sietow erreicht man in kurzer Zeit die Stadt Röbel.

RÖBEL

(9 km – km 15)

Die lebendige Kleinstadt Röbel mit ihren derzeit ca. 6000 Einwohnern findet unter dem Namen „Robole" 1227 ihre erste urkundliche Erwähnung. Sie entstand aber schon im 10. Jh. als Siedlung und gehörte zu einer der Hauptburgen des slawischen Stammes der Murizaner.

Das Stadtbild Röbels wird durch einen gut erhaltenen **mittelalterlichen Stadtkern** mit gleich **zwei Kirchen** geprägt. Das ist für eine so kleine Stadt recht ungewöhnlich, lässt sich

aber schnell erklären: Ursprünglich bestand der Ort aus **zwei Siedlungen,** die jeweils zu unterschiedlichen Bistümern, die Altstadt zu Schwerin und die Neustadt zu Havelberg, gehörten. Deshalb entstanden im Wettstreit auch die beiden mächtigen und alles überragenden frühgotischen Stadtkirchen, die sich in Sichtweite befinden.

In der Altstadt ragt die frühgotische **St. Marienkirche** in die Höhe. Sie wurde an einer Stelle errichtet, an der früher ein slawischer Tempel stand. Schon um 1180 stand hier ein hölzerner Kirchenbau, in ihrer jetzigen Form wurde das Gotteshaus in der Mitte des 13. Jh. erbaut. Von der Aussichtsplattform der Pfarrkirche in 58 m Höhe hat man einen schönen weiten Blick über die Stadt und die Müritz. Vor der Marienkirche steht ein **Denkmal zur Erinnerung an die Gefallenen des Ersten Weltkrieges,** das von Wilhelm Wandschneider geschaffen wurde.

Die **St. Nicolaikirche** in der Neustadt wurde 1275 geweiht und hat einen 70 m hohen Turm. In ihr findet sich ein Chorgestühl von 1519, das eigentlich zum ehemaligen Dominikanerkloster gehörte. Die Stadtkirche befindet sich unmittelbar neben dem Rathaus am Marktplatz, das 1805 im klassizistischen Stil erbaut und 1999 umfassend saniert wurde.

Die bemerkenswerten **Fachwerkhäuser** im Zentrum von Röbel sind liebevoll saniert. Eine Besonderheit ist die 1831 errichtete **Fachwerksynagoge.** Sie ist die letzte im Landkreis Müritz erhaltene Synagoge, was der Tatsache zu verdanken ist, dass die jüdische Gemeinde sie 1936 an einen Fuhrunternehmer veräußerte. Dieser nutzte das Haus als Werkstatt und Garage. Ab 2002 begann die Restaurierung des mittlerweile maroden Gebäudes, das heute gemeinsam mit dem **ENGELschenHOF** als Jugendbildungszentrum und Begegnungsstätte dient. Der Name geht auf eine lange Zeit in Röbel ansässige jüdische Familie zurück. Benjamin Engel gründete 1870 für die Bürger der Stadt eine karitative Stiftung. Sein Grabstein ist im Hof des Gebäudeensembles zu sehen, außerdem beherbergt das Haus eine Ausstellung zur Geschichte der Juden in Mecklenburg. Die Ausstellung kann kostenfrei besichtigt werden. Weitere Informationen zu aktuellen Veranstaltungen an diesem Ort erhält man unter www.engelscherhof.de.

Auf dem ehemaligen **Burgberg,** auf dem bis Mitte des 15. Jh. noch das Schloss des Fürsten von Werle stand, wurde Anfang des 17. Jh. eine **Windmühle** errichtet, die nach dem Ende ihrer Nutzung als Mühle bis 1990 als Jugendherberge diente und 2006 ausgezeichnet restauriert wurde. Ein neues Flügelkreuz ziert nun das am Rande der Altstadt stehende Gebäude.

Der Ziegenmarkt in Röbel bietet auch ein gemütliches Straßencafé

049ms-lr

Im **Haus des Gastes** (Tourist-Information) wird dem Besucher ein **Faltblatt** angeboten, in dem zwei **historische Stadtrundgänge** aufgeführt sind. Damit kann man auf eigene Faust in einem großen Rundgang, der etwa 2½ Stunden dauert, die Stadt erkunden. Wem das zu lang ist, der kann sich auch für eine kleine Tour durch die Alt- oder Neustadt entscheiden. Zu den einzelnen Standorten wird in Form kleiner Geschichten Wissenswertes und Unterhaltsames vermittelt. Etwa dreißig beschriftete Tafeln an historischen Plätzen und Gebäuden der Stadt helfen ebenfalls beim Entdecken.

Röbel liegt direkt an der **Müritz** und somit ist es nicht verwunderlich, dass die Stadt einen **Hafen** ihr Eigen nennt. Von hier aus kann man mit einem der Ausflugsschiffe in See stechen oder nach einem Spaziergang auf der Hafenpromenade dem lebendigen Treiben zusehen.

Für etwas Entspannung und Fitness ist die **Müritztherme** der richtige Ort. In dem Sport- und Spaßbad kann man an Wassergymnastikkursen teilnehmen, eine Saunalandschaft lädt zur Erholung ein und für Sportliche stehen ein Fitnessbereich und eine Bowlingbahn zur Verfügung.

Information

- **Tourist-Information Röbel,** Straße der Deutschen Einheit 7, 17207 Röbel, Tel. 039931 80113, www.stadt-roebel.de, geöffnet: November–März Mo–Fr 10–15, April/Mai/Juni/September/Oktober Mo–Fr 9–17, Sa 10–14, Juli/August Mo–Fr 9–18, Sa/So 10–16 Uhr

Sehenswertes

- **Röbeler Windmühle,** Mühlenberg 4, 17207 Röbel. Die um 1835 errichtete und malerisch gelegene Holländermühle steht auf einem aufgetragenen alten Burghügel. Hier befand sich schon im 13. Jh. eine Burganlage. Die Burg wurde zerstört und oberirdisch sind heute keine Reste mehr zu entdecken. Ab 1610 wurde der Hügel als Mühlenstandort genutzt. Die Mühle wurde 2006 saniert und heute finden hier verschiedene Veranstaltungen statt. Vom Mühlenberg und der Galerie der Mühle bietet sich ein umfassendes Bild Röbels und der Umgebung. An der Windmühle gibt es keine Parkmöglichkeiten für Wohnmobile und die Straße ist sehr eng.
- **St. Marienkirche,** Straße der Deutschen Einheit, 17207 Röbel, Tel. 039931 52685, offene Kirche. Die St. Marienkirche in Röbel ist das älteste Bauwerk der Stadt und eine der frühesten Hallenkirchen Mecklenburgs. Die Kirche wurde ab 1226 auf einem kleinen Hügel zwischen Stadt und Müritz erbaut. Früher befand sich hier eine slawische Kultstätte. Die

114ms-lr

Die Windmühle in Röbel steht unter Denkmalschutz

dreischiffige Hallenkirche besitzt einen 58 m hohen Turm, dessen Aussichtsplattform bestiegen werden kann und einen unübertroffenen weiten Blick bietet. Im Turm der Kirche werden wechselnde Ausstellungen angeboten. Das Innere der Kirche prägen ein wertvoller Schnitzaltar und ein beeindruckendes Altarbild mit einer Abendmahlsszene.

› **St. Nicolaikirche,** Kirchplatz, 17207 Röbel, Tel. 039931 52685, offene Kirche. Man könnte vermuten, dass es einen Wettstreit der Erbauer von St. Marien und St. Nicolai gab, denn beide Kirchen entstanden kurz nacheinander und sie sind beide ungewöhnlich groß ausgelegt. Die St. Nicolaikirche ist die jüngere, wenn man das nach Hunderten von Jahren und einem Altersunterschied von etwa 50 Jahren noch sagen kann. Sie fesselt durch ihr wunderschön ausgestaltetes Inneres. Die Zeichen unterschiedlicher Baustile sind sehr gut erkennbar. Das geschnitzte Chorgestühl stammt aus dem Jahre 1519. Der Taufstein kann auf die erste Hälfte des 13. Jh. zurückdatiert werden.

Aktivität

› **Müritztherme,** Am Gotthunskamp 14, 17207 Röbel, Tel. 039931 87819, www.mueritztherme.com, geöffnet: tägl. 9–21 Uhr, Eintritt: je nach Dauer und Nutzungsbereichen ab 6 €, Familienpreis möglich. Gemütliche Therme mit Rutsche und Strömungskanal, Sauna, Bowlingbahn, Fitnessbereich und Gaststätte. Zwei kostenfreie Parkplätze befinden sich an der Therme, jeweils ca. 100 m vom Eingang entfernt. Die Parkplätze stehen auch Gästen der Stadt offen, die die Therme nicht besuchen wollen. Für sehr große Wohnmobile kann es bei voller Belegung schwierig werden. Die Innenstadt ist relativ eng, es kann aber an vielen Stellen entlang der Straße kostenfrei geparkt werden.

Parken

P 60 **Parkplatz Töpferwall,** GPS 53.37488, 12.60941, 17207 Röbel. Ruhige Nebenstraße etwas außerhalb des Zentrums. Von hier kann man ausgezeichnet zu einem weitläufigeren Stadtbum-

56 Wohnmobilstellplatz Seglerhafen Röbel

GPS 53.386951, 12.616440

Größere Stellplatzanlage mit verschiedenen Stellflächen auf dem Gelände des Röbeler Segler-Vereins mit Gaststätte „Regattahaus“. **Lage/Anfahrt:** In einer Marina am Müritzufer, ungefähr 800 m vom Zentrum Röbels entfernt. Auf Seebadstraße am Hafen von Röbel vorbei und dann auf die Müritzpromenade abbiegen; **Untergrund:** Wiese; **Service:** Strom, Trinkwasser, Abwasser, Chemie-WC (im Hafen), WLAN; **Sicherheit:** umzäunt; **Preise:** €; **Geöffnet:** April–Oktober, im Winter nach Absprache mit Hafenmeister möglich; **Kontakt:** Regattahaus Röbel, Müritzpromenade 20, 17207 Röbel, Tel. 039931 839900, www.marina-roebel-mueritz.de.

152ms-lr

mel starten. Das Parken hier ist wie auf vielen anderen Parkflächen in Röbel kostenfrei.

P 61 **Parkplatz Gotthunskamp,** GPS 53.37603, 12.60133, 17207 Röbel. Zentrumsnaher und kostenfreier Parkplatz in der Nähe der Therme, der sich auch gut für eine Übernachtung nach dem Besuch der Therme eignet.

57 Campingplatz Pappelbucht Röbel

GPS 53.393598, 12.623302

Campingplatz mit guter Ausstattung, Fahrrad- und Kanuverleih, Bistro, eigenem Bootssteg und Spielplatz. WLAN. **Lage/Anfahrt:** Ca. 3 km nördlich von Röbel am Westufer der Müritz. Von Röbel in der Nähe des Stadthafens über die Seebadstraße zum Campingplatz; **Untergrund:** Wiese; fest; **Service:** Strom, Trinkwasser, Abwasser, Chemie-WC, WLAN; **Sicherheit:** umzäunt; **Preise:** €€; **Geöffnet:** ganzjährig; **Kontakt:** Seebadstr. 38a, 17207 Röbel, Tel. 039931 59113, www.mueritz therme.com/camping. Außerhalb der Hauptsaison Anmeldung über Tel. 87819 erforderlich. Für Gäste kostenfreier Eintritt in der Müritztherme.

Zur Weiterfahrt auf Route 5 fährt man am Röbeler Bahnhof vorbei und folgt der L24 in Richtung Bollewick.

ABSTECHER NACH LUDORF

(hin und zurück ca. 4 km)

Ludorf ist ein kleiner Ort, der sich nach 1990 sehr gut entwickelt hat. Grund dafür ist die wunderschöne Lage des Ortes, der direkt an die **Müritz** grenzt und mit **zwei unter Naturschutz stehenden Halbinseln** vor allem für naturverbundene Besucher sehr reizvoll ist. Von Röbel kommend wird Ludorf über den Ludorfer Weg nach etwa 2 km erreicht.

Das repräsentative **Herrenhaus** des Ortes, erbaut im Stil der dänischen Klinkerrenaissance, beherbergt heute das **Romantik Hotel Ludorf.** Das zugehörige **Restaurant** sei Besuchern empfohlen, bedient es doch Liebhaber der traditionellen Küche Mecklenburgs in gleicher Weise wie die Freunde vegetarisch/ayurvedischer Küche.

Für die Mecklenburgische Seenplatte einfach einmalig ist die kleine Filialkirche St. Maria und St. Laurentius in Ludorf, die 1346 anlässlich einer Weihung erstmals urkundlich erwähnt wurde, vermutlich aber bis zu 200 Jahre älter ist. Mecklenburg hat viele alte Kirchen zu bieten, aber es gibt nur diese eine **Oktogonkirche.** Bei dieser Bauform ist der Grundriss in Form eines regelmäßigen Achtecks ausgelegt. Die genauen Hintergründe dieses in ganz Mecklenburg einmaligen Kirchenbaus liegen im Dunklen. Vermutlich wurde diese Bauform wegen der **symbolischen Bedeutung der Zahl Acht** gewählt. Sie steht im Christentum für die Auferstehung Christi und die Teilhabe an Christus durch die Taufe. Einer Sage nach soll der heimgekehrte **Kreuzritter Wipert Morin,** dessen Geschlecht jahrhundertelang den Ort Ludorf beherrschte, die Kirche nach dem Vorbild des Heiligen Grabes in Jerusalem errichtet haben. Das kleine Gotteshaus ist im Sommer täglich von 10 bis 17 Uhr geöffnet.

Ludorf und seine Umgebung laden zu **Wanderungen** und **Ausflügen** ein. Neben den beiden Naturschutzgebieten Großer Schwerin und Steinhorn lohnt sich auch eine kurze Wanderung zum **Turmhügel,** auch Schlossberg genannt. Er ist gut sichtbar und befindet sich in der Nähe der Zufahrtstraße zum Campingplatz Müritzpark Ludorf 59. Hier befand sich früher der Stammsitz des Rittergeschlechtes von Morin – ein von einem tiefen Wassergraben umgebener Verteidigungsturm, der aber um etwa 1700 aufgegeben wurde. Die Herrschaft zog das im Ort neu erbaute Herrenhaus vor. Am Turmhügel wurde 1945 der letzte Herr „auf Ludorf, Gneve und Solzow" begraben.

Für Besucher befinden sich am Turmhügel Picknickmöglichkeiten und eine Infotafel. Der Weg zum Turmhügel ist nach dem Sportplatz ausgeschildert, er ist aber auch von der Zufahrtsstraße zum Campingplatz direkt zu erkennen.

050ms-lr

Naturfreunde sollten nach Möglichkeit unbedingt die **Naturschutzgebiete Großer Schwerin und Steinhorn** besuchen. Die Halbinsel Großer Schwerin ragt weit in die Müritz hinein. Das Steinhorn ist ein über 60 m hohes bewaldetes Kliff am Müritzufer. Bereits 1930 wurden beide als Rast- und Brutplatz vieler Vogelarten unter Naturschutz gestellt. Die Halbinsel Großer Schwerin ist aber nur im Rahmen von Führungen zugänglich. Das Steinhorn kann vom 1.7. bis 31.12. betreten werden. Besonders das Steilufer auf der Nordspitze des Steinhorns mit seiner alten slawischen Wallanlage, die von forstwirtschaftlich nicht genutztem und deshalb wild wachsendem Wald umgeben ist, wirkt sehr naturbelassen. Termine für naturkundliche Führungen (meist am Wochenende) können über die Tourist-Information Röbel (s. S. 123) oder das Romantik Hotel Ludorf erfragt werden. Vogelfreunde sollten aufgrund des reichhaltigen Vogelzugs im Frühjahr oder Herbst die Naturschutzgebiete besuchen. Das **Romantik Hotel** bietet auch geschichtliche Führungen durch den Ort und die Oktogonkirche an, gern auch in Kombination mit einer Hotelmahlzeit. Es gibt einen sehr schönen Rundweg für Wanderer und Radfahrer zwischen Ludorf und Gneve von ca. 6 km Länge, an dem verschiedene Aussichtspunkte und Picknickstellen errichtet wurden und Infotafeln zu finden sind. Dieser Weg führt auch direkt am Eingang des Großen Schwerins vorbei, der jedoch mit einem Tor verschlossen ist.

Die alte Oktogonkirche in Ludorf ist einzigartig in Mecklenburg

59 Campingplatz Müritzpark Ludorf

GPS 53.381919, 12.685789

Kleiner, ruhiger Campingplatz mit guter Ausstattung direkt am Wasser. Der Platz wird vom Müritzcamp Gotthun verwaltet, ist schön gelegen und bietet sich für Wanderungen und Ausflüge an. Am Ufer befindet sich eine schöne Seebrücke. **Lage/Anfahrt:** Ca. 1,2 km östlich der Ortschaft Ludorf am Müritzufer. Von Ludorf entlang einer schmalen Alleestraße der Ausschilderung zum Platz folgen; **Untergrund:** Wiese; **Service:** Strom, Trinkwasser, Abwasser, Chemie-WC, WLAN; **Sicherheit:** umzäunt, beleuchtet; **Preise:** €; **Geöffnet:** April–Oktober; **Kontakt:** Kasboomhorst, 17207 Ludorf, Tel. 039931 51640, Mobil 0160 97775216, www.mueritzpark-ludorf.m-vp.de. Reservierung und Anmeldung auch über Müritz-Camp Gotthun möglich.

153ms-lr

Gastronomie

› **Romantik Hotel Ludorf,** Rondell 7–8, 17207 Ludorf (Müritz), Tel. 039931 8400, www.gutshaus-ludorf.de. Hotel und Restaurant befinden sich im Gebäude des äußerlich nahezu unveränderten alten Herrensitzes Ludorf. Vom Hotel werden auch Führungen durch die Naturschutzgebiete Großer Schwerin und Steinhorn, durch Ort, Kirche und Gutsanlage organisiert.

58 Campingplatz Zielow an der Müritz

GPS 53.355000, 12.688450

Kleiner, sehr familiärer Campingplatz auf altem Bauernhofgelände ohne direkten Wasserzugang, Entfernung zur Müritz ca. 300 m. In einem schön ausgebauten Scheunengebäude auf dem Gelände befindet sich ein Saal, in dem gelegentlich Veranstaltungen stattfinden. **Lage/Anfahrt:** An der westlichen Zufahrt zum Ort Zielow, direkt an der Zufahrtstraße; **Untergrund:** Wiese; **Service:** Strom, Trinkwasser, Abwasser, Chemie-WC; **Sicherheit:** umzäunt; **Preise:** €; **Geöffnet:** ganzjährig, im Winterhalbjahr nur nach Absprache; **Kontakt:** Herr Köppen, Campingplatz Zielow an der Müritz, Seeufer 1, 17207 Zielow, Tel. 0157 74011583, www.zielowcamp.de.

ABSTECHER NACH RECHLIN

(hin und zurück ca. 34 km)

Besonders Naturfreunde und Luftfahrtinteressierte sollten sich die Zeit für einen Abstecher nach Rechlin nehmen. Am besten verlässt man Röbel über die L241 und biegt nach etwa 5 km auf die B198 in Richtung Mirow ab. In der Ortschaft Vietzen zweigt dann die Straße nach Rechlin ab. Nach der Ortsdurchfahrt von Vipperow überquert man die Brücke über den Müritzarm und könnte hier direkt zum Campingplatz am Müritzarm 60 abbiegen.

Hat man dann in Vietzen die B198 in Richtung Rechlin verlassen, erreicht man bereits nach ca. 700 m die ersten Häuser des Ortes. Zwar gibt es eine gute Umgehungsstraße, doch den besten Eindruck von Rechlin gewinnt man, wenn man der gut ausgebauten Müritzstraße, der alten Dorfstraße durch den Ort, folgt. Wahrscheinlich wäre Rechlin auch heute noch ein verträumtes Dorf in idyllischer Lage am südöstlichen Ufer der Müritz, hätte man nicht 1917 begonnen, dort einen **Flug-**

platz der kaiserlichen Armee zu errichten. Diese Entscheidung hat den Ort über 80 Jahre lang geprägt und wesentlich verändert.

Rechlin war ab 1918 zuerst „Lehranstalt" und dann **„Erprobungsstelle Rechlin".** Hier wurden Luftfahrzeuge, ihre Bewaffnung und Ausrüstung erprobt und getestet und einige der technisch genialsten, aber auch der tödlichsten Entwicklungen der deutschen Luftfahrtgeschichte nahmen ihren Anfang. Den baulichen Zenit und internationale Berühmtheit erreichte Rechlin in der Zeit von 1933 bis 1945. Etwa 5000 Mitarbeiter der **E-Stelle Rechlin** lebten und arbeiteten hier. Dazu kamen noch zahlreiche **Kriegsgefangene** und **Zwangsarbeiter,** die vor allem beim Bau neuer Anlagen und später zu Aufräumarbeiten eingesetzt wurden. Auf insgesamt drei Flugplätzen in und um Rechlin hoben täglich Flugzeuge ab. Das gesamte östliche Müritzufer und Teile der östlichen Müritz wurde für die **Erprobung von Bordwaffen** und **Bomben** beschlagnahmt und intensiv genutzt.

Im Ort Rechlin entstanden **Wohnsiedlungen** für das ingenieurtechnische Personal und die Testpiloten. Der Flugplatz wurde mit zahlreichen großen Hallen und Erprobungsständen überzogen. Mehr als 200 verschiedene Flugzeugtypen wurden hier getestet. Das gesamte Gelände war in großem Umkreis als **Sperrgebiet** nur einem beschränkten Personenkreis zugänglich.

Nach 1942 verschärften sich die Bedingungen in und um Rechlin beträchtlich. Durch die Kriegslage erforderlich wurden die Erprobungen immer rücksichtsloser vorangetrieben. Zahlreiche Piloten und Versuchsingenieure starben. Weit **mehr als 100 Flugzeugabstürze** sind nachgewiesen. Ab dem Frühjahr 1944 wurde Rechlin von **alliierten Bombern** mehrfach angegriffen und im August 1944 **schwer zerstört.** Trotzdem wurden die Luftangriffe wegen der militärischen Bedeutung Rechlins bis in den April 1945 fortgesetzt.

Nach der Besetzung der Stadt durch die **Rote Armee** – die Luftfahrtspezialisten waren längst geflohen – wurden alle Anwohner ausgewiesen und noch vorhandene Pläne und technische Errungenschaften in die Sowjetunion geschafft. Erst ab 1948 durften Deutsche hier wieder – wenn auch vorerst begrenzt – arbeiten und wohnen. Die „Mauer von Rechlin", eine hohe und bewachte Betonmauer, trennte jedoch den Ort bis 1993 in einen deutschen und sowjetischen Teil. Ein kleines Teilstück der Mauer wurde bewusst erhalten und kann im Ort besichtigt werden.

Die Schiffswerft Rechlin, etliche Jahre später der größte Industriebetrieb im Kreis Neustrelitz mit etwa 1300 Beschäftigten, wurde auf dem Gelände der Erprobungsstelle gegründet. Bis 1993 blieb die Stadt russische Garnison und Tausende Soldaten waren dort stationiert. In der DDR wurde der Name Rechlin totgeschwiegen. Die aus einem Teilgelände der E-Stelle entstandene Schiffswerft wurde stattdessen als **Schiffswerft Mirow** bezeichnet.

Nach dem Abzug der sowjetischen Truppen erfolgte eine Sanierung des Geländes. Enorme Mengen Munition wurden gefunden und entschärft. Heute wird Rechlin zu einem **schmucken Urlauberdorf.** Ein schöner **Jachthafen** und sehr viele **Ferienhäuser** wurden gebaut. Einige der alten Gebäude der Erprobungsstelle und der Wohnsiedlung sind noch erhalten und an ihrem typischen Stil gut zu erkennen.

Verpassen sollte man keinesfalls das **Luftfahrttechnische Museum Rechlin.** Es wurde auf einer Fläche von ca. 1 ha in Gebäudeteilen des ehemaligen Flugplatzes Rechlin eingerichtet und bietet einzigartige Ausstellungen zur Geschichte des Ortes, aber natürlich auch zur Luftfahrtgeschichte. Im Eingangsbereich des Museums findet sich ein gut sortierter Shop, der auch eine große Auswahl an Luftfahrtliteratur zu bieten hat. Aufgrund der Weiträumigkeit von Dorf und ehemaligem Flugplatz und der zahlreichen befestigten Flächen finden Wohnmobile hier leicht einen kostenfreien Parkplatz. Auch am Museum stehen ausreichend Parkflächen zur Verfügung.

155ms-lr

Die weiträumigen Wälder rund um Rechlin, Roggentin und Schillersdorf haben noch viele weitere Geheimnisse zu bieten. Nach 1933 wurden hier zahlreiche Versuchsanlagen wie die **„Weißen Häuser von Granzow“** – etwa 20 m hohe, viergeschossige Betonkonstruktionen – oder verschiedene **Bunkeranlagen** und **Beschussplatten** errichtet, die aufgrund ihrer massiven Bauart und ihrer unwegsamen Lage im Wald wohl auf ewig hier zu finden sein werden. Ein Abriss dürfte nur mit sehr hohem Kostenaufwand möglich sein. Diese und andere Relikte der alten Erprobungsstelle sind auch auf Wanderungen ab Wanderparkplatz Schillersdorf (Route 2, s. S. 50), aus Richtung Mirow kommend oder über Roggentin/Qualzow zu erreichen.

Wegen der nicht auszuschließenden **Munitionsaltlasten** sollte man sich bei Besuchen aber immer an die **offiziellen Wanderwege halten** und nicht zu tief in die sehr unübersichtlichen und großräumigen Waldflächen eintauchen.

Wenn man von Rechlin die Straße nach Boeker Mühle fährt, erreicht man den Müritz-Nationalpark und die Campingplätze Boek 63, Bolter Ufer 62 und Bolter Kanal 61. In Boek findet man auch einen **Wildpark** mit einheimischen Tierarten und die Müritzfischer unterhalten einen sehr schönen Angelteich mit Fischrestaurant und Fischverkauf im Fischer- und Angelhof an der Bolter Schleuse.

Sehenswertes

› **Luftfahrttechnisches Museum Rechlin,** Am Claassee 1, 17248 Rechlin, Tel. 039823 20424, www.luftfahrttechnisches-museum-rechlin.de, geöffnet: April–Oktober täglich 10–17 Uhr, Februar/März Mo–Do 10–16 Uhr, Fr 10–15 Uhr, November–Januar geschlossen, Eintritt: Erwachsene 9 €, Kinder 4 €. Interessantes Museum zur Luftfahrtgeschichte mit umfangreicher Ausstellung und Freigelände. Vor dem Museum befindet sich ein großer, kostenfreier Parkplatz, der sich für Wohnmobile gut eignet.

Aktivität

› **Kutschfahrten im Wildpark Boek,** Information Wildpark, Boeker Straße 29, 17248 Boek, Tel. 039823 27088, Mobil 0171 3083473, Preis: 13,50 € Erwachsene, 6,50 € Kinder, www.wildpark-boek.de. Ca. 1,5 h dauernde Fahrt mit Kremserwagen durch den 80 h großen Wildpark Boek. Dabei gibt es sachkundige Informationen und Erläuterungen zu Flora, Fauna und Geschichte des Gebietes.

› **Fischer- und Angelhof Bolter Schleuse,** Boeker Mühle 4, 17248 Boek, GPS 53.37150, 12.77930, Tel. 039823 27754, www.mueritzfischer.de/fischerhoefe/fischer-und-angelhof-bolter-schleuse, geöffnet: April–Oktober. Räucherei, Fischlehrpfad, Fischrestaurant, Grillhütte.

Die Angelteiche Bolter Schleuse sind beliebt bei Jung und Alt

156ms-lr

60 Camping am Müritzarm „Gaarzer Mühle“

GPS 53.320419, 12.697530

Campingplatz auf einer Wiesenfläche in der Nähe der alten Gaarzer Mühle und abseits der Hauptverkehrsstraßen, Badestelle gegenüber. Alle Stellplätze sind mit Anschlüssen für Strom, Wasser und Grauwasser ausgerüstet. Eigener Boots- und Angelsteg ca. 100 m entfernt, Badestelle, Bootsverleih und Gaststätte am Platz. Voranmeldung sinnvoll. **Lage/Anfahrt:** Ca. 400 m südlich der B198 in einer Wiesenlandschaft. Über die B198 und auf der Ostseite der Vipperower Brücke nach Süden zum Campingplatz abbiegen; **Untergrund:** Wiese; **Service:** Strom, Trinkwasser, Abwasser, Chemie-WC, WLAN; **Preise:** €; **Geöffnet:** April–Oktober; **Kontakt:** Camping am Müritzarm „Gaarzer Mühle“, Gaarzer Mühle 1, 17248 Lärz, Mobil 0157 73371707, www.camping-mueritzarm.de.

157ms-lr

61 Müritzparadies – Naturcamping Bolter Kanal

GPS 53.372720, 12.759816

Eine große Anlage mit Naturcampingplatz, Ferienhäusern, Ferienwohnungen, einer Surfschule und einem Bootshafen, die sich westlich der Boeker Mühle das Ostufer der Müritz entlangzieht. Campingplatz auf naturbelassenen Gelände direkt am Kanal zur Müritz. Sehr gute Ausstattung mit Gaststätte, Spielplätzen, Badestelle, Fahrradverleih. **Lage/Anfahrt:** Von Rechlin der K3 in Richtung Boek folgen. In der kleinen Siedlung Boeker Mühle in Richtung Platz abbiegen, gut ausgeschildert; **Untergrund:** Wiese; **Service:** Strom, Trinkwasser, Abwasser, Chemie-WC; **Sicherheit:** umzäunt, beleuchtet, bewacht; **Preise:** €; **Geöffnet:** April–Oktober; **Kontakt:** Am Müritzufer 6, 17248 Rechlin OT Boeker Mühle, Tel. 039823 2530, www.mueritz-camping.de. Campingplatz Bolter Ufer C15 62 direkt angrenzend.

62 Campingplatz Bolter Ufer C15

GPS 53.375066, 12.767937

Großer Campingplatz mit Vollausstattung, Gaststätte, Fahrradverleih, Surfschule in einem Waldgelände am Müritzufer. **Lage/Anfahrt:** Gleiche Zufahrt wie Müritzparadies; **Untergrund:** Wiese, Sand; **Service:** Strom, Trinkwasser, Abwasser, Chemie-WC; **Sicherheit:** umzäunt; **Preise:** €; **Geöffnet:** April-Oktober; **Kontakt:** Am Müritzufer 1, 17248 Rechlin OT Boeker Mühle, Tel. 039823 169940, www.camping-bolter-ufer.de. Gleicher Betreiber wie Campingplatz Boek 63.

63 Campingplatz Boek C16

GPS 53.395908, 12.786900

Unmittelbar an den Campingplatz grenzt der Müritz-Nationalpark. Der Platz liegt auf einer von Wald umgebenen Wiese. Zu ihm gehören ein Kinderspielplatz, eine Badestelle und ein Volleyballfeld. **Lage/Anfahrt:** Am östlichen Müritzufer, ca. 600 m westlich der Ortschaft Boek. In Boek einfahren und Ausschilderung folgen; **Untergrund:** Wiese; **Service:** Strom, Trinkwasser, Abwasser, Chemie-WC, WLAN; **Sicherheit:** umzäunt, beleuchtet; **Preise:** €; **Geöffnet:** April-Oktober; **Kontakt:** Dorfstraße, 17248 Rechlin-Boek, Tel. 039823 169941, www.campingplatz-boek.de. Gleicher Betreiber wie Campingplatz Bolter Ufer 62.

BOLLEWICK

(3 km - km 18)

Wenige Kilometer südwestlich der Müritz und nur 3 km von Röbel entfernt liegt die Gemeinde Bollewick, die im 13. Jh. durch den Ritter von Werle gegründet wurde. Der Name des Ortes besteht aus „bolle", was so viel wie „rund" bedeutet, und „wick", was dem Lateinischen entlehnt wurde und übersetzt „Dorf" heißt.

Das ursprüngliche Bollewick lag ca. 1200 m westlicher als das heutige, das ab dem 18. Jh. als lang gezogenes Straßendorf neu entstand. Wahrzeichen und Aushängeschild der Gemeinde ist die aus dem Jahre 1881 stammende riesige **Feldsteinscheune.** Sie ist in Deutschland die größte ihrer Art und hat eine Grundfläche von 125 mal 34 Meter. Ab 1991 wurde sie zu einem Veranstaltungszentrum umgebaut und beherbergt neben einem **Hotel** und einem **Restaurant** einige **Ladenzeilen** und viele **Werkstätten.** Täglich finden hier von 10 bis 18 Uhr kunstgewerbliche Artikel und regional angebaute bzw. produzierte Lebensmittel ihre Käufer. Selbst aktiv werden kann der Besucher zum Beispiel beim Kerzenziehen, in der Schneiderstube oder in Kreativkursen für Kinder und Erwachsene. Einmal monatlich erwartet der **Scheunenflohmarkt** am Wochenende seine Gäste und zwei große Säle bieten genügend Platz für **Veranstaltungen** aller Art wie Konzerte, Ausstellungen und Märkte. Im Ort Bollewick befindet sich auch ein **Irrgarten,** der sich im Sommer großer Beliebtheit erfreut.

Folgt man im Anschluss an den Besuch der Feldsteinscheune der Straße Dudel, einer Querstraße direkt an der schmalen Stirnseite der Scheune, bis zum Ortsausgangsschild, lohnt ein Stopp direkt gegenüber des letzten Hauses am Ortsausgangsschild. Von hier aus

051ms-lr

In Bollewick steht die größte Feldsteinscheune Deutschlands

kann man einen kleinen Spaziergang zum **Großsteingrab Fuchstannen** starten. Nach ca. 300 m bergan steht man vor der Anlage, die um 2500 v. Chr. von Angehörigen der **Trichterbecherkultur** errichtet wurde. Das Grab wurde 1993 im Rahmen einer Arbeitsbeschaffungsmaßnahme rekonstruiert.

Einkaufen

› **Feldsteinscheune Bollewick,** „Die Scheune", Dudel 1, 17207 Bollewick, Tel. 039931 52009, www.diescheune.de, geöffnet: täglich 10–18 Uhr. Größte Feldsteinscheune Deutschlands. Heute eine Art Shopping- und Veranstaltungscenter mit zahlreichen Geschäften, Handwerk, Gastronomie und Veranstaltungen.

Von Bollewick führt die Route über die L24 weiter nach Wredenhagen.

⊡ *Urgemütlich, gastfreundlich und gefüllt mit Antiquitäten – das Café Scheune in Wredenhagen*

WREDENHAGEN

(9 km – km 27)

Es gab Zeiten, da wurde Wredenhagen ausschließlich wegen der alten Burg, dem **Novum Castrum Wenden** (Neue Wendische Burg), wahrgenommen. Sie galt einst als mächtigste **Höhenburg** Mecklenburgs mit einem Hofdurchmesser von 100 m und wird heute noch von einer kreisrunden Burgmauer mit einem Umfang von 340 m umschlossen. Die Burg ist seit 1284 urkundlich nachgewiesen und besaß als wichtige **Grenzburg zum Brandenburgischen** lange eine historische Bedeutung. In ihr residierten mecklenburgische Fürsten und Herzöge und zeitweise standen 50 Dörfer unter der Verwaltung der häufig wechselnden Burgherren. Im 17. Jh. verlor die Burg ihre militärische Bedeutung. Die Anlagen und Gebäude wurden **landwirtschaftlich genutzt** und dabei erheblich verändert. Zar Peter der Große soll hier im späten 17. Jh. das Schmiedehandwerk erlernt haben.

Das gesamte Dorf ist heute **landwirtschaftlich geprägt,** Wredenhagen blieb

052ms-lr

jedoch über Jahrhunderte das Verwaltungszentrum der Region, bevor 1840 Röbel diese Funktion übernahm. Wahrscheinlich konnte Wredenhagen schon vorher trotz verkehrstechnisch günstiger Lage in der wirtschaftlichen Entwicklung nicht mehr mithalten. 1927 übernahm die Gemeinde die Reste der Burg. Nach 1990 wurden Teile der Anlage saniert. Heute finden hier gelegentlich Veranstaltungen statt. Im Juni gibt es ein Burgfest.

Im **Café Scheune** sollte man unbedingt eine Pause einlegen. Das Café entwickelte sich in den letzten Jahren zu einem echten Highlight an der Mecklenburgischen Seenplatte. Es ist bis unter das Dach mit Antiquitäten vollgestopft und versetzt den Besucher 100 Jahre in der Zeit zurück. Bei schönem Wetter sitzt man auch im Garten ganz ausgezeichnet. Im Sommer finden außerdem wöchentlich Veranstaltungen, Kino und Konzerte statt und das gastronomische Angebot mit hausgemachter regionaler Küche ist hervorragend. Parkmöglichkeiten sind ausreichend vorhanden.

Gastronomie

› **Café Scheune,** Dorfstraße 1, 17209 Wredenhagen, GPS 53.29646, 12.54326, Tel. 039925 2346, www.cafe-scheune.de, geöffnet: im Sommer Mi–So ab 14 Uhr, im Winter ist das Café nur Fr/Sa/So 14–22 Uhr geöffnet. Das Café befindet sich nördlich des Ortes Wredenhagen an der Straße in Richtung Röbel. Wunderschönes, gemütliches und familiäres Café und Restaurant in einer alten Scheune. Am Café befindet sich ein kostenfreier Parkplatz, der auch von Wohnmobilen genutzt werden kann.

In Wredenhagen biegt man an der Burg auf die K24 in Richtung Zepkow ab. Anschließend fährt man weiter über Bütow in Richtung Dambeck.

159ms-lr

Die Kirchenruine Dambeck fasziniert bis heute

DAMBECK

(9 km – km 36)

Die kleine Siedlung Dambeck gehört heute zur Gemeinde Bütow. Sie erlangte im 18. Jh. durch die zum Ort gehörende **Kirche,** die heute eine Ruine ist, einen großen Bekanntheitsgrad in Mecklenburg. Die Sage der **Glocken von Dambeck** (s. S. 134) ist auch heute noch in vielen Büchern zu finden und wird rund um die Müritz immer noch gern erzählt.

Ursprünglich breitete sich der Ort rund um die Kirche aus, doch um 1800 wurde er an seiner heutigen Stelle, etwa 800 m südlich, neu errichtet. Die Kirche wurde trotzdem weiter genutzt. Wenn in den Morgen- oder Abendstunden die Nebel des nur etwa 100 m entfernten **Dambecker Sees** die Ruine der alten Wehrkirche einhüllen, empfinden Besucher den Ort oft als mystisch. Der völlig von Pflanzen und Bäumen überwucherte grüne Platz mit den letzten erhaltenen alten Grabsteinen und den mächtigen Kirchenmauern aus Feldsteinen wird bei jedem Besucher bleibenden Eindruck hinterlassen.

Die vermutlich gegen 1180 im **spätromanischen Stil** erbaute alte Kirche hat im Laufe der Zeit viel gesehen. Bereits seit dem Drei-

Die Glocken von Dambeck – eine Sage

„Die Kirche in Dambeck, deren Mauern noch stehen, ist uralt und hat schon vor der Sündflut dagestanden; der Thurm mit den Glocken ist aber in den See gesunken und da hat man denn vor alter Zeit die Glocken oft am Johannistag aus dem See hervorkommen und sich in der Mittagsstunde sonnen sehen. Mal hatten einige Kinder ihren Aeltern das Mittagsbrot auf's Feld hinausgetragen, und als sie an den See kamen, setzten sie sich an's Ufer und wuschen ihre Tücher aus. Da sahen sie denn auch die Glocken stehen und eines der kleinen Mädchen hing sein Tuch auf eine derselben, um es zu trocknen. Nach einer kleinen Weile setzten sich zwei von den Glocken in Marsch und stiegen wieder hinunter in den See, aber die dritte konnte nicht von der Stelle; da liefen die Kinder eilig nach der Stadt und erzählten, was sie gesehen. Nun kam ganz Röbel hinaus und die Reichen, welche die Glocke für sich haben wollten, spannten acht, sechzehn und noch mehr Pferde vor, aber sie konnten sie nicht von der Stelle bringen. Da kam ein armer Mann mit zwei Ochsen des Weges gefahren und sah was vorging; sogleich spannte er seine beiden Thiere vor und sagte: ‚Nu met Gott foer arme un rike all to gelike!' und führte die Glocke ohne alle Mühe nach Röbel. Da hat man sie denn in der Neustädtischen Kirche aufgehängt, und jedes Mal, wenn ein Armer stirbt, dessen Hinterbliebenen das Geläut mit den andren Glocken nicht bezahlen können, wird diese geläutet und ihr Ton geht fortwährend: ‚Dambeck, Dambeck.'"

Quelle: Adalbert Kuhn und W. Schwartz: Norddeutsche Sagen, Märchen und Gebräuche aus Meklenburg, Pommern, der Mark, Sachsen, Thüringen, Braunschweig, Hannover, Oldenburg und Westfalen; aus dem Munde des Volkes gesammelt. Leipzig 1848

ßigjährigen Krieg schwer verwüstet, zog sie doch bis in das 19. Jh. Gläubige und Besucher an. Zuletzt wurde noch der Chorraum mit dem **Renaissancealtar** genutzt. Der letzte reguläre Gottesdienst fand im Jahr 1920 statt. Vermutlich gegen Ende des Zweiten Weltkrieges versteckten Unbekannte in der Kirche größere Mengen an Waffen und Munition vor der Roten Armee. Durch einen Blitzschlag kam es 1954 deshalb zu einer heftigen **Explosion,** die der Ruine ihr heutiges Aussehen gab.

Eine Glocke der Kirche aus dem Jahr 1710 konnte geborgen werden und wurde nach Minzow gebracht. Ein Verein kümmert sich um den Erhalt der Kirchenruine. Ca. 200 m von der Kirche entfernt und über den selben Zufahrtsweg zu erreichen, befindet sich eine sehr schöne Badestelle mit Bänken und einer Tischtennisplatte.

Am Rande des Ortes, direkt an der Röbeler Chaussee und neben der B198, befindet sich eine Tankstelle und dahinter liegt ein sehr großer **Autohof,** der oft von Wohnmobilfahrern für Übernachtungen genutzt wird.

P 62 Parkplatz Autohof Röbeler Chaussee, GPS 53.36079, 12.49715

Sehenswertes

› **Kirchenruine Dambeck,** GPS 53.37016, 12.50461. Von Dambeck in Richtung Minzow fahren und nach ca. 1 km nach links auf den Plattenweg abbiegen. Dann sind es noch etwa 400 m bis zur Ruine einer der ältesten Kirchen Mecklenburgs. Sie wurde vor 1200 erbaut und ist überregional bekannt. Parkmöglichkeiten gibt es an der hinter der Kirchruine liegenden Badestelle. Der Weg, der zu Kirche und Badestelle führt, ist bei trockenem Wetter gut wohnmobiltauglich.

Am südlichen Ortsrand von Dambeck wechselt man auf die B198 und fährt auf ihr in Richtung A19 und weiter nach Stuer.

Die Reste des Wohnturms der alten Burg Stuer sind über 20 m hoch

STUER

(11 km – km 47)

Mit nur etwa 250 Einwohnern ist Stuer (gesprochen „Stur“) nur ein sehr kleiner Ort, hat Besuchern aber einiges zu bieten. Zur Gemeinde Stuer gehören heute die Ortsteile Bad Stuer, Neu Stuer, Stuer und Stuer Vorwerk. Die **Familie von Flotow,** eines der wenigen mecklenburgischen Uradelsgeschlechter, nutzte den Ort als **Stammsitz.** Die Wurzeln dieser bekannten Familie sind seit dem 11. Jh. nachgewiesen, allerdings ist die Geschichte nicht immer unbedingt ruhmreich, denn auch eine Zeit als Raubritter ist erwähnt. Seit 1340 sind die von Flotows in der Umgebung Stuers für viel Grundbesitz und großen Einfluss bekannt. Grundlage für den Erfolg des Adelsgeschlechts bildete ein Lehen der Fürsten von Güstrow-Werle. Auf dem Friedhof von Stuer sind zahlreiche alte Grabsteine der Familie von Flotow zu sehen.

Erreicht man den Ort auf der B198 aus östlicher Richtung, kann man in Stuer Vorwerk in die Burgstraße abbiegen, denn hier hat man die Gelegenheit, die Ruine der alten **Burg Stuer** zu besuchen. Nach dem Ende der Wohnbebauung endet die Burgstraße in einer Wendeschleife. Ab da beginnt ein ca. 450 m langer Fußweg vorbei an romantischen und schilfgesäumten Teichanlagen bis zur Ruine der Burg. Die gesamte Umgebung ist auch für umfangreichere Wanderungen sehr empfehlenswert. Leider gibt es hier keine ausgewiesenen Parkplätze für Wanderer und Besucher der Burgruine.

Auch mit sehr großen Wohnmobilen kann man zwar in der Wendeschleife problemlos wenden, man hat aber u. U. Probleme, dort zu parken, und stellt sein Fahrzeug deshalb besser schon etwa 500 m vorher im Ortsteil Stuer Vorwerk ab.

Die Burg Stuer wurde im 13. Jh. als **Wasserburg** mittlerer Größe mit Vorburg errichtet. Bereits vorher sind in der Umgebung slawische Burghügel nachgewiesen. Es wird vermutet, dass sich auch auf dem Gelände der Burg Stuer eine slawische Burganlage befand. In der einstmaligen **Vorburg** mit rechteckigem Grundriss befanden sich die Wirtschaftsgebäude. Die **Hauptburg** hatte einen dreieckigen Grundriss. Beide Teile der Burg waren von einem tiefen **Wassergraben** und einer **Burgmauer** umgeben. Die Hauptburg sicherte zusätzlich ein aufgeschütteter Wall. Zusammen mit den umliegenden Was-

158ms-lr

Routenübersicht S. 116

Bärenwald Müritz

Im Bärenwald Müritz kann man Meister Petz einmal ganz nah sein, denn hier existiert seit 2006 ein tiergerechtes Zuhause für derzeit 12 ***Braunbären.*** *Ihnen steht ein insgesamt 16 ha großes Freigelände zur Verfügung. Die Bären leben in einem Umfeld aus Mischwald mit Lichtungen, Wiesen, Hängen und einem Wasserlauf, was ihrem natürlichen Lebensraum entspricht. Die Tiere, die man hier beobachten kann, wurden ursprünglich in Gefangenschaft gehalten und sind oft verhaltensgestört. Dadurch sind sie sehr abhängig vom Menschen und könnten in freier Wildbahn nicht mehr überleben. Im Bärenwald wird ihnen die Möglichkeit gegeben, ihre Instinkte wiederzuentdecken und* ***weitgehend natürlich zu leben.*** *Die Bären können durchs eingezäunte, aber großzügige Gelände streifen, Höhlen graben und sich zurückziehen, im Teich baden und sogar in Winterruhe gehen. Verschiedene* ***Beschäftigungsmaßnahmen,*** *um Verhaltensstörungen zu begegnen, runden das Angebot für die Tiere ab.*

Man kann sich zu Beginn seines Rundganges im Bärenwald in die ***Lage eines Bären in Gefangenschaft*** *versetzen. Dazu setzt man eine Brille auf, die einem vorübergehend das Sehen unmöglich macht, und begibt sich in den „Rollentausch". Das heißt u. a., dass man mit Absperrgittern in Berührung kommt und menschliche Äußerungen über Bären in Gefangenschaft hört. Weitere Stationen, z. B. der „Zirkuswagen", vermitteln* ***Wissenswertes*** *über die Braunbären. Nimmt man den am Einlass erhältlichen Flyer zur Hand, kann man bestimmen, welcher Bär gerade durch den Wald läuft und welche Eigenschaften ihn ausmachen.*

Ein Picknickplatz, eine Besucherterrasse und ein Spielwald laden zum Verweilen ein und am Ende des Rundgangs erfährt man noch viel Interessantes über weitere Tierschutzprojekte im In- und Ausland, die von VIER PFOTEN, der Stiftung für Tierschutz, betrieben werden. Diese Tierschutzorganisation engagiert sich europaweit gegen das Quälen von Braunbären, sei es im Zirkus oder als Tanzbär. Der Bärenwald wurde in den letzten Jahren stark ausgebaut. Heute ist er eines der beliebtesten Ausflugziele der Region. Auf den großzügigen Parkplätzen ist eine Übernachtung gut möglich.

› ***Bärenwald Müritz,*** *Am Bärenwald 1, 17209 Stuer, www.baerenwald-mueritz.de, Tel. 039924 79118, 15. März–Oktober 9–18 Uhr, November–14. März 9–16 Uhr, Eintritt Erwachsene 11 €, Kinder 5 €, in den Wintermonaten 6,50/3 €, Familienkarte möglich. Der Bärenwald bietet große Parkflächen, die sich für Wohnmobile aller Größen eignen. Nach dem Abbiegen von der B198 auf die K26 in Richtung Suckow liegen verschiedene Parkflächen auf der linken und rechten Straßenseite. Der Park ist gut ausgeschildert. Hunde dürfen ihn angeleint besuchen, für sie gibt es auch einen Hundespielplatz gegenüber dem Bärenschutzzentrum, der kostenlos genutzt werden kann.*

054ms-lr

Der Bärenwald in Stuer ist ein Muss für Familien

serflächen und Mooren ergab sich so eine ausgezeichnete Verteidigungsanlage. Um 1660 wurde die Burg nach einem Großbrand zerstört und aufgegeben. Grund war neben den umfangreichen **Zerstörungen** wohl auch der schwindende Bedarf an einem militärisch bedeutsamen Wohnsitz.

Heute gehört der fast 20 m hohe **Wohnturm** zu den am besten erhaltenen Teilen der Anlage. In ihm befand sich noch bis 1945 ein kleines Museum. Leider scheint heute das Interesse von Gemeinde und Land, die Ruine für Besucher interessanter zu gestalten, erloschen. Vor einigen Jahren hatte man zwar Wege und Ruine hübsch saniert und Informationstafeln aufgestellt, aber heute ist wieder ein deutlicher **Verfall** zu beobachten, der jedoch den romantischen Eindruck des Ortes keineswegs schmälert.

400 m nach dem Vorwerk Stuer erreicht man Stuer.

Der etwas abgesetzte Ortsteil **Bad Stuer** am Südzipfel des **Plauer Sees** wurde 1845 auf Initiative **Heinrich Friedrich Franckes** gegründet. Francke war ein damals bekannter und durchaus streitbarer Experte für **Wasserheilkunde** und **Heilpraktiker.** Eigentümer war jedoch die Familie von Flotow, die sich von dieser Gründung einen Anteil am aufkommenden Tourismusgeschäft versprach. Erst 1877 verkauften die von Flotows Bad Stuer. Zwar blieb dem Ort der breite Durchbruch als Zentrum für Wasserheilkunde mit massenhaftem Besucheransturm verwehrt, doch zu den Kurgästen gehörten zahlreiche damals sehr prominente Personen. Auch Fritz Reuter (s. S. 86) kurte z. B. hier. Ihre Blüte erlebte die **Wasserheilanstalt Bad Stuer** zwischen 1870 und 1914. Das Gelände um die Anlage wurde durch Anpflanzungen und den Bau von Wanderwegen stark verändert. In der Folgezeit entstanden mehrere der noch heute existierenden **romantischen Villen.**

160ms-lr

⊡ *Die Villa Bardey war ein bekanntes Hotel für Kurgäste in Bad Stuer*

Ein **Kurhaus** für 120 Gäste wurde erbaut, doch der **Erste Weltkrieg** beendete den Kurbetrieb. Trotzdem war Bad Stuer damit die am längsten bestehende Wasserheilanstalt Mecklenburgs.

Heute ist der kleine Ortsteil ein romantisches, aber recht verstecktes Kleinod und die alten Häuser befinden sich in Privatbesitz. Die Zufahrt mit Wohnmobilen ist nur über die B198 möglich und endet kurz nach dem Campingplatz (64). Besser ist es, den Ort gleich **zu Fuß** oder **per Fahrrad** zu erkunden. Vom Campingplatz sind es ca. 500 m bis zur ehemaligen Wasserheilanstalt. Ein ausgezeichnetes Naturerlebnis bietet das einmalige **Tal der Eisvögel,** das der Stuersche Bach geschaffen hat, der auf relativ kurzer Strecke bis zum Plauer See eine Höhe von 28 m herabströmt und dabei eine beachtliche Fließgeschwindigkeit entwickelt. In den entstandenen Steilwänden brüten die Eisvögel. Ihre **Nistplätze** sind an den Löchern im Lehm zu erkennen.

Durch das Tal kann man bis zum **Bärenpark** (s. S. 136) wandern. Dafür sollte man etwa 30 Minuten einplanen. Das Tal der

64 Campingplatz Bad Stuer

GPS 53.388031, 12.309530

Campingplatz mittlerer Größe mit guter Ausstattung, aber mit vielen Dauercampern. Spielplatz, Badestrand, Bootsverleih, Grillplatz, Gaststätte und Bootshafen stehen Gästen zur Verfügung. **Lage/Anfahrt:** Am Südzipfel des Plauer Sees. Über die B198 in Richtung Bad Stuer, ausgeschildert; **Untergrund:** Wiese; fest; **Service:** Strom, Trinkwasser, Abwasser, Chemie-WC, WLAN; **Sicherheit:** umzäunt; **Preise:** €; **Geöffnet:** April–Oktober; **Kontakt:** Am Seeufer 20, 17209 Bad Stuer, Tel. 039924 791370, www.campingplatzbadstuer.de.

Eisvögel ist in Bad Stuer ausgeschildert, es beginnt an einer Brücke in der Nähe des Ferienhauses mit dem etwas poetischen Namen „Schweigt mir von Rom“, einer alten Herberge von 1870. Kurz vor dem Bärenpark erreicht man kleinere **Angelteiche,** an denen man auch gegen Gebühr Angeln ausleihen und fischen kann. Bei diesen Angelspezialseen mit besonders hohem Fischbesatz ist besonders für Kinder ein Erfolgserlebnis garantiert.

Sehenswertes

› **Ruine Burg Stuer,** GPS 53.380620, 12.355970, B198. Stuer im Ortsteil Vorwerk verlassen und auf die Burgstraße abbiegen. Fahrzeuge im Ort parken und zu Fuß oder per Rad dem Weg zur Burgruine folgen. Zu sehen ist die Ruine des alten Stammsitzes der Familie von Flotow. Von der ehemals großen Burg sind heute noch einzelne Anlagenteile erhalten. Am Eingang der Burgruine befindet sich eine Picknickstelle. Die Burgruine liegt wunderschön zwischen verschiedenen Wasserflächen.

Von Stuer aus fährt man kurz über die B198 und biegt dann rechts über die K26 nach Suckow ab, das bereits Ortsteil von Zislow ist.

Bietet ein tolles Postkartenpanorama – die Binnenmüritz

ZISLOW

(7 km – km 54)

Das Ostufer des **Plauer Sees** war viele Jahrhunderte nur von Landwirtschaft geprägt. Heute haben hier die **Touristen** das Sagen. Auf die etwa 200 Einwohner Zislows kommen jährlich mehr als 5000 Gäste. Angezogen werden diese von der waldreichen Natur und dem Plauer See. Die beiden großen Campingplätze, aber auch zahlreiche Ferienhäuser sorgen für ausreichende **Übernachtungsmöglichkeiten.**

In Zislow befindet sich am Ende der Seestraße direkt am Wasser eine kleine, aus Backstein erbaute **Oktogonkapelle,** die aber mit einem Alter von etwa 250 Jahren noch recht jung ist und nicht die historische Bedeu-

65 Wald- und Seeblick Camp Zislow

GPS 53.442223, 12.313889

Sehr großer Campingplatz mit zahlreichen Dauercampern, sehr gute Ausstattung. Kinderspielplatz, Sportplatz, großer Badestrand, Gastronomie. **Lage/Anfahrt:** Am Ostufer des Plauer Sees nördlich der Gemeinde Zislow. Von Stuer oder der A19 in Richtung Zislow. Dort auf die Waldchaussee abbiegen und dieser folgen. Campingplatz ist gut ausgeschildert. **Untergrund:** Wiese; fest; **Service:** Strom, Trinkwasser, Abwasser, Chemie-WC, WLAN; **Sicherheit:** umzäunt, beleuchtet; **Preise:** €€; **Geöffnet:** ganzjährig; **Kontakt:** Waldchaussee 1, 17209 Zislow, Tel. 039924 2002, www.camp-zislow.de.

162ms-lr

66 Naturcamping ZWEI SEEN Zislow

GPS 53.447777, 12.310556

Großer Campingplatz mit sehr guter Ausstattung. Gaststätte, großer Badestrand, Volleyballspielfeld, Sportplatz und eigene Bootsanlegestelle. **Lage/Anfahrt:** Am Ostufer des Plauer Sees nördlich der Gemeinde Zislow. Von Stuer oder der A19 in Richtung Zislow. Dort auf die Waldchaussee abbiegen und dieser folgen. Campingplatz ist gut ausgeschildert. 600 m vor dem Campingplatz befindet sich der Campingplatz Wald- und Seeblick 65; **Untergrund:** Wiese; fest; **Service:** Strom, Trinkwasser, Abwasser, Chemie-WC, WLAN; **Sicherheit:** umzäunt, beleuchtet; **Preise:** €; **Geöffnet:** April–Oktober; **Kontakt:** Waldchaussee 2, 17209 Zislow, Tel. 039924 29018, www.zweiseen.de.

163ms-lr

67 Wohnmobilstellplatz Lenzer Hafen

GPS 53.468012, 12.349427

Wunderschön gelegener ruhiger Stellplatz direkt am Wasser. Gute Ausstattung. Neben dem Stellplatz liegt die Hafengaststätte. Bootsvermietung vor Ort. **Lage/ Anfahrt:** In Ortslage Lenz direkt am Südufer des Kanals zwischen Plauer See und Petersdorfer See. Lenz-Süd in nördlicher Richtung über die Straße Am Strande durchfahren und dann in Richtung Hafen abbiegen; **Untergrund:** Schotter, Wiese; **Service:** Strom, Trinkwasser, Abwasser, Chemie-WC (im Hafen); **Preise:** €; **Geöffnet:** April–Oktober; **Kontakt:** Lenzer Hafen, Zum Hafen 1, 17213 Lenz, Tel. 039932 12385, Mobil 0171 4018739, www.lenzer-hafen.de.

164ms-lr

tung der Oktogonkirche Ludorfs (s. S. 125) besitzt. In den Sommermonaten finden hier aber gelegentlich **Veranstaltungen** statt. In Zislow und in Suckow befinden sich **Reiterhöfe,** die Ausritte in die Natur und Reitstunden anbieten.

Am Ortsausgangsschild Zislow in Richtung Adamshoffnung zweigt ein kleiner Fußweg zum **„Schälchenstein",** einem prähistorischen Kultstein, ab.

Anschlussroute

Von Zislow fährt man über Adamshoffnung bis nach **Malchow,** dem Ausgangspunkt der Route 6 (s. S. 144). Die Entfernung bis zum südlichen Ufer des Malchower Sees (Kloster Malchow) beträgt 9 km. Die Durchfahrt durch die Inselstadt Malchow ist leider für Wohnmobile nicht gestattet. Nur Fahrzeuge mit einer Pkw-Zulassung bis 2,8 t dürfen den Inselteil Malchows durchfahren. In den außerhalb der Insel liegenden Stadtteilen gibt es natürlich keine Begrenzungen.

Man fährt deshalb am besten hinter Adamshoffnung an der Anschlussstelle Waren auf die A19 und verlässt diese nach 4 km wieder in Richtung Malchow. Auch wenn die Durchfahrt der Inselstadt Malchows nicht möglich ist, empfiehlt sich ein Besuch des Südufers des Malchower Sees auf jeden Fall und die Erkundung der Inselstadt zu Fuß oder per Fahrrad ist auch möglich.

ROUTE 6

VON MALCHOW NACH DOBBERTIN

056ms-lr

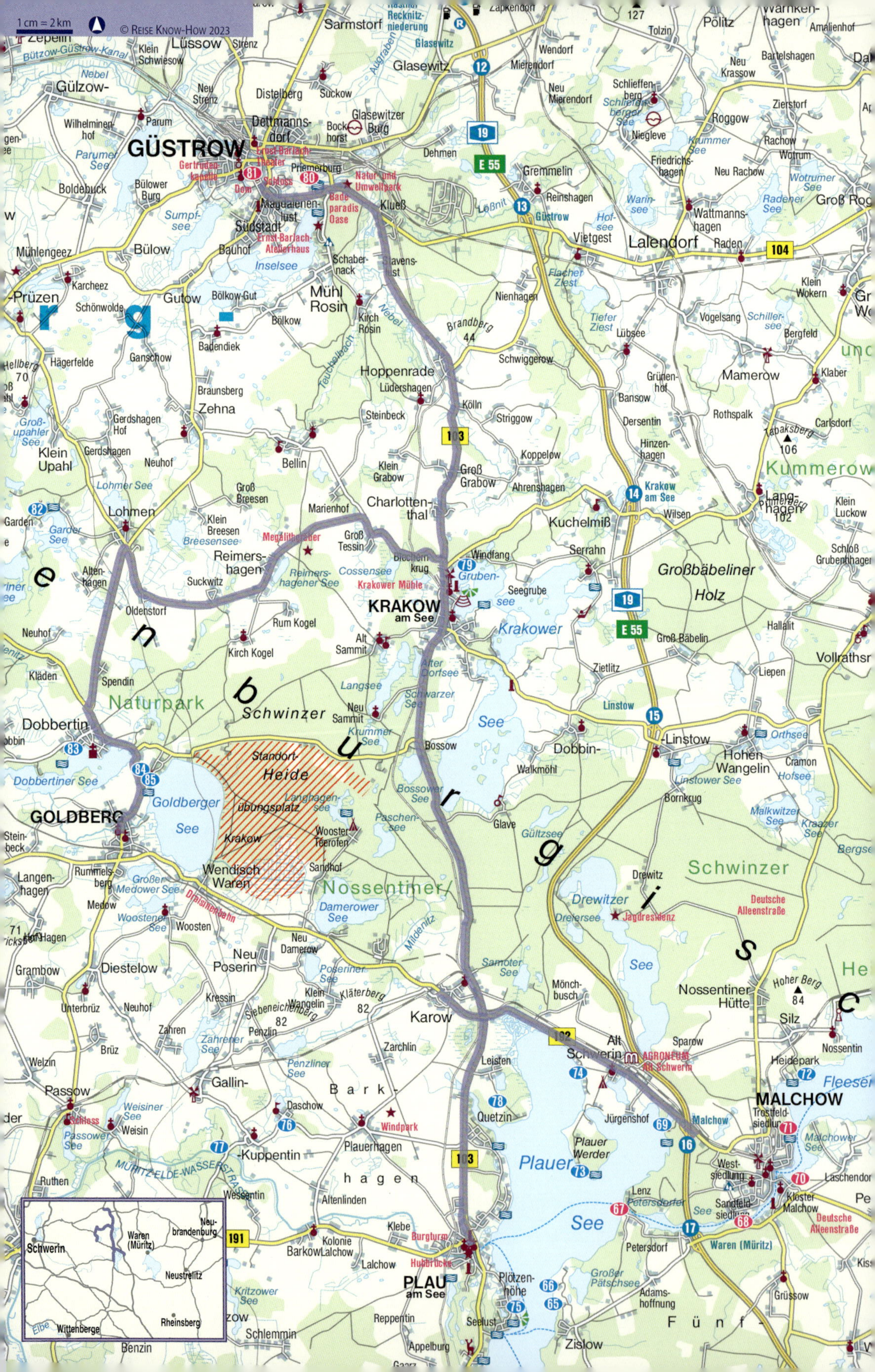

1 cm = 2 km
© Reise Know-How 2023
GÜSTROW
Sarmstorf
Glasewitz
Lüssow
Klein Schwiesow
Bützow-Güstrow-Kanal
Gülzow-
Wilhelminenhof
Parum
Parumer See
Boldebuck
Bülower Burg
Sumpf-see
Südstadt
Bauhof
Inselsee
Distelberg
Suckow
Dettmannsdorf
Glasewitzer Burg
Bockhorst
Priemerburg
Magdalenenlust
Gertrudenkapelle
Dom
Schloss
Ernst-Barlach-Theater
Ernst-Barlach-Atelierhaus
Natur- und Umweltpark
Badeparadies Oase
Schabernack
Klueß
Mühl Rosin
Kirch Rosin
Nebel
Dehmen
Gremmelin
Reinshagen
Lalendorf
Vietgest
Wendorf
Mierendorf
Neu Mierendorf
Tolzin
Pölitz
Warnkenhagen
Amalienhof
Bartelshagen
Neu Krassow
Schlieffenberg
Niegleve
Roggow
Zierstorf
Rachow
Wotrum
Neu Rachow
Friedrichshagen
Wattmannshagen
Raden
Groß Roge
Nienhagen
Flacher Zierst
Tiefer Ziest
Lübsee
Brandberg 44
Schwiggerow
Mamerow
Vogelsang
Bergfeld
Klaber
Rothspalk
Carlsdorf
Tabaksberg 106
Kummerow
Langhagen
Klein Luckow
Schloß Grubenhagen
Mühlengeez
Bülow
Karcheez
Prüzen
Schönwolde
Gutow
Bölkow-Gut
Bölkow
Badendiek
Ganschow
Hägerfelde
Hellberg 70
Braunsberg
Zehna
Gerdshagen Hof
Gerdshagen
Groß Upahler See
Klein Upahl
Neuhof
Lohmer See
Lohmen
Garder See
Altenhagen
Oldenstorf
Suckwitz
Reimershagen
Klein Breesen
Groß Breesen
Breesensee
Megalithgräber
Bellin
Marienhof
Hoppenrade
Lüdershagen
Steinbeck
Klein Grabow
Groß Grabow
Charlottenthal
Groß Tessin
Bliesenkrug
Köln
Striggow
Koppelow
Ahrenshagen
Kuchelmiß
Serrahn
Windfang
Grubensee
Seegrube
Krakower Mühle
Cossensee
Reimershagener See
KRAKOW am See
Krakower See
Rum Kogel
Kirch Kogel
Alt Sammit
Neu Sammit
Langsee
Krummer See
Schwarzer See
Alter Dorfsee
Großbäbeliner Holz
Groß Bäbelin
Hallalit
Vollrathsruhe
Zietlitz
Liepen
Linstow
Lindstower See
Dobbin-
Hohen Wangelin
Orthsee
Cramon
Hofsee
Bornkrug
Malkwitzer See
Kraazer See
Bossow
Walkmöhl
Bossower See
Glave
Gültzsee
Spendin
Naturpark
Schwinzer
Dobbertin
Dobbertiner See
GOLDBERG
Goldberger See
Standort-Heide
übungsplatz
Langhagener See
Wooster Teerofen
Sandhof
Paschensee
Krakow
Wendisch Waren
Steinbeck
Langenhagen
Rummelsberg
Großer Medower See
Draisinenbahn
Medow
Woostener See
Wooster
Hof Hagen
Grambow
Diestelow
Neu Dameraw
Neu Poserin
Damerower See
Nossentiner
Poseriner See
Klein Wangelin
Kläterberg 82
Siebeneichenberg 82
Kressin
Penzlin
Zahren
Zahrener See
Brüz
Unterbrüz
Welzin
Penzliner See
Gallin-
Passow
Schloss
Weisiner See
Weisin
Passower See
Daschow
Kuppentin
Müritz-Elde-Wasserstraße
Ruthen
Wessentin
Plauerhagen
Altenlinden
Windpark
Bark-
hagen
Karow
Zarchlin
Samoter See
Mönchbusch
Leisten
Quetzin
Drewitz
Drewitzer See
Dreiersee
Jagdresidenz
Schwinzer
Deutsche Alleenstraße
Nossentiner Hütte
Hoher Berg 84
Silz
Sparow
Alt Schwerin
AGRONEUM Alt Schwerin
Jürgenshof
Plauer Werder
Plauer See
Lenz
Petersdorfer See
Petersdorf
Malchow
MALCHOW
Nossentin
Heidepark
Fleesensee
Trostfeldsiedlung
West-siedlung
Sandfeldsiedlung
Kloster Malchow
Malchower See
Laschendorf
Waren (Müritz)
Großer Pätschsee
Adamshoffnung
Grüssow
Klebe
Kolonie Lalchow
Barkow
Lalchow
Burgturm
Hubbrücke
PLAU am See
Plötzenhöhe
Seelust
Reppentin
Appelburg
Zislow
Kritzower See
Schlemmin
Benzin
Fünf-
Schwerin
Waren (Müritz)
Neubrandenburg
Neustrelitz
Rheinsberg
Wittenberge
Elbe

200ms ©mije shots, stock.adobe.com

ROUTENÜBERSICHT

EIN MUSEUMSDORF, BILDHAUER UND EIN KLOSTERORT – VOM LUFTKURORT ZUM KLOSTERDORF

Malchow – Ausgangspunkt dieser Tour – besticht mit einer beschaulichen Altstadt in ausnehmend schöner Insellage und lockt mit der bekannten Drehbrücke. Von hier aus geht es weiter in das Museumsdorf Alt Schwerin, in dem man einen Eindruck vom viele Jahrhunderte sehr ärmlichen ländlichen Leben gewinnen kann. In Plau am See, dem Kurort am gleichnamigen See, ist man am Geburtsort des berühmten Wilhelm Wandschneider angekommen, dessen Plastiken in vielen Orten Mecklenburgs zu finden sind. Ein anderer bekannter Künstler, Ernst Barlach, hat Güstrow seinen Stempel aufgedrückt. Nach einer Fahrt durch die Wälder des Naturparks Nossentiner/Schwinzer Heide laden das prächtige Güstrower Schloss und ein Bummel durch die Güstrower Altstadt zu einem Besuch und längerem Verweilen ein. Beschlossen wird die Tour im heute bekanntesten Klosterort Norddeutschlands: Dobbertin mit seiner viele Jahrhunderte alten, imposanten Klosteranlage direkt am Ufer des Dobbertiner Sees.

Strecke:
Malchow (s. S. 144) – **Alt Schwerin** (6 km, s. S. 149) – **Abstecher nach Plau am See** (hin und zurück ca. 16 km, s. S. 152) – **Karow** (7 km, s. S. 156) – **Krakow am See** (13 km, s. S. 158) – **Abstecher nach Güstrow** (hin und zurück ca. 40 km, s. S. 160) – **Reimershagen** (9 km, s. S. 163) – **Lohmen** (8 km, s. S. 164) – **Dobbertin** (7 km, s. S. 165)

Streckenlänge:
ohne Abstecher 50 km; mit Abstecher 110 km

⊡ Plau am See ist einer der bekanntesten Urlaubsorte an der Seenplatte

⊡ Kapitelstartseite: Blick über den Dobbertiner See auf das Kloster Dobbertin (s. S. 167)

MALCHOW

Man kann nicht behaupten, die Mecklenburgische Seenplatte gesehen zu haben, wenn man nicht in Malchow war. Bedingt durch die Dominanz der Müritz und ihrer zentralen Urlaubsorte in den Medien und Ferienkatalogen wird Malchow gelegentlich etwas unterschätzt. Völlig zu Unrecht, denn der staatlich anerkannte **Luftkurort** hat alle Zutaten, um ein Besuchermagnet der Region zu sein und man muss ihn einfach besucht haben.

Allein schon die Lage der Altstadt auf einer Insel zwischen dem **Fleesensee** und dem **Plauer See** lässt viele andere Städte und Gemeinden vor Neid erblassen. Heute besteht Malchow aus drei durch Wasser getrennten Ortsteilen. Der zentrale Teil ist die **historische Altstadt.** Schon vor über tausend Jahren ist hier eine Besiedlung nachweisbar. Seit mehr als 850 Jahren existieren schriftliche Nachweise über den Ort und das Stadtrecht wurde Malchow bereits 1235 verliehen. Erst im 18. Jh. erweiterte sich die Stadt auf das östliche und westliche Festland.

Zwar bestanden schon seit dem 13. Jh. einfache Brückenverbindungen zwischen der Insel und dem Festland, doch sich wiederholende Brandkatastrophen zerstörten diese aus Holz gebauten **Verbindungswege** immer wieder. Lange Zeit wurde die Verbindung durch Fährverkehr aufrecht erhalten. Erst 1846 wurde ein **Erddamm** zwischen dem östlichen Festland und der Insel aufgeschüttet. Das westliche Festland war seit 1863 über eine hölzerne **Drehbrücke** erreichbar. Durch den Bau des östlichen Erddammes blieb dem intensiven Schiffsverkehr nur noch der Wasserweg westlich der Insel und mit der Drehbrücke konnte dieser geöffnet und geschlossen werden. Dem zunehmenden Verkehr zwischen Altstadt und Festland war dieser Holzbau bald nicht mehr gewachsen und deshalb wurde 1912 eine Drehbrücke aus einer Metallkonstruktion gebaut. Kurz vor der Besetzung der Stadt durch die Rote Armee wurde die Brücke am 2. Mai 1945 **gesprengt.** Ein sinnloser Akt, denn die Stadt war auch über den unbeschädigten Erddamm erreichbar und besaß keinerlei militärische Bedeutung. Bevölkerung und Wirtschaft hatten noch längere Zeit unter dieser Zerstörung zu leiden. Auf einem Fährschiff wurde anschließend eine Behelfsbrücke errichtet. Um den Schiffsweg offen zu halten, musste dieses „Brückenschiff“ dann regelmäßig aus der Fahrrinne bugsiert werden. Erst 1949 konnte dieses Provisorium durch den Bau einer **neuen Drehbrücke** abgelöst werden. Durch den Mangel an Baustoffen, Geld und Arbeitskräften nach dem Krieg war es jedoch nicht möglich, die durch die Sprengung stark beschädigten Fundamente zu sanieren. Diese Brücke musste mit einer **Gewichtsbeschränkung** belegt werden. 2013 wurde dann eine neue moderne Drehbrücke errichtet. Sie öffnet zu jeder vollen Stunde, aber nur, wenn Schiffe sie passieren wollen. Fahrzeuge brauchen in diesen Zeiten etwas Geduld.

Die **Altstadt** wurde nach 1990 wunderbar restauriert und lädt heute zu einem Bummel durch die zahlreichen Geschäfte oder zur Einkehr in eine der Gaststätten ein. Sie besteht überwiegend aus kleinen **Fachwerkhäusern,** von denen die meisten in hellen Farben erstrahlen. Sehenswert sind insbesondere das **Rathaus** (Alter Markt 1) von 1821 und das einige Jahre später erbaute ehemalige **Amtsgericht** (Kurze Straße 28), ein sehr repräsentativer Verwaltungsbau. Das Durchfahren der beeindruckenden Altstadt in Insellage und die Nutzung der Drehbrücke ist **Wohnmobilen leider nicht gestattet,** während man Reisebussen generell und Pkws bis 2,8 t das Passieren erlaubt. Die Stadt arbeitet an einem neuen Verkehrskonzept, um den zugegeben recht starken Verkehr über die Malchower Insel zu begrenzen. Wohnmobile scheinen in diesem Verkehrskonzept leider nachrangig behandelt zu werden. **Wohnmobilisten,** die aus dem Süden nach Malchow kommen (also beispielsweise aus Zislow, dem Endpunkt der Route 5, (s. S. 139), erreichen den Nordteil der Stadt am besten, indem sie an der Anschlussstelle Waren auf die A19 fahren, diese an der Ausfahrt Malchow wieder verlassen und über die L20 weiter in Richtung Malschow fahren. Das dauert nur wenige Minuten. Auch nach einem Besuch des am Südufer gelegenen Stadtteils Malchows muss man mit dem Wohnmobil die Stadtumfahrung über die A19 in Kauf nehmen. Die Entfernung zwischen Malchow-Kloster und Malchow-Stadtwindmühle beträgt über die Autobahn etwa 13 km. Direkt wären es nicht einmal 2 km. Das ist etwas umständlich und die Sperrung angesichts der zahlenmäßigen Relation zwischen vielen Pkws/Bussen und den wenigen Wohnmobilen unverständlich. Der auf dem südlichen Festland gelegene Teil Malchows zeigt sich jedoch sehr wohnmobilfreundlich. Die Stadt hat hier einen einfachen kostenlosen **Wohnmobilstellplatz** 70 und Parkplatz mit angrenzendem Spielplatz eingerichtet. Die Entfernung zwischen Stellplatz und Innenstadt beträgt über den Erddamm etwa 800 m und man kann die Altstadtinsel von hier zu Fuß oder per Rad erreichen. Ein Stadtbus fährt auch.

Nicht zu übersehen ist die in Stellplatznähe und herrlich am Südufer des Malchower Sees gelegene alte **Klosteranlage,** von der sich ein wunderschöner Blick über Malchow bietet. Die Gründung des Klosters erfolgte 1298. Lange Zeit wurde die reiche Klosterwirtschaft als Zisterzienserkloster und ab 1572 als adliges Damenstift geführt. Die letzte Stiftsvorsteherin verstarb 1972 und heute befindet sich das Kloster Malchow in der Hand der Deutschen Stiftung Denkmalschutz. Diese restauriert die umfassenden Klosteranlagen seit etlichen Jahren und hat im alten Pfarrhaus und in der Klosterkirche bereits das **Mecklenburgische Orgelmuseum** eingerichtet. Neu entstanden ist auch ein **Kunstmuseum** mit Café im Kloster. Der **Klosterpark** wird „Engelscher Garten“ genannt und lädt Besucher zum Rundgang ein. Er wurde zu Beginn des 19. Jh. angelegt und ständig erweitert. Ein kleines, aber recht ungewöhnliches Museum ist das **„Kiek in un wunner di“** nur einige Hundert Meter neben der Klosterkirche. Es zeigt seinen Besuchern den Lebensalltag der Bevölkerung in der ersten Hälfte des 20. Jh. Man kann u. a. eine alte Schulklasse, eine komplette Schusterwerkstatt, eine Druckerei, eine Zahnarztpraxis, altes Mobiliar, die Geschichte des Wäschewaschens, technische Geräte und andere Dinge entdecken. Auch viele kuriose Stücke, die heute schon in Vergessenheit geraten sind, sind hier zu finden. Dieser südliche Ortsteil Malchows ist nur einige Hundert Meter vom oben genannten Wohnmobilstellplatz gelegen und lässt sich gut zu Fuß oder per Rad erkunden. Neu entstanden sind in der Nähe auch Wohnmobilstellplätze auf dem Gelände der Bootshalle Malchow 68 in Wassernähe. Die Entfernung bis zur Innenstadt Malchow beträgt ab hier etwa 2 km.

Am Ufer des Sees unterhalb des Klosters befindet sich eine **Schiffsanlegestelle.** Hier und von dem 2008 neu gestalteten und sehr gelungenen **Stadthafen** in der Neustadt, der am nordwestlichen Festland liegt und unmit-

106ms-lr

⊡ *Die moderne Drehbrücke Malchows öffnet bei Schiffsverkehr zu jeder vollen Stunde*

telbar an die Drehbrücke anschließt, findet man Gelegenheit, Malchow und Umgebung mit dem Schiff zu erkunden. Mehrere Reedereien, Bootsverleihe und Wassertaxen lassen mit ihrem breiten Angebot keine Wünsche offen. Besonders empfehlenswert ist ein Tagesausflug mit dem Schiff vom Stadthafen zum **Lenzer Krug,** einem gemütlichen Restaurant direkt am Wasser ca. acht Kilometer vom Stadthafen entfernt.

Hat man die Neustadt Malchows am nordwestlichen Festland durchquert, fällt einem die 130 Jahre alte **Stadtwindmühle** im Stil einer Holländermühle auf. Die Flügel der Windmühle drehen sich bis heute. Zwar endete der Mahlbetrieb 1954, doch man kann die Mühle Dienstag bis Samstag von 11 bis 15 Uhr für 2 € besichtigen. Jedes Jahr um Pfingsten findet hier ein Mühlenfest statt.

In der **Neustadt,** in der Nähe der Stadtwindmühle, parkt man gut auf dem großen und kostenlosen **Parkplatz** an der Stauffenbergstraße. Von diesem Parkplatz kann auch die Stadtkirche und das **DDR-Alltagsmuseum** im ehemaligen Kino der Stadt leicht zu Fuß besucht werden. Beide Gebäude befinden sich in der Kirchenstraße und sind nicht zu übersehen. Parkmöglichkeiten für Wohnmobile findet man in deren direkten Umfeld aber nicht. Schöne Stellplätze für Wohnmobile finden sich im Hafen des Seglervereins Malchow in der Strandstraße.

Folgt man der Route 6 in Richtung Alt Schwerin (s. S. 149), findet man noch eine weitere Sehenswürdigkeit Malchows: An der Rostocker Straße in Richtung Autobahn befindet sich ca. zwei Kilometer nach dem nördlichen Ortsausgang Malchows der **Familienpark Affenwald.** Ein lohnendes Ziel für die ganze Familie, denn neben dem Affenwald mit seiner Großfamilie von Berberaffen lockt hier die kurvenreiche **Sommerrodelbahn** mit einer 800 m langen Abfahrt. Im Affenwald bewegen sich Besucher in einem Großgehege direkt unter den Affen, die sehr zutraulich sein können. Für Kinder ein tolles Erlebnis. Wohnmobiltaugliche Parkplätze sind vor Ort vorhanden. Malchow besitzt auch eine **Eishalle** – eher ungewöhnlich für Mecklenburg. Hier kann man das ganze Jahr Schlittschuh laufen. Schlittschuhe können in der Eishalle ausgeliehen werden.

058ms-lr

Information

- **Zentrale Tourist-Information Malchow,** Kirchenstraße 11, 17213 Malchow, Tel. 039932 83186, www.inselstadt-malchow.de, geöffnet: Mo–Fr 10–18 Uhr, Sa und So 10–16 Uhr, November–April nur Mo–Fr 10–15 Uhr

Sehenswertes

- **Museumsticket für alle Malchower Museen** (DDR-Alltagsmuseum, Mecklenburgisches Orgelmuseum, Kunstmuseum, Kiek in un wunner di): Erwachsene 20 €, Kinder 10 €
- **Mecklenburgisches Orgelmuseum,** Kloster 26, 17213 Malchow, Tel. 039932 12537, www.orgelmuseum-malchow.jimdofree.com, geöffnet: Mai–September Di–So 10–17 Uhr, April/Oktober Di–So 10–16 Uhr, November–März nur stark eingeschränkt geöffnet, Eintritt: Erwachsene 7 €, Kinder 4 €. Direkt gegenüber der nicht zu übersehenden Klosterkirche. Im ehemaligen Pfarrhaus des Klosters und auch in der Klosterkirche gegenüber erfahren Besucher vieles über die zweitausendjährige Geschichte der Orgel und Wissenswertes über die mecklenburgische Orgeltradition. Ein Modell stellt die Funktionsweise des Instrumentes dar und man kann sich im Orgelspiel versuchen. In Führungen werden mehrere Orgeln und deren Klang vorgestellt. Die 700-jährige Geschichte von Kloster und Klosterkirche ist ebenfalls Thema eines Ausstellungsteiles.
- **Museum „Kiek in un wunner di“,** Friedrich-Lessen-Weg 1, 17213 Malchow, Tel. 039932 12602, www.kiekinunwunnerdi.de, geöffnet: April–Okt. tägl. 10–16 Uhr, Eintritt: Erwachsene 5 €, Kinder 3 €. Straße zur Klosteranlage am Orgelmuseum vorbei folgen, auf den Friedrich-Lessen-Weg abbiegen. Kleines Museum über das Leben vor 100 Jahren.
- **Kunstmuseum Kloster Malchow,** Kloster 32–34, 17213 Malchow, Tel. 039932 82392, www.kloster-malchow.de, geöffnet: Di–So April/Oktober 10–16, Mai–September 10–17, November/Dezember Fr–So 11–15 Uhr, Eintritt: Erwachsene 5 €, Kinder 3 €
- **DDR-Alltagsmuseum,** Kirchenstraße 25, 17213 Malchow, Tel. 039932 18000, geöffnet: Di–So April/Oktober 10–16, Mai–September 10–17, November/Dezember Fr–So 11–15 Uhr, Eintritt: Erwachsene 7 €, Kinder 4 €
- **Familienpark Affenwald,** Rodelbahn & Affenwald Malchow GmbH, Karower Chaussee 6, 17213 Malchow, www.sommerrodelbahn-malchow.de, Tel. 039932 18422, geöffnet: April–Oktober 9–18 Uhr, Rodelbahn (Einzelfahrt): Erwachsene 3 €, Kinder 2,50 €; Affenwald: Erwachsene 5 €, Kinder 4 €. Schöner familienfreundlicher Freizeitpark. Neben Rodelbahn und Affenwald sind auch andere Vergnügungen zu finden. Rodeln ist erst ab einem Alter von 3 Jahren möglich. Ausreichend Parkmöglichkeiten, die auch für Wohnmobile geeignet sind, stehen kostenfrei zur Verfügung.

◁ Malchow hat einen modernen Stadthafen (im Hintergrund die Klosterkirche)

Gastronomie

- **Lenzer Krug,** Am Lenz 1, 17213 Lenz über Malchow, Tel. 039932 1670, www.malow.de/lenzer-krug, geöffnet: täglich. Mit dem Wohnmobil lässt sich Lenz auf der südlichen Route über Zislow oder Petersdorf erreichen (Route 5). Nördlich des Petersdorfer Sees führt die Zufahrt über Biestorf. Reetgedecktes Fachwerkhaus mit sehr guter Küche und in fantastischer Lage direkt am Ufer des Petersdorfer Sees zwischen Malchow und Plauer See. Die waldreiche Umgebung lädt zu Fahrradtouren oder Wanderungen ein. Von der Terrasse glaubt man, die vorbeifahrenden Schiffe fast greifen zu können. Gegenüber liegt der Wohnmobilstellplatz Lenzer Hafen 67.

Aktivität

- **Eishalle Malchow,** Schulstr. 1, 17213 Malchow, Tel. 039932 18270, www.eishalle-malchow.de, geöffnet: Di–Fr/So 14.30–17.30, Sa 14.30–17 Uhr, Eintritt: Erwachsene 6 €, Kinder 3 €. Verleih von Schlittschuhen 3 €, vor der Eishalle befinden sich große Parkflächen: GPS 53.47194, 12.40847.

68 Wohnmobilstellplatz Bootshalle Malchow

GPS 53.464065, 12.423402

Stellplätze an der Bootshalle in der Marina. **Lage/Anfahrt:** Zufahrt zur Bootshalle direkt von der B192 zwischen Autobahn und Abzweig nach Malchow; **Un-**

166ms-lr

70 Wohnmobilstellplatz Parkplatz Malchow

GPS 53.472351, 12.438090

Großer, gepflasterter Parkplatz auf einer Anhöhe mit etwas Abstand neben der Straße. Ausdrücklich für Wohnmobile ausgewiesen, aber ohne Strom und Entsorgung, dafür mit Kinderspielplatz. **Lage/Anfahrt:** Über die L20 in Richtung der Altstadt von Malchow, kurz vor dem Erreichen des Dammes auf den Platz abbiegen; **Untergrund:** Asphalt; **Preise:** kostenfrei; **Geöffnet:** ganzjährig.

167ms-lr

71 Wohnmobilstellplatz Seglerhafen Malchow

GPS 53.485480, 12.437450

Stellplätze auf dem Gelände des Seglerhafens Malchow. **Lage/Anfahrt:** in der Malchower Neustadt der Ausschilderung zum Seglerhafen folgen; **Untergrund:** Wiese; fest; **Service:** Strom, Trinkwasser, Abwasser, Chemie-WC (im Hafen); **Sicherheit:** umzäunt, beleuchtet; **Preise:** €; **Geöffnet:** Mai-Sept.; **Kontakt:** Segler-verein Malchow e. V., Strandstraße 8, 17213 Malchow, Tel. 039932 12698, www.segelvereinmalchow.de.

tergrund: Wiese; fest; **Service:** Strom, Trinkwasser, Abwasser, Chemie-WC; **Sicherheit:** umzäunt, beleuchtet; **Preise:** €; **Geöffnet:** ganzjährig, im Winter eingeschränkt, weil Boote auf dem Gelände stehen; **Kontakt:** Bootshalle Malchow, Ziegeleiweg 5, 17213 Malchow, Tel. 039932 82744, www.bootshalle-malchow.de/wohnmobilstellplatze. Auch ausgeschildert als „Marina".

69 Naturcamping Malchow am Plauer See

GPS 53.491940, 12.373060

Sehr schöner und grüner Campingplatz mittlerer Größe und mit Vollausstattung. Eigene Badestelle, Bootsanleger, Biergarten, Fahrradvermietung und Kinderanimation, getrennter Wohnmobilhafen. **Lage/Anfahrt:** Am Ostufer des Plauer Sees umgeben von Wald. Von der B192 ca. 500 m westlich der Unterquerung der Autobahn auf eine schmale Asphaltstraße nach Süden abbiegen und dieser etwa 1 km folgen; **Untergrund:** Wiese; fest; **Service:** Strom, Trinkwasser, Abwasser, Chemie-WC, WLAN; **Sicherheit:** umzäunt, beleuchtet; **Preise:** €€ auf dem Campingplatz, preiswerter als Einzelstellplatz vor der Einfahrt in den Campingplatz; **Geöffnet:** ganzjährig; **Kontakt:** Zum Plauer See 1, 17213 Malchow, Tel. 039932 49907, www.naturcamping-malchow.de.

Das AGRONEUM offeriert auf einem weitläufigen Außengelände eine Vielzahl von Ausstellungsobjekten

72 Heidepark Silz am Fleesensee

GPS 53.507122, 12.446142

Großer Ferienpark mit Wohnanlagen und Campingplatz, Gaststätte, Shop, ausgezeichneter Ausstattung und zahlreichen Veranstaltungen. **Lage/Anfahrt:** Ca. 8 km von Malchow entfernt am Nordufer des Fleesensees in einem großen Ferienpark. Von Malchow der L20 in Richtung Nossentiner Hütte folgen, hinter Silz abbiegen und von dort über die Straße Am Fleesensee zum Campingplatz; **Untergrund:** Wiese; fest; **Service:** Strom, Trinkwasser, Abwasser, Chemie-WC, WLAN; **Sicherheit:** umzäunt, beleuchtet; **Preise:** €€; **Geöffnet:** April–Oktober; **Kontakt:** Am Fleesensee 5, 17214 Silz, Tel. 039927 70229, 039927 769804, www.heidepark-silz.de.

Die Route 6 folgt der L20 (Rostocker Straße, später Karower Chaussee) nach Alt Schwerin.

ALT SCHWERIN

(6 km – km 6)

Alt Schwerin war viele Jahrhunderte ein Dorf wie zahllose andere in Mecklenburg und verdankt seinen heutigen Status als **Museumsdorf** genau dieser Vergangenheit. Der Ort ist typisch für die den vermögenden Landbesitzern gehörenden Dörfer Mecklenburgs. Wechselnde Eigentümer beherrschten das **Rittergut Alt Schwerin** und die zugehörige Dorfanlage. In seiner Blüte umfasste der Rittergutsbesitz etwa 8200 ha. Neben dem repräsentativen Herrenhaus mit seinen Nebengebäuden und seinem Park am Ufer des Tauchowsees wurden im Laufe der Zeit alle für einen selbstständigen Gutsbetrieb notwendigen Gebäude errichtet. Die meisten von ihnen blieben bis heute erhalten. 1963 eröffnete deshalb in Alt Schwerin ein **Agrarhistorisches Museum,** heute als **„AGRONEUM“** bezeichnet, was neben der Landwirtschaft auch das ärmliche Leben der Landbevölkerung darstellen sollte. Zu diesem Zweck wurden verschiedene Häuser und Anlagen im Dorf museal gestaltet. Die große **Schnitterkaserne** war ursprünglich als Unterkunft für billige Saisonkräfte erbaut worden, die dort in drückender Enge vor allem während der Erntezeit lebten. Die ansässige Landbevölkerung lebte in ärmlichen **Katen,** deren Zustand uns heute erschaudern lässt. In der Katenzeile wird in separaten Ausstellungsteilen das Wohnen kurz vor Gründung des Deutschen Reiches, kurz vor Beginn des Ersten Weltkrieges, um 1942 und um 1965 dargestellt. Wer den kleinen Ort durchwandert, erhält auch Einblick in die alte einklassige Dorfschule, den Gewürzgarten oder das Backhaus, die alle Teil des historischen Museumsdorfs sind.

Am Dorfrand, mit Blick zur Autobahn, befindet sich ein **großes Ausstellungsgelände,** auf dem im Freien und in kleinen Gebäuden die Dorfschmiede, eine Stellmacherei, eine Holländerwindmühle, das Sägegatter, eine Seilerei und eine typische Feldbahn zu besichtigen sind. Technikfreunde werden an den vielen ausgezeichnet erhaltenen landwirtschaftlichen Geräten – von der Dampfmaschine bis zum Agrarflugzeug – ihre Freude haben.

Seit 2009 wird das Museum ständig erweitert. Es entstanden bereits ein neues Eingangsgebäude, Traktoren- und Flugzeugpavillons und eine neue Ausstellungshalle. Außerdem finden hier weitere Veranstaltungen, wie

100ms-lr

das **Internationale Dampftreffen** für Fans historischer Dampfmaschinen oder das **Oldtimer- und Traktorentreffen** statt.

Weiter geht es auf der B192 nach Karow (s. S. 156). Ca. 3 km hinter Alt Schwerin kann man noch den **Aussichtsturm Moorochse** erklimmen. Der Turm befindet sich südlich der B192 in ca. 200 m Entferung zur Straße. Von dem massiven Holzbau aus kann man insbesondere die Vogelwelt an diesem Teil des Plauer Sees beobachten. Da zahlreiche Wanderparkplätze in diesem Gebiet geschlossen wurden, sind die Parkmöglichkeiten hier eingeschränkt. Es existiert ein gut ausgebauter Radweg zwischen Alt Schwerin und Karow.

Parken

P 63 Parkplatz Alt Schwerin Schnitterkaserne, GPS 53.512400, 12.352450, Dorfstraße, Ecke B192. Im Ort von der B192 auf die Dorfstraße in Richtung Freigelände AGRONEUM abbiegen und dieser etwa 50 m folgen.

168ms-lr

P 64 Parkplatz am Ausstellungsgelände, GPS 53.51278, 12.35474. Ein naturnah ausgebauter und kostenloser Großparkplatz, der sich auch gut für Übernachtungen eignet, ist am Ausstellungsgelände wenige hundert Meter entfernt vom Parkplatz Schnitterkaserne entstanden. Die Parkflächen dienen auch als Veranstaltungsort verschiedener Märkte.

Sehenswertes

- **AGRONEUM Alt Schwerin,** Achter de Isenbahn 1, 17214 Alt Schwerin, Tel. 039932 47450, www.agroneum-altschwerin.de, geöffnet: April–Oktober tägl. 10–19 Uhr, Eintritt: Erwachsene 10 €, Kinder 4 €. Ausstellungen zur Entwicklung und der Technik der Landwirtschaft und dem Leben der Landbevölkerung in verschiedenen historischen Gebäuden und in zahlreichen Neubauten.
- **Aussichtsturm Moorochse,** GPS 53.526200, 12.303140. Der Aussichtsturm ist gut ausgeschildert und liegt etwa 3 km westlich Alt Schwerins. Er wird über einen ca. 200 m langen Fußweg von der B192 erreicht. Massiver, aus Holz errichteter Aussichtsturm insbesondere zur Beobachtung der Vogelwelt. Der Turm steht direkt am Wasser.
- **Karower Meiler,** Förderverein Naturpark Nossentiner/Schwinzer Heide, Ziegenhorn 1, 19395 Karow, www.naturpark-nossentiner-schwinzer-heide.de, Tel. 038738 70292, geöffnet: Mai–September tägl. 10–17 Uhr, April–Oktober tägl. 10–16 Uhr, November, Februar, März nur Mo–Fr 10–16, Dezember/Januar geschlossen, Eintritt: kostenfrei. Markantes Holzgebäude direkt an der B192, wenige Hundert Meter östlich der Kreuzung von B103 und B102. Ausstellung zu Entwicklung, Flora und Fauna des Naturparks Nossentiner/Schwinzer Heide. Wesentliches Ziel ist es, die Entwicklung der Kulturlandschaft im heutigen Naturpark darzustellen. Es gibt Informationen über die Eiszeit, die Entwicklung der Vegetation und die Einflussnahme durch den Menschen. Die Ausstellung ist sehr kinderfreundlich gestaltet. Kostenlose und wohnmobiltaugliche Parkplätze befinden sich direkt am Ausstellungsgebäude.

Aktivität

- **Fischereihof Alt Schwerin,** Wendorf 4, 17214 Alt Schwerin, Tel. 039932 49905, www.fischerei-alt-schwerin.de, geöffnet: ganzjährig ab 11 Uhr.

74 Campingplatz am See Alt Schwerin

GPS 53.522850, 12.318501

Wunderschöner Campingplatz, der sich über 1000 m den Uferstreifen des Plauer Sees entlangzieht. Wohnmobilstellplätze teils in direkter Uferlage. Moderne Ausstattung, mit Restaurant und Bootsanleger. In der Saison Vorbuchung immer empfehlenswert, der Platz ist stark nachgefragt. **Lage/Anfahrt:** Ca. 2 km westlich von Alt Schwerin am Nordufer des Plauer Sees. Der B192 nach Alt-Schwerin in Richtung Karow ca. 2 km folgen. **Untergrund:** Wiese; fest; **Service:** Strom, Trinkwasser, Abwasser, Chemie-WC, WLAN; **Sicherheit:** umzäunt, beleuchtet; **Preise:** €€; **Geöffnet:** April–Oktober; **Kontakt:** An den Schaftannen 1, 17214 Alt Schwerin, Tel. 039932 42073, www.camping-alt-schwerin.de.

169ms-lr

Die B192 in Alt Schwerin auf die Kastanienallee verlassen und dieser ca. 1,5 km in Richtung Plauer See folgen. Toller Fischereihof mit Angelmöglichkeit, Bootsverleih, Fischverkauf und kleinem, aber erstklassigem Fischrestaurant „Zur Forelle“. Die Zeitschrift „Feinschmecker“ wählte den etwas versteckt liegenden Fischereihof zu einer der 400 besten Feinschmeckeradressen in Deutschland. Jährlich werden mehrfach Veranstaltungen wie das Fischerfest, die Fischtage oder der Fischzug angeboten.

73 Inselcamping Werder Alt Schwerin

GPS 53.485279, 12.321940

Schön gelegener Wohnmobilhafen und Campingplatz. Der Wohnmobilhafen grenzt an den Campingplatz an. Alle Einrichtungen des Campingplatzes können natürlich genutzt werden. Sehr gute Ausstattung. **Lage/Anfahrt:** Auf einer Insel im Plauer See, direkt am Wasser und umgeben von Wald. Von der B192 in Alt Schwerin auf die Kastanienallee abbiegen, dann dieser ca. 3 km der Ausschilderung nach bis auf die Insel Werder folgen; **Untergrund:** Schotter, Wiese; **Service:** Strom, Trinkwasser, Abwasser, Chemie-WC, WLAN; **Sicherheit:** umzäunt, beleuchtet, bewacht; **Preise:** €€, Stellplätze im Wohnmobilhafen auch preiswerter; **Geöffnet:** ganzjährig, Dezember–März Voranmeldung empfohlen und mit eingeschränktem Service; **Kontakt:** Herr Worch, Inselcamping Werder, Insel Werder 8, 17214 Alt Schwerin, Tel. 039932 42074, www.inselcamping.com. Die Campingplätze Am See 74 und Inselcamping in Alt Schwerin haben den gleichen Betreiber. Etwa 400 m vor dem Eingang des Campingplatzes befindet sich eine frei zugängliche große Badestelle mit Picknickecke.

Kaum 15 Minuten benötigt man zu Fuß vom Campingplatz Am See Alt Schwerin 74 bis zum Aussichtsturm Moorochse

ABSTECHER NACH PLAU AM SEE

(hin und zurück ca. 16 km)

Von der Kreuzung B192/B103 ist Plau am See über die B103 innerhalb von zehn Minuten erreichbar. Der Luftkurort befindet sich am Ausgang der **Müritz-Elde-Wasserstraße.** Die heute etwa 5500 Einwohner zählende Kleinstadt entwickelte sich wie viele andere in diesem Gebiet aus einer slawischen Ansiedlung. Der Name Plau ging wahrscheinlich aus einer Übertragung der alten slawischen Bezeichnung „Plawe“ hervor, die für das Flößen von Holz stand.

Der heutige Ortsteil Quetzin wurde erstmals im 10. Jh. erwähnt. Hier befand sich auf der Kohlinsel im Plauer See die spätslawische **Burg Quetzin.** Sie wurde während der Eroberung der slawischen Gebiete und der anschließenden Christianisierung **um 1164 zerstört.** Um das Gebiet beherrschen zu können, erfolgte ab 1287 nur wenige Kilometer entfernt am heutigen Stadtrand der **Neubau** einer Burg. Ihre größte Bedeutung erreichte die mittlerweile zu einer großen **Burganlage** ausgebaute Befestigung im 16. Jh., da sie den wichtigen Handelsweg zwischen dem Ostseezugang in Rostock und Brandenburg sicherte.

Im 17. Jh. wüteten verheerende **Pestepidemien** im Ort. Vier Fünftel der Bevölkerung starben und die Stadt verlor ihre militärische und wirtschaftliche Dominanz. Erst im 19. Jh. erreichte Plau am See – vorrangig durch die Entwicklung von Textilbetrieben – wieder einen gewissen Wohlstand. Von der einstmals großen Burganlage sind heute nur noch die Wallanlage, der Burgturm und das 1822 auf dem Gewölbekeller des ehemaligen Schlosses errichtete **Amts- und Postmeisterhaus** erhalten geblieben. Besucher finden hier das **Burgmuseum.**

Besonderer Anziehungspunkt ist der **Burgturm** mit seinem 11 m tiefen Verlies und der dort ausgestellten und gut erhaltenen ehemaligen Turmuhr der alten Plauer Stadtkirche St. Marien aus dem Jahre 1581. Aus den Fenstern des Turmes können Besucher den Ausblick auf die Stadt und deren schöne Umgebung genießen. Dazu müssen allerdings 120 Stufen bewältigt werden.

Eine **Ausstellung technischer Geräte und Maschinen** wie z. B. Druck- und Setzmaschinen ist in einer ehemaligen Scheune im Burghof untergebracht und zeigt die wirtschaftliche Entwicklung der Region. Da dieser Teil der Ausstellung und der Burgturm etwa 100 m auseinander und jeweils frei zugänglich liegen, wird auch ein getrenntes kleines Eintrittsgeld erhoben.

Das älteste Gebäude der Stadt ist nicht auf dem Burggelände zu finden. Um 1225 erfolgte die Grundsteinlegung für die **Marienkirche,** einer großen Hallenkirche aus Backstein. Schwere Beschädigungen durch Kampfhandlungen im Dreißigjährigen Krieg und spätere Stadtbrände wurden bei einer

060ms-lr

Bei der 1916 erbauten Hubbrücke in Plau am See wird das gesamte Brückenteil über Zahnstangen in die Höhe gefahren, um Schiffen die Durchfahrt zu ermöglichen

Professor Wilhelm Wandschneider

Wilhelm Wandschneider (1866–1942) wurde in Plau am See geboren und starb auch dort. Im Burgmuseum Plau am See wird mit einer eigenen Ausstellung an den bedeutenden Bildhauer und Ehrenbürger der Stadt erinnert. Wandschneider erlernte das ***Malerhandwerk,*** *nebenbei* ***zeichnete*** *und* ***modellierte*** *er. Der Bürgermeister seiner Heimatstadt war von seinen Arbeiten so begeistert, dass er sich für ein Stipendium beim Großherzog Friedrich Franz III. einsetzte. Dieser gewährte Wandschneider die einmalige Gabe von 150 Mark zur weiteren Ausbildung an der Königlichen Kunstschule. Nach seiner Studienzeit wurde er Meisterschüler bei* ***Reinhold Begas*** *und gewann den unter jungen Bildhauern ausgeschriebenen* ***Preis der Rohr'schen Stiftung*** *und damit eine einjährige* ***Studienreise nach Italien.***

Wieder daheim beschloss Wandschneider, sich als Bildhauer selbstständig zu machen, er beteiligte sich deutschlandweit an vielen Wettbewerben und gewann einige. So entstanden u.a. das ***Kaiser-Wilhelm-I.-Denkmal in Neustettin*** *und das* ***Kaiser-Friedrich-III.-Denkmal in Dortmund.*** *Auch der mecklenburgische Regent* ***Johann Albrecht*** *erteilte Wandschneider Aufträge, weshalb die erfolgreichsten Arbeitsjahre für ihn folgten. Auf allen großen Ausstellungen Europas und in den USA war Wandschneider vertreten.*

Will man Wandschneiders Werke in natura betrachten, kann man dies an unterschiedlichen Orten tun. In Stavenhagen steht das ***Fritz-Reuter-Denkmal*** *und der* ***Hechtbrunnen*** *in Teterow wurde ebenso von ihm geschaffen wie der* ***Brinckmann-Brunnen*** *in Güstrow. Auch in Plau am See findet man einige seiner Arbeiten wie den „Sämann" (Meyenburger Chaussee), den „Mähenden" (Meyenburger Chaussee) oder den „Pfennigjungen" (Steinstraße). Vor allem öffentliche Denkmale für Personen und Gefallene der Kriege, aber auch andere Plastiken schuf der Bildhauer. Viele wurden restauriert und laden zur Besichtigung ein.*

umfassenden Restaurierung ab 1877 beseitigt. Erhalten blieben die alten Glocken, deren älteste 1522 gegossen wurde. Mit mehr als 4 t Gewicht ist hier auch die schwerste Glocke Mecklenburg-Vorpommerns zu finden. Das Kirchenschiff erscheint bei der Größe der Stadt mit mehr als 1100 Plätzen etwas überdimensioniert, doch es findet nicht nur während der Konzerte und Veranstaltungen des Plauer Musiksommers, der jährlich von Juni bis September stattfindet, ausgezeichnete Verwendung. Auch außerhalb der Sommerzeit finden hier natürlich noch Gottesdienste und Veranstaltungen statt.

Der seit 1998 staatlich anerkannte **Luftkurort** Plau am See liegt inmitten der Natur, ist umgeben von Wasser und überzeugt Besucher mit seinem **mittelalterlichen Stadtkern.** Das sind ausgezeichnete Bedingungen für den Tourismus, in dem die Stadt heute ihre wirtschaftliche Basis finden muss, denn größere Industrie ist an dieser Stelle nicht vorhanden.

Für kulinarische Genießer könnten die Ende September beginnenden **Müritz-Fischtage** mit ihren in den Restaurants der Stadt angebotenen Fischspezialitäten interessant sein.

Für alle empfehlenswert ist ein Bummel durch das Stadtzentrum entlang der mittelalterlichen Häuser und über die Eldepromenade mit dem Stadthafen, vorbei an der Schiffsschleuse mit **„Hühnerleiter"** und der einzigartigen **Hubbrücke** von 1916. Von hier aus kann man auch den gut ausgeschilderten und informativen **Naturlehrpfad** im **Naturschutzgebiet Plauer Stadtwald** erkunden. Für die 8 km lange Runde rund um den Ziegelsee braucht man je nach Kondition und Eile etwa 2½ Stunden. Mit etwas Glück erblickt man auch den „blauen Edelstein Mecklenburgs", den Blauen Eisvogel.

Der **Plauer See,** der drittgrößte See der Mecklenburgischen Seenplatte, ist Teil der Elde-Müritz-Wasserstraße, deshalb gibt es hier regen Schiffsverkehr und auch zahlreiche **Angebote rund ums Wasser,** beginnend bei Angelfahrten, Bootsverleih und Wasserski bis hin zur Fahrgastschifffahrt. Die gewerbliche Fahrgastschifffahrt ist in Plau am See bedingt durch den früh einsetzenden Tourismus seit über einhundert Jahren aktiv. Es gibt mehrere Anbieter und zahlreiche Kurz- und Langfahrten.

In Plau am See finden sich viele Parkplätze, üblich sind Parkgebühren von 0,50 €/Std. und Tageskarten von 6 €.

Information

- **Tourist Info Plau am See,** Burgplatz 2, 19395 Plau am See, Tel. 038735 45678, www.plau-am-see.de, geöffnet: Mai–September Mo–Sa 9–18 Uhr, So 10–16 Uhr, Oktober–April Mo–Fr 10–16 Uhr, Sa 10–13 Uhr

Sehenswertes

- **Burgmuseum Plau am See,** Plauer Heimatverein e. V., Burgplatz 2, 19395 Plau am See, www.burgmuseum-plau.eu, geöffnet: April–Oktober täglich 10–17 Uhr, November–März nur nach Anmeldung, Eintritt: 3 € Museum, nur Burgturm 2 €. Burgmuseum und technisches Museum auf dem alten Burggelände.
- **Hubbrücke Plau am See.** Erreichbar über die Große Burgstraße zur Elde oder entlang der Eldepromenade. Die Plauer Hubbrücke wurde 1916 von Kriegsgefangenen errichtet. Sie ermöglicht die Passage für größere Schiffe. Mit einer Hubhöhe von 1,86 m ist sie die höchste Hubbrücke Mecklenburgs. Die Durchfahrtshöhe der 13 m langen Stahlkonstruktion ist jeweils vom Pegelstand abhängig. Die Hubbrücke ist heute als Technisches Denkmal geschützt. Auf beiden Seiten der Brücke sind ausgezeichnete Restaurants zu finden. Brückendurchfahrt bis 7,5 t möglich.
- **Stadtkirche St. Marien,** Ev.-Luth. Kirchgemeinde St. Marien Plau am See, Kirchplatz 3, 19395 Plau am See, Tel. 038735 40200, www.kirche-plau.de, offene Kirche. Große und beeindruckende Gewölbekirche mit 41 m hohem Kirchturm, der einen ausgezeichneten Blick über die Stadt und den Plauer See bietet. Hier finden zahlreiche Veranstaltungen statt.
- **Hühnerleiter-Schleuse.** Erreichbar entlang der Elde über die Eldepromenade oder über die Tuchmacherstraße. Die Schleuse wurde 1834 gebaut. Die Schleusenkammer ist 41,40 m lang, 5,10 m

170ms © ZURUF Campinggruppe

75 Campingpark ZURUF am Plauer See

GPS 53.438057, 12.286667

Ausgezeichneter Campingplatz mittlerer Größe, umgeben von Wald mit eigenem Badestrand und Badeinsel sowie eigenem Bootssteg und mit Fahrrad- und Bootsverleih, Bistro. **Lage/Anfahrt:** Direkt am Ufer des Plauer Sees. Von Süden über die B103 (Meyenburger Chaussee) bis zum Abzweig Seestraße; **Untergrund:** Wiese; fest; **Service:** Strom, Trinkwasser, Abwasser, Chemie-WC, WLAN; **Sicherheit:** umzäunt; **Preise:** €€, bei längerem Aufenthalt Rabatte möglich **Geöffnet:** ganzjährig, außerhalb der Hauptsaison Voranmeldung erbeten und eingeschränkter Service; **Kontakt:** Seestraße 38, 19395 Plau am See, Tel. 038735 45878, www.campingpark-zuruf.de.

77 Naturcamping Bermudadreieck Kuppentin

GPS 53.491001, 12.138659

Romantischer Wasserwanderrastplatz mit kleinem Camping- und Stellplatz auf einer Waldlichtung an der Elde. Boots- und Fahrradverleih, Hafenbar. **Achtung:** keine Womos schwerer als 3,5 t erlaubt; **Lage/Anfahrt:** Direkt an der Müritz-Elde-Wasserstraße, südlich des Ortes Kuppentin gelegen. In Plau am See rechts auf die B191 bis nach Broock fahren. Dort wieder rechts nach Kuppentin abbiegen. Hinter der Brücke über die Müritz-Elde-Wasserstraße rechts auf einem Waldweg bis zum Stellplatz fahren. **Untergrund:** Wiese; **Service:** Strom, Trinkwasser, Abwasser, Chemie-WC; **Preise:** €; **Geöffnet:** April–Oktober; **Kontakt:** Wasserwanderplatz, Am Mühlenberg 3, 19386 Broock (Lübz), Tel. 038732 999799, www.naturcamping-bermudadreieck.de

171ms-lr

breit und hat je nach Pegelstand ein Gefälle von 0,80–1,20 m. Um eine Überquerung der Elde zu ermöglichen, befand sich an der Stelle früher eine Drehbrücke, die jedoch 1945 gesprengt wurde. Später wurde eine Hochbrücke über die Schleuse errichtet, von der das Geschehen in der Schleuse aus Nahdistanz beobachtet werden kann. Der Volksmund hat dem schlanken Bau den Namen Hühnerleiter gegeben.

Aktivität

- **Burgfestspiele Plau am See.** Verschiedene Theaterstücke und Revuen im Burghof, Spielzeit nur während der Sommersaison, Kontakt: Burgfestspiele Plau am See, Am Burgplatz 2, 19395 Plau am See, Mobil 0174 2504750 oder über die Touristinformation Plau a. S., Tel. 038735 45678, www.burgfestspiele-plau-am-see.de.
- **Kletterpark Plau am See,** Ziegeleiweg (Klüschenberg), 19395 Plau am See, Tel. 0171 9977497, www.kletterpark-plau.de, geöffnet: Mai–August täglich 10–18 Uhr, April/September/Oktober Di–So 10–18 Uhr, Eintritt: Erwachsene 17 €, Kinder 14 €. Spannende Seilparcours mit Herausforderung und Anspruch für Jung und Alt. Die notwendige Ausrüstung erhält man vor Ort. Achtung – keine Altersbegrenzung, aber eine Mindestkörpergröße von 140 cm ist erforderlich.

76 Naturcamping Alter Stall

GPS 53.500028, 12.166875

Wohnmobilstellplatz am Ortsrand von Daschow, sehr ruhig und familiär, Imkerei vor Ort. **Lage/Anfahrt:** Auf Seestraße aus Daschow ausfahren, Platz liegt etwa 100 m außerhalb des Ortes; **Untergrund:** Wiese; fest; **Service:** Strom, Trinkwasser, Abwasser, Chemie-WC; **Sicherheit:** umzäunt, beleuchtet; **Preise:** €; **Geöffnet:** Mai–September; **Kontakt:** Alter Stall, Seestraße 37, 19386 Gallin-Kuppentin, Mobil 0176 34909145, www.schwedenranch.jimdosite.com.

78 Campingplatz Leisten

GPS 53.497993, 12.295965
Campingplatz mittlerer Größe mit zahlreichen Dauercampern am Seeufer. **Lage/Anfahrt:** Am nordwestlichen Ufer des Plauer Sees südlich der Ortschaft Leisten. Über die B103 nach Leisten, im Ort auf die Hofseestraße abbiegen und dieser bis zum Campingplatz folgen; **Untergrund:** Wiese; **Service:** Strom, Trinkwasser, Abwasser, Chemie-WC; **Preise:** €; **Kontakt:** Hofseestraße, 19395 Leisten, Tel. 038738 70703, Mobil 0152 05176858, www.campingplatz-leisten.de.

Parken

P 65 Parkplatz Plau am See, GPS 53.45832, 12.26803, An der Metow, 19395 Plau am See, geöffnet: ganzjährig, Tageskarte 6 €. Ausgezeichnet gelegener Parkplatz, der sich auch gut als Übernachtungsplatz eignet und entsprechend häufig von Wohnmobilen genutzt wird. Von hier sind es nur wenige Hundert Meter bis in die Innenstadt von Plau am See und zur Elde mit Stadthafen. Ein WC befindet sich etwa 100 m entfernt am Hafen.

Um nun wieder auf die eigentliche Route zu kommen, folgt man der B103 bis nach Karow.

KAROW

(7 km – km 13)

Karow grenzt an den westlichen Rand des **Naturparks Nossentiner/Schwinzer Heide.** Zwar blieb die kleinere dörfliche Struktur des Ortes bis heute über viele Jahrhunderte erhalten, aber Karow hatte als **Kreuzungspunkt** der beiden ehemaligen Reichsstraßen, heute Bundesstraßen, für die Region schon immer eine wichtige Bedeutung. Der Bahnhof Karow war bis in die 1990er-Jahre ein bedeutender Umsteigepunkt, dann wurde der Bahnbetrieb eingestellt.

Durch den Ort führt ein von der Gemeinde angelegter **Rundweg.** Er ist wirklich perfekt ausgeschildert und führt an allen Sehenswürdigkeiten im Ort vorbei. Man kann an jeder beliebigen Stelle in den Rundweg einsteigen und ihn gut per Rad befahren oder ablaufen.

Das Hauptgebäude des ehemaligen Gutsdorfes Karow ist das **klassizistische Herrenhaus.** Nach wechselvoller Geschichte wurde es nach 1990 saniert und kann heute für Veranstaltungen und Hochzeiten gemietet werden. Etwa 900 m östlich neben der B192 befindet sich in einem Waldstück das teilwei-

062ms-lr

se zerstörte **Mausoleum der Gutsbesitzerfamilie Schlutius** (GPS 53.53066, 12.27046). Es zählte früher zu den bedeutendsten spätwilhelminischen Grabdenkmälern und wurde vom bekannten Bildhauer Wilhelm Wandschneider (s. S. 153) erbaut. In der Ausführung orientierte sich Wandschneider am Mausoleum des Theoderich von Ravenna. Alle Wände waren mit Marmor ausgekleidet, die Decke schmückte ein Mosaik über dem Sarkophag. Nach Ende des Ersten Weltkrieges stellte man vor dem Eingang eine Bronzestatue in Gestalt einer trauernden Frau auf („Die Trauernde", ebenfalls von Wandschneider). 1945 wurde der Sarkophag geschändet, die sich darin befindenden sterblichen Reste verscharrte man in der Nähe. Gesteinstrümmer des zerschlagenen Sarkophages sind immer noch in der Nähe des Mausoleums zu entdecken. In den Jahren danach verfiel das Denkmal zur Ruine. Der Waldweg ab B192 zum Mausoleum ist nur relativ klein ausgeschildert. Parken ist an dieser Stelle der Bundestraße nicht möglich. Es empfiehlt sich eine Wanderung ab Schloss Karow entlang der Parkstraße und des Grünen Weges bis zur B192, der Straße dann am Straßenrand etwa 100 m folgen. Am Schloss stehen ausgedehnte Parkmöglichkeiten kostenlos zur Verfügung.

Die heute überregional bekannte **Bronzestatue „Die Trauernde"** konnte vor der Zerstörung gerettet werden. Sie steht seit 1988 vor der Trauerkapelle des Kirchhofs Karow (Karl-Liebknecht-Straße, GPS 53.54130, 12.26981), weist jedoch eine größere Zahl an deutlich sichtbaren Einschüssen teils großkalibriger Handfeuerwaffen auf, was den intensiven Eindruck der Plastik auf die Besucher aber nur verstärkt. Am Kirchhof existieren einzelne Parkflächen, die für Wohnmobile nutzbar sind. Der historische Rundweg durch den Ort führt hier natürlich ebenfalls entlang.

061ms-lr

Um Karow herum befinden sich ruhige **Wanderparkplätze** des Naturparks Nossentiner/Schwinzer Heide. Hier empfiehlt sich eine Wanderkarte des Nationalparks (weitere Infos unter www.naturpark-nossentiner-schwinzer-heide.de).

Bei schönem Wetter ist eine **Draisinentour** ab der verlassenen Damerow-Kaserne westlich von Karow eine gute Entscheidung. Es gibt kaum eine bessere Möglichkeit, sich an frischer Luft sportlich zu betätigen. Bei Draisinen reicht es übrigens, wenn eine Person in die Pedale tritt.

Sehenswertes

› **Schloss Karow,** Parkstraße 1, 19395 Karow, Tel. 038738 70600, www.schloss-karow.de. Das Schloss ist aktuell nur im Rahmen von Veranstaltungen zugänglich. Der Zugang zur schönen Parkanlage und dem Mausoleum ist uneingeschränkt möglich.

Schloss Karow ist nicht nur für Antiquitätenfans interessant

Wilhelm Wandschneiders bekannte Plastik „Die Trauernde" weist Einschusslöcher aus dem Zweiten Weltkrieg auf

Parken

66 **Wanderparkplatz Karow Naturpark Nossentiner/Schwinzer Heide,** GPS 53.545450, 12.283240, Ortkruger Weg, 19395 Karow. Im Ort von B103 auf den Ortkruger Weg abbiegen und diesem ca. 200 m folgen. Kostenloser Wanderparkplatz, der sich auch als Übernachtungsplatz eignet.

67 **Parkplatz Schloss Karow,** GPS 53.53513, 12.25730, Parkstraße, 19395 Karow. Das Schloss und der davor liegende Sportplatz sind nicht zu übersehen und gut ausgeschildert. Der Parkplatz ist kostenfrei und liegt etwa 100 m neben dem Schloss. Von hier kann man zu einer Wanderung zum Mausoleum der Familie Schlutius aufbrechen. Die Entfernung beträgt ab hier etwa 1,5 km.

Aktivität

› **Draisinentour Mecklenburg,** Ausleihstation an der Damerow-Kaserne, GPS 53.548880, 12.224590, an der B192, ca. 4 km westlich Karow, Mobil 0172 3260694, Tel. 039931 54506, www.draisine-mecklenburg.de, geöffnet: April–Oktober, Eintritt: Preis je Draisine (2–4 Pers.) ab 49 €. Interessantes sportliches Vergnügen für die ganze Familie. Auf einer stillgelegten Bahnstrecke kann man eine Strecke von bis zu 23 km fahren. Es gibt vom gleichen Anbieter auch eine Draisinentour ab Waren. Online-Reservierung empfehlenswert.

Von Karow sind es auf der B103 ca. 14 km bis Krakow am See. Kurz vor Krakow zweigt auf der rechten Seite eine schmale, aber gute Straße in Richtung Glave ab. Diese Straße führt direkt durch den **Naturpark Nossentiner/Schwinzer Heide** bis zum alten **Rittergutsdorf Glave.** Naturfreunde sollten sich den kurzen Ausflug bis Glave (2,5 km) unbedingt gönnen, man kann aber auch über Glave bis nach Krakow fahren. Landschaftlich interessanter als über die B103 ist das allemal. Nach der Abfahrt von der B103 bestehen Parkmöglichkeiten an einem Wanderweg zu dem **Beobachtungsturm** „Seeadler" an der Südspitze des Krakower Sees (GPS 53.59238, 12.26958) und an verschiedenen anderen Stellen, die für **Wildbeobachtungen** eingerichtet wurden. Den Blick vom Beobachtungsturm über den See und die Landschaft sollte man wirklich nicht verpassen. **Glave** selbst ist ein sehr ruhiges Dorf am Ufer des Krakower Sees umgeben von Wald. Der Verbindungsweg zwischen Glave und Dobbin-Linstow zur Weiterfahrt bis nach Krakow wurde mit Asphalt und Pflaster wohnmobiltauglich ausgebaut und führt immer entlang des Sees durch die schöne Natur. Hier ist mit wenig Autoverkehr, aber vielen Radfahrern zu rechnen.

KRAKOW AM SEE

(13 km – km 26)

Die etwa 3500 Einwohner von Krakow am See können sich an der schönen Lage ihrer Stadt am Nordwestufer des inselreichen **Krakower Sees** erfreuen. Natürlich hat auch dieser Ort eine slawische Vergangenheit. Später ließen die **Fürsten von Werle** hier eine Burg errichten, von der jedoch heute nichts mehr erhalten ist. Traurigen Ruhm erwarb Krakow am See bereits 1325. Damals kam es hier zu den ersten nachgewiesenen **Judenverfolgungen** Mecklenburgs. Nach einem damals Hostienprozess genannten Gerichtsverfahren mit erfundenen Anklagen wurden zahlreiche städtische Juden auf das Rad geflochten. Trotzdem war die Stadt immer Heimstatt jüdischer Einwohner, was seinen Ausdruck im Bau der jüdischen Synagoge fand.

Die 1866 erbaute **Synagoge** gehört heute zu den wenigen noch erhaltenen alten jüdischen Gotteshäusern in Mecklenburg. Sie entging einer Zerstörung im Jahr 1938 nur, weil sie nach einer Verkleinerung der jüdischen Gemeinde ab 1921 als Turnhalle eines örtlichen Sportvereins genutzt wurde. Ab 1991 wurde das denkmalgeschützte Haus fachgerecht saniert und heute finden im Saal der alten Synagoge regelmäßig Ausstellungen, Lesungen und Konzerte statt.

Große wirtschaftliche Bedeutung besaß Krakow am See in seiner Geschichte nicht. Landwirtschaft und Handwerk bestimmten den Ort, der über Jahrhunderte seinen Kleinstadtcharakter bewahrte. Früh besann man sich auf den entstehenden Tourismus. Der Krakower See wurde 1938 unter Naturschutz gestellt und seit 2000 ist Krakow am See als **Luftkurort** anerkannt.

Der **historische Stadtkern** profitierte nach 1991 stark von staatlicher Städtebauförderung und wurde hübsch restauriert. Besonders das bauliche Ensemble um den rechteckigen Markt mit den angrenzenden alten Gebäuden überzeugt den Besucher. Schön ist es auch, dass sich von dem auf dem Markt befindlichen und damit zentral gelegenen **Parkplatz** viele Sehenswürdigkeiten leicht erlaufen lassen. Egal ob Synagoge, Touristinformation, die alte Stadtkirche oder das Rathaus, es sind nur wenige Hundert Meter zu bewältigen. In Krakow können Fahrzeuge fast überall mit Parkscheibe ein bis zwei Stunden kostenfrei parken, allerdings sind die Straßen recht eng.

Die **Stadtkirche,** ein lang gestreckter Bau mit kleinen Türmchen, gründet sich auf einen Kirchenbau von 1230. Die heutige Form stammt aus dem frühen 18. Jh. Im Inneren der Kirche überraschen vor allem ein gewaltiger 300 Jahre alter Altar und letzte erhaltene Reste früher Wandmalerei. Das **Rathaus** mit seinem neugotischen Portal wurde 1875 gebaut. Es ist ein junger Bau, zumindest im Vergleich mit dem Gebäude der **Touristinformation** von 1785.

Am nördlichen Ortsrand befindet sich auf einer Halbinsel neben kurzen **Wanderwegen** der **Aussichtsturm Jörnberg.** Der Turm wurde 1995 eingeweiht und eröffnet einen prima Überblick über die Stadt und den Krakower See. Der Aussichtsturm und die Halbinsel lassen sich auch gut auf einem nur etwa 1,5 km kurzen Spaziergang aus dem Stadtzentrum entlang der wunderschönen Seepromenade und der denkmalgeschützten historischen Badeanstalt erreichen. Auch in der anderen Richtung bietet sich eine Wanderung an. Besucher können ausgehend von der Seepromenade über den Wanderweg in Richtung Borgwall immer am Wasser entlang die Brücke über den Krakower See (Straßenbrücke L204) erreichen und auf der anderen Seeseite die hölzerne **Beobachtungskanzel „Rohrsänger“** (GPS 53.63317, 12.30159) finden. Mit dem Wohnmobil parkt man am besten im Bereich der Abzweigung nach Neu Dobbin, neben der Bushaltestelle und läuft die letzten 300 m. Wer über Glave nach Krakow gefahren ist, fährt direkt an dieser Beobachtungskanzel vorbei.

Information

› **Touristinformation Krakow am See,** Markt 21, 18292 Krakow am See, Tel. 038457 22258, www.krakow-am-see.de, geöffnet: Mai–September Mo–Fr 9–12 und 13–17.30, Sa 10–14 Uhr, Oktober–April Mi/Sa/So geschlossen

Parken

P 68 **Parkplatz Jörnberg,** GPS 53.658920, 12.270510, Möwenweg, 18232 Krakow am See. Mittlerer asphaltierter und kostenfreier Parkplatz für ca. 50 Fahrzeuge, der sich auch gut für Übernachtungen eignet. Von hier sind es ca. 300 m bis zum Jörnberg mit Aussichtsturm.

Sehenswertes

› **Stadtkirche Krakow am See,** Ev.-Luth. Kirchgemeinde Krakow am See, Wedenstraße 16, 18292 Krakow am See, Tel. 038457 22754, www.kirche-krakow.de, offene Kirche. Frühbarocke Kirche mit Altar von 1708, in den Sommermonaten Konzerte.

› **Alte Synagoge Krakow am See,** Kulturverein „Alte Synagoge“ Krakow am See e. V., Schulplatz 1, 18292 Krakow am See, Tel. 038457 23647, geöffnet: Sommer Di–Sa 10–12 und 13–16.30 Uhr, Winter Di–Fr 10–12 und 13–16 Uhr. Ausgezeichnet restaurierte Synagoge. Besonders beeindruckend sind ihre im Original erhaltene Eingangstür aus dem Jahr 1866 und die reichhaltige Gestaltung mit vergoldetem und rot schabloniertem Bandwerk im Inneren.

› **Erstes Buchdruckmuseum Mecklenburg/Vorpommern,** Alte Schule, 18232 Krakow am See, Tel. 038457 23872, www.druck-buchkultur.de, geöffnet: Di–Do 10–17 Uhr, Eintritt: Erwachsene 1 €, Kinder 0,50 €. Museum und historische Schauwerkstatt im Stil eines Druckbetriebs aus den 1920er-Jahren. Gut erhaltene Sammlung an Drucktechnik.

79 Campingplatz am Krakower See

GPS 53.670479, 12.280240
Sehr großer Campingplatz mit sehr guter Ausstattung. Eigener Badestrand, Gastronomie, Fahrrad- und Bootsverleih. **Lage/Anfahrt:** Am Nordufer des Krakower Sees. Von Krakow über die B103 nach Norden, dann auf die L11 in Richtung Ahrenshagen abbiegen, nach ca. 300 m auf der Straße Windfang zum Campingplatz; **Untergrund:** Wiese; fest; **Service:** Strom, Trinkwasser, Abwasser, Chemie-WC, WLAN; **Sicherheit:** umzäunt, beleuchtet; **Preise:** €€; Die Stellplätze unmittelbar vor dem Campingplatz sind auf drei Übernachtungen beschränkt. **Geöffnet:** ganzjährig; **Kontakt:** Am Windfang 1, 18232 Krakow am See, Tel. 038457 50774, www.campingplatz-krakower-see.de.

Man verlässt Krakow am See über die B103 nach Norden und folgt der Straße für ungefähr 2 km.

Dann biegt man in Richtung Reimershagen und Lohmen auf die L11 ab.

Einen Besuch des Güstrower Doms sollten Besucher der Barlachstadt nicht versäumen

064ms-lr

ABSTECHER NACH GÜSTROW

(hin und zurück ca. 40 km)

Güstrow wird von Krakow immer der B103 folgend in weniger als 20 Minuten erreicht. Im Gegensatz zu vielen anderen Ortschaften Mecklenburgs mit über tausendjähriger Geschichte, gelang es Güstrow relativ schnell, ein größerer **Verwaltungssitz** zu werden. Grund dafür waren vor allem die schnelle Kirchenstiftung im Jahr 1226 und die Auswirkungen des **Fahrenholzer Teilungsvertrags** im Jahr 1621. In diesem Vertrag wurde das Herzogtum Mecklenburg in zwei Herrschaftsbereiche, den Schweriner und den Güstrower geteilt. Die herzogliche Linie Mecklenburg-Güstrow richtete ihre Residenz im **Güstrower Schloss** ein. Eine lange Erbfolge war dem herzoglichen Geschlecht jedoch nicht beschieden, bereits 1695 fehlte es an einem männlichen Erbe des Herzogtums und nach langen Rechtsstreitigkeiten und kurzzeitigem Einsatz kriegerischer Gewalt wurde das verwaiste Herzogtum Mecklenburg-Güstrow zwischen den verbleibenden Herzogtümern Mecklenburg-Strelitz und Mecklenburg-Schwerin aufgeteilt. Die Stadt Güstrow hatte sich da aber bereits als religiöses und wirtschaftliches Zentrum der Region etabliert.

Interessant ist, dass die **Domkirche** Güstrows seit Jahrhunderten als Dom bezeichnet wird, obwohl sie niemals Sitz eines Bischofs war. Offenbar aufgrund reicher Schenkungen der mecklenburgischen Fürsten gelangte die eigentliche Kollegiatskirche Güstrow aber zu beträchtlichem Reichtum. Aus diesen Anfängen heraus entwickelte sich in der Stadt bald ein reiches kirchliches Leben, das aber stets von den Domherren beherrscht war, auf deren Zustimmung sogar die Fürsten in kirchlicher Hinsicht Rücksicht nehmen mussten. Die Domherren waren weder dem Magistrat der Stadt noch den Mecklenburgischen Herrscherhäusern unterstellt und besaßen sogar ihr eigenes Gericht.

047ms-lr

Die Entwicklung dieses kirchlichen Zentrums verlief dennoch nicht unbedingt christlich. Neben Etappen der frühen **Judenverfolgung** im 14. Jh. machte die Kirche Güstrows durch **unmoralische Geldgeschäfte** und **Geldverleih** überregional von sich reden. Neben der Reformation war dieser erhebliche finanzielle Einfluss der katholischen Kirche Güstrows der Grund für die mecklenburgischen Herzöge, diese Herrschaft zu beenden. Der kirchliche Besitz wurde an die Protestanten übergeben.

Der wirtschaftlichen Entwicklung des Ortes tat das keinen Abbruch. Die Einwohnerzahl stieg fortlaufend und Handwerk und Gewerbe entwickelten sich schnell. Im frühen 19. Jh. wurden bereits 10.000 Einwohner gezählt und deren Zahl wuchs beständig. Mit fast 40.000 Einwohnern erreichte man 1988 die höchste Einwohnerzahl. Früher gab es hier die größte Zuckerfabrik Europas. Heute ist Güstrow eine moderne und freundliche Stadt, deren Stadtkern und zahlreiche Sehenswürdigkeiten sich in tadellosem Zustand präsentieren. Der alte **Markt** mit seinen **Bürgerhäusern** aus verschiedenen Stilepochen, das klassizistische **Rathaus** von 1800, das alte beeindruckende **Renaissanceschloss** mit wunderschönem Schlossgarten, in dem im Sommer der Duft von Tausenden Lavendelpflanzen betört, und der Laubengang oder die spätmittelalterliche Pilgerkirche **Gertrudenkapelle** – in Güstrow gibt es so viel zu entdecken und zu bewundern, dass es ein gesondertes Buch füllen könnte. Berühmtester Sohn der Stadt ist ohne Zweifel der weltbekannte **Expressionist Ernst Barlach,** der 30 Jahre lang in Güstrow lebte und arbeitete. Seine Werke als Maler, Grafiker, Bildhauer und Dramatiker sind an verschiedenen Orten der Stadt zu finden. Barlachs bekannte Skulptur „Der Schweben-

⊡ *Die Südseite des Güstrower Schlosses vom Lavendelgarten aus betrachtet*

de“ befindet sich in der Domkirche und kann hier kostenfrei besichtigt werden. Besonders empfehlenswert ist auch eine der zweistündigen Stadtführungen, die von der Güstrow-Information angeboten werden.

Information

› **Güstrow-Information,** Franz-Parr-Platz 10, 18273 Güstrow, www.guestrow-tourismus.de, Tel. 03843 681023, geöffnet: Mo-Fr 10-18, Sa 10-16 Uhr

Sehenswertes

› **Güstrower Dom St. Maria, St. Johannes Evangelista und St. Cäcilia,** Domplatz 1, 18273 Güstrow, Tel. 03843 682433, www.dom-guestrow.de, geöffnet: Mai-Oktober tägl. 10-17 Uhr, November-April Di-Sa 11-12 und 14-15 Uhr. Gewaltige Domkirche mit 44 m hohem Kirchturm, deren Bau 1226 als Kollegiatskirche begann. Im Inneren der Kirche befinden sich zahlreiche Kostbarkeiten aus dem 15. und 16. Jh. von unschätzbarem Wert. Zwischen 1918 und 1927 wurden drei bekannte Plastiken Barlachs aufgestellt. Die Domkirche zählt zu den schönsten Kirchen Mecklenburgs.

› **Ernst Barlach Stiftung – Atelierhaus, Ausstellungsforum und Graphikkabinett,** Heidberg 15, 18273 Güstrow, www.ernst-barlach-stiftung.de, Tel. 03843 844000, geöffnet: April-Oktober Di-So 10-17 Uhr, Montag Ruhetag, außer an Feiertagen sowie in den Monaten Juli und August, November-März Di-So 11-16 Uhr, Montag Ruhetag, außer an Feiertagen, Eintritt: Erwachsene 6 €, Kinder 4 €. Ein Ausstellungsgebäude der Ernst Barlach Stiftung mit umfangreicher Sammlung von Werken Ernst

80 Caravanstellplatz am Tierpark

GPS 53.792500, 12.215278

Schöner Caravanstellplatz am Hotel „Am Tierpark“. Der Stellplatz kann ohne Hotel- oder Gastronomiebesuch, aber auch im Rahmen eines Arrangements mit Halbpension im Hotel genutzt werden. **Lage/Anfahrt:** Am Stadtrand Güstrows, ca. 700 m vom Natur- und Umweltpark Güstrow entfernt. Über die Verbindungschaussee von Güstrow kommend in Richtung Natur- und Umweltpark Güstrow; **Untergrund:** Schotterrasen; **Service:** Strom, Trinkwasser, Abwasser, Chemie-WC, WLAN; **Sicherheit:** beleuchtet; **Preise:** €; **Geöffnet:** ganzjährig; **Kontakt:** Caravanstellplatz am Tierpark, Verbindungschaussee 7, 18273 Güstrow, Tel. 03843 7800 (über Hotel am Tierpark), www.familienhotel-am-tierpark-guestrow.de.

068ms © Caravanstellplatz am Tierpark

Barlachs, der als einer der bedeutendsten Bildhauer des Expressionismus gilt. Arbeiten aus allen Schaffensperioden und -bereichen des Künstlers – von seiner Dresdener Zeit als Meisterschüler von Robert Diez bis zu seinem letzten Lebensjahr in Güstrow – werden präsentiert. Auf dem zum Atelierhaus gehörenden Parkplatz (GPS 53.77417, 12.21021) kann man auch gut übernachten. Ein weiterer Teil der Barlach-Ausstellung befindet sich in der Gertrudenkapelle am Gertrudenplatz 1. Hier sind berühmte Skulpturen und Plastiken wie z. B. der „Lesende Klosterschüler", die „Gefesselte Hexe" und auch die Figuren der „Gemeinschaft der Heiligen" oder „Der Zweifler" zu sehen. In den Sommermonaten finden in der Gertrudenkapelle Musikveranstaltungen statt.

› **Renaissanceschloss Güstrow – Herzogliche Residenz,** Franz-Parr-Platz 1, 18273 Güstrow, Tel. 03843 7520, www.schloss-guestrow.de, geöffnet: Di–So 10–17 Uhr, Eintritt: Erwachsene 6,50 €, Kinder 4,50 €. Das Güstrower Schloss ist eines der schönsten Renaissanceschlösser Deutschlands. Es wurde ab 1558 erbaut und diente als Herzogliche Residenz der Linie Mecklenburg-Güstrow. Neben dem Schlossgebäude mit seinem Park beeindruckt die umfangreiche Sammlung von Kunstwerken aus Antike, Mittelalter und Renaissance sowie die Jagd- und Prunkwaffenausstellung. Achtung: Aufgrund von Bauarbeiten wird die Dauerausstellung voraussichtlich bis ca. Mitte 2023 geschlossen bleiben.

› **Natur- und Umweltpark Güstrow,** Postadresse: Verbindungschaussee 1, 18273 Güstrow, Anfahrtsadresse: Primerburg, 18273 Güstrow, Tel. 03843 24680, www.wildpark-mv.de, geöffnet: tägl. 9–16 Uhr, Eintritt: Erwachsene 13 €, Kinder 8 €. Sehr schön gestalteter Landschafts- und Wildpark für die ganze Familie und ganztägigem Aufenthalt. Präsentiert werden heimische Flora und Fauna. Der Park bietet zahlreiche Wanderwege, Lehrpfade, Lehrbiotope, Volieren und einen Streichelzoo, einen Bodenerlebnispfad mit Moorleiche, Bodenlabyrinth und Wurzeltunnel und große Freigehege für Braunbären, Wölfe, Luchse und Wildkatzen.

Parken

P 69 **Parkplatz „An der Bleiche",** GPS 53.79303, 12.18149, neu gestaltet, kostenfrei, auch für sehr große Wohnmobile und Übernachtung geeignet

81 Wohnmobilstellplatz Parkplatz Gleviner Platz Güstrow

GPS 53.790871, 12.180100

Großer Parkplatz mit kostenfreier Übernachtungsmöglichkeit für Wohnmobilisten in unmittelbarer Nähe zum Güstrower Schloss, kurzer Weg in die Innenstadt. Ausgezeichneter Ausgangspunkt für Stadtbesichtigungen. **Lage/Anfahrt:** Von der B104 in Richtung Stadtzentrum, dann über Lange Straße und die Gleviner Straße zum ausgeschilderten Parkplatz; **Platzanzahl:** 3; **Untergrund:** Asphalt; **Service:** Chemie-WC (Entsorgung am Automaten gegen Gebühr); **Geöffnet:** ganzjährig; **Kontakt:** Gleviner Platz 1, 18273 Güstrow.

REIMERSHAGEN

(9 km – km 35)

Dass Reimershagen schon vor Urzeiten besiedelt war, beweist das **Megalithgrab** aus der Bronzezeit östlich des Ortes in der Nähe des Reimershagener Sees. Kurz vor dem östlichen Ortseingang zweigt eine neu asphaltierte, aber schmale Straße nach Alt Sammit ab. Wenn man dieser Straße ungefähr 600 m folgt, trifft man auf der linken Straßenseite auf den Abzweig eines Waldweges (GPS 53.67297, 12.19063). Hier kann ein einzelnes und nicht allzu großes Wohnmobil parken. Der anschließende Fußweg zum Grab beträgt ungefähr 500 m. Der Weg ist ausgeschildert, die recht kleinen Schilder sind jedoch nicht besonders auffällig. In Reimershagen wurde ein großer kostenfreier Parkplatz mit Seezugang und Bademöglichkeit angelegt.

P 70 **Parkplatz Reimershagen,** GPS 53.66971, 12.17576

Sehenswertes

› **Megalith-Großsteingrab Luisenhof-Reimershagen,** GPS 53.672920, 12.198310. Der Straße zwischen Reimershagen und Alt Sammit folgen, ausgeschildert.

Von Reimershagen folgt man der L11 weiter bis nach Lohmen.

LOHMEN

(8 km – km 43)

Lohmen ist nur eine kleine Gemeinde, die schnell durchfahren werden könnte. Es lohnt sich aber durchaus, sich hier etwas Zeit zu nehmen, denn die Umgebung ist seit mehreren Jahrtausenden von Menschen bewohnt. Sichtbare Zeichen dafür sind **Großsteingräber,** bronzezeitliche **Hügelgräber** und **Grenzsteine.** Ein ca. 28 km langer **archäologischer Lehrpfad** rund um Lohmen berührt alle interessanten prähistorischen Zeugen der Besiedlung. Nebenher überzeugt er die Besucher von der Schönheit der Natur dieses Landstrichs.

Die Gemeinde Lohmen liegt inmitten zahlreicher größerer und kleinerer Seen und das kleine Flüsschen **Bresenitz** verbindet den **Garder See** mit dem **Lohmer See.**

Im Jahr 1227 fiel der Ort an das reiche **Kloster Dobbertin.** In der Schenkungsurkunde von 1227 wurde Lohmen erstmals urkundlich erwähnt. Das Kloster bestimmte auch in den nächsten Jahrhunderten die Geschicke des Dorfes.

Der **Dreißigjährige Krieg** führte praktisch zur Auslöschung der Bewohner. Nur eine Frau überlebte mit ihren zwei Kindern. Lange Zeit konnte diese Entvölkerung nicht ausgeglichen werden. Erst im 19. Jh. stieg die Bevölkerungszahl wieder auf etwa 200 Einwohner, die sich von der Landwirtschaft ernährten. Neben kleineren Handwerksbetrieben prägt auch heute noch die Landwirtschaft Gemeinde und Umgebung. Im schönen Dorfkern findet man eine sehr alte **Feldsteinkirche** und ein etwas ungewöhnliches altes **Pfarrhaus** in der Form eines Drei-Seiten-Hofes. Besuchen kann man auch das kleine Dorfmuseum im Alten Speicher, Dorfstraße 12. Geöffnet ist es von Mai bis Oktober Di bis Sa von 15 bis 17 Uhr.

Kostenfreie **Parkmöglichkeiten** befinden sich in der Nähe der Tourist-Information in der alten Pfarrscheune. Einen Wanderparkplatz mit Informationstafel befindet sich am Ortsrand am Abzweig zum Campingplatz „Camping am Garder See".

P 71 **Parkplatz Pfarrscheune,** GPS 53.68349, 12.09658

72 **Wanderparkplatz Lohmen,** GPS 53.68405, 12.09006

065ms-lr

Über Tagesgäste und Urlauber hinaus sorgt die **Rehaklinik „Am Garder See“** für zahlreiche Gäste des Ortes und der Umgebung. Die Klinik befindet sich an der Zufahrtstraße zum Campingplatz. Ihr Café ist täglich geöffnet und steht auch Besuchern offen.

In Lohmen finden verschiedene überregional bekannte **Veranstaltungen** statt. Besonders das Schafschur- und das Dorffest, aber auch der Markttag und der Weihnachtsmarkt locken viele Besucher an.

Information

› **Tourist Information Lohmen,** Dorfstraße 12, 18276 Lohmen, Tel. 038458 20040, www.lohmen-mv.de, geöffnet: Mo–Do 8–16 Uhr, Fr 8–13 Uhr

Aktivität

› **Fischereihof Lohmen,** Forststraße, 18276 Lohmen, Tel. 038458 20733. Kleiner Fischereibetrieb, der in fünfter Generation geführt wird und zahlreiche Seen rund um Lohmen bewirtschaftet. Man kann hier angeln, aber natürlich auch Fische kaufen. Öffnungszeiten: Fr 10–11 und 15–16 Uhr, Sa 9–11 Uhr. Kurz vor dem Fischereihof befindet sich eine sehr kleine Badestelle am Lohmer See (GPS 53.68646, 12.09631).

82 Camping am Garder See

GPS 53.692081, 12.061130

Kleinerer Campingplatz, von Wald umgeben und mit guter Ausstattung, zahlreiche Dauercamper, Fahrrad- und Bootsverleih, Badestelle am Garder See. **Lage/Anfahrt:** 3 km nordwestlich von Lohmen am Garder See. In Lohmen auf die Garder Straße abbiegen und dieser ca. 3 km folgen; **Untergrund:** Wiese; fest; **Service:** Strom, Trinkwasser, Abwasser, Chemie-WC, WLAN; **Sicherheit:** umzäunt, beleuchtet; **Preise:** €; **Geöffnet:** April–Oktober; **Kontakt:** Am See 3, 18276 Lohmen, OT Garden, Tel. 038458 20722, www.campingplatz-gardersee.de.

Über die L17 und dann über die B192 geht es von Lohmen weiter bis nach Dobbertin.

DOBBERTIN

(7 km – km 50)

Dobbertin, das einzige Klosterdorf in Mecklenburg, wird schon seit Jahrhunderten von seinem auf einer Halbinsel am Dobbertiner See gelegenen **Kloster** geprägt, das 1220 als Benediktinerkloster gegründet wurde. Nur wenige Jahre von Mönchen bewohnt, zogen hier schnell Benediktinerinnen ein, erhielten das Kloster durch die Stürme der Zeit und mehrten Reichtum und überregionale Bedeutung. Als eines der reichsten Landesklöster in Mecklenburg hatte es zeitweise einen Besitz von 25.000 Hektar Land, Wald, Wiesen und Gewässern. In der Zeit seiner größten Ausdehnung, von 1860 bis 1870, gehörten neben den 26 Klostergütern und 37 Ortschaften 19 Pfarrkirchen, 27 Schulen, 12 Forsthöfe, 16 Mühlen, drei Bauhöfe, vier Ziegeleien und mehrere Kalköfen, Sägewerke, Schmieden, Glashütten, Teeröfen, Meiereien, Schäfereien und Dorfkrüge zum Klosteramt Dobbertin.

Im Gegensatz zu vielen anderen Klöstern überstand Dobbertin die **Reformation** fast unverändert. 1572 wurde es in ein **adliges Damenstift** „zur christlichen Auferziehung inländischer Jungfrauen“ umgewandelt. Der bestehende **Klosterhof** mit dem Kreuzgang und Refektorium wurde in den nächsten Jahrhunderten um weitere spätbarocke und klassizistische **Wohnbauten** sowie das **Klosterhauptmannhaus** erweitert. Eine neue gewaltige **Kirche** mit zwei schlanken Türmen entstand 1857 nach Entwürfen des Berliner Baumeisters Schinkel und wurde durch den Schweriner Schlossbaumeister Demmler in neugotischer Ziegelarchitektur ausgeführt.

Mit dem Untergang des Herzogtums Mecklenburg 1918 unterstellte man das Kloster und seinen Besitz dem Freistaat Mecklen-

Diese alte Feldsteinkirche findet man in Lohmen

burg-Schwerin. Der Klosterkonvent blieb jedoch bestehen und seine Rechte erhalten. **Nach 1933** versuchten die neuen Machthaber, vermehrt Einfluss zu gewinnen und später sogar das Kloster aufzulösen. Trotz Einsatz der Geheimen Staatspolizei gelang dies jedoch nicht. 1945 wurde das Kloster von der **Roten Armee** besetzt, die hier zahlreiche Truppen stationierte. Die meisten Bewohner mussten das Kloster verlassen. 1946 zerstörten **Brände** das Klausurgebäude und den südlichen Kirchenturm. Die Soldaten **plünderten** das Kloster bis zu ihrem Abzug im Jahr 1947. Danach wurde es als **Altersheim** und **Heimstatt geistig Behinderter** und **psychisch Kranker** genutzt. Mehr als 600 Patienten bewohnten die alte Klosteranlage, die heute von der **Diakonie** betrieben wird.

Fast alle erhaltenen Gebäude wurden umfassend saniert und mehr als 30.000 Touristen besuchen Dobbertin jährlich und besichtigen die **historischen Häuser** und **gepflegten Außenanlagen.** Besonders die beeindruckende Klosterkirche und den teilweise aus dem 13. Jh. stammenden Kreuzgang sollte man sich nicht entgehen lassen. Am besten lernt man die baulichen Anlagen und ihre Geschichte gegen eine kleine Gebühr auf einer der angebotenen **Führungen** kennen. Außerdem gibt es einen Klosterladen, ein Klostercafé und eine Kerzenzieherei. Da das Kloster Dobbertin heute immer noch als **diakonische Einrichtung für Menschen mit Behinderun-**

Das Zentrum des Klosters bildet die gewaltige Klosterkirche mit den Doppeltürmen

gen genutzt wird, muss deren Privatsphäre von Gästen natürlich respektiert werden. Der Träger der Anlage hat deshalb die Öffnungszeiten beschränkt und bei der Planung eines Besuches müssen diese beachtet werden.

Natürlich hält Dobbertin neben dem Kloster noch andere Angebote für Besucher der Mecklenburgischen Seenplatte bereit. **Fahrgastschifffahrt, Kanu-, Fahrrad- und Bootsverleih, Rund- und Wanderwege** durch Ort und Umgebung und eine **Ferienanlage** mit Campingplatz könnten Ausflugsziele sein. Nutzen kann man auch die Bademöglichkeiten im Dobbertiner See und die vielen gastronomischen Angebote.

Sehenswertes

› **Klosteranlage Dobbertin,** Diakoniewerk Kloster Dobbertin, Am Kloster 1, 19399 Dobbertin, Tel. 038736 86121, www.kloster-dobbertin.de, geöffnet: ganzjährig täglich 11–17 Uhr, zwischen Oktober und April sind Kirche, Konventsaal und Kreuzgang aber nur eingeschränkt für Gäste zugänglich. Das Klostercafé hat täglich außer montags geöffnet. Es gibt auch eine Klosterbrauerei, eine Kerzenzieherei und einen Klosterladen. Die spannenden Führungen (4 €) finden von Mai bis September jeweils Mittwoch und Samstag um 15 Uhr statt. Es handelt sich um eine umfassend erhaltene und 800 Jahre alte große Klosteranlage mit reicher Geschichte und zahlreichen historischen

83 Camping am Dobbertiner See

GPS 53.619037, 12.065323

Sehr schöner Campingplatz mit zusätzlichem Wohnmobilhafen in Waldlage am Seeufer, sehr gute Ausstattung. Boots- und Fahrradverleih. **Lage/Anfahrt:** Am Ortsrand von Dobbertin. Von Dobbertin der Schulstraße folgen und dann auf die Straße An der Mühle in Richtung Campingplatz abbiegen; **Untergrund:** Wiese; fest; **Service:** Strom, Trinkwasser, Abwasser, Chemie-WC, WLAN; **Sicherheit:** umzäunt, beleuchtet; **Preise:** €; **Geöffnet:** April–Oktober; **Kontakt:** Am Zeltplatz 1, 19399 Dobbertin, Tel. 0174 7378937, www.campingplatz-dobbertin.de.

069ms-lr

Gebäuden, die ausgezeichnet restauriert wurden. Die Anlage wird als Diakoniewerk betrieben, steht jedoch auch Besuchern offen. Die Öffnungszeiten und Zugangsbeschränkungen müssen beachtet werden. Es gibt einen großen kostenfreien Parkplatz am Kloster (Lindenstraße, GPS 53.61649, 12.07880).

Aktivität

› **Fahrgastschifffahrt Dobbertin,** Kapitän Hans-Jürgen Müller, An der Mühle 2, 19399 Dobbertin, Tel. 0172 3029315, www.ms-condor.de. Zahlreiche Rundfahrten und verschiedene Pauschalangebote mit Klosterbesichtigung, Vogelbeobachtung und Gastronomie auf einem kleineren Fahrgastschiff. Von November bis April nur eingeschränkte Fahrten. Die Fahrten beginnen am Neuen Hafen in Dobbertin in der Nähe des Campingplatzes am Dobbertiner See 83.

84 Caravancamping Hubert

GPS 53.608261, 12.104620

Kleiner, sehr familiärer Campingplatz. **Lage/Anfahrt:** Ca. 1 km südlich von Dobbertin am Nordufer des Goldberger Sees. Von der B192 südlich von Dobbertin auf die Badestraße abbiegen; **Untergrund:** Wiese; fest; **Service:** Strom, Trinkwasser, Abwasser, Chemie-WC; **Sicherheit:** umzäunt, beleuchtet; **Preise:** €; **Geöffnet:** April–Oktober; **Kontakt:** Badestrand 6, 13399 Goldberg, Tel. 0173 7039674, www.camping-hubert.de.

85 Campingplatz am Goldberger See

GPS 53.607342, 12.106440

Sehr schön direkt am nördlichen Ufer des Goldberger Sees gelegener Campingplatz mit vielen Dauercampern. Bistro, WLAN, Slipanlage für Boote. **Lage/ Anfahrt:** Von der B192 auf die Straße Am Badestrand abbiegen und der Ausschilderung folgen; **Untergrund:** Wiese; **Service:** Strom, Trinkwasser, Abwasser, Chemie-WC, WLAN; **Sicherheit:** umzäunt, beleuchtet; **Preise:** €; **Geöffnet:** ganzjährig; **Kontakt:** Am Badestrand 9, 19399 Goldberg, Tel. 0172 2374247, www.camping-am-goldberger-see.de.

Anschlussroute

Von Dobbertin aus wird Goldberg, der Ausgangspunkt der Route 7 (s. S. 172), nach 5 km über die B192 erreicht.

ROUTE 7

VON GOLDBERG NACH SCHWERIN

070ms-lr

ROUTENÜBERSICHT

EINE ALTE WASSERMÜHLE, SLAWEN UND HERRENHÄUSER – VOM GEOGRAFISCHEN MITTELPUNKT MECKLENBURG-VORPOMMERNS BIS SCHWERIN

Das Heimatmuseum Goldbergs, dem Ausgangspunkt der Route, befindet sich in einer ehemaligen Wassermühle und bietet einen kleinen, schmucken Bauerngarten. Wer Wasservögel beobachten will, findet mit den Langenhägener Seewiesen den richtigen Ort. Hinter Mestlin, dem ehemaligen sozialistischen Musterdorf, und nach einem Blick auf eine funktionierende Windmühle, kommt man den slawischen Ursprüngen Mecklenburgs sehr nahe. In Groß Raden gibt es ein ganzes Slawendorf, dessen Errichtung auf wissenschaft-

⊠ *Kapitelstartseite: Am Warnow-Durchbruch bei Sternberger Burg (s. S. 177)*

lichen Erkenntnissen beruht. Auf dem Weg zur Landeshauptstadt gibt es weitere Herrensitze zu bewundern. In Schwerin kann man dann in die Geschichte der Region eintauchen, das herzogliche Schloss oder Museen besuchen, sich vom Theater verzaubern lassen oder einfach bei einer entspannenden Schifffahrt auf dem Schweriner See über eine gelungene Reise durch die Mecklenburgische Seenplatte nachdenken und sich die schönsten Reiseerlebnisse noch einmal in Erinnerung rufen.

Strecke:

Goldberg (s. S. 172) – **Techentin-Langenhagen** (8 km, s. S. 174) – **Mestlin** (5 km, s. S. 174) – **Sternberg** (18 km, s. S. 177) – **Abstecher zum Archäologischen Freilichtmuseum Groß Raden** (hin und zurück ca. 12 km, s. S. 179) – **Kaarz** (8 km, s. S. 181) – **Abstecher nach Kuhlen-Wendorf** (hin und zurück ca. 6 km, s. S. 183) – **Schwerin** (35 km, s. S. 184)

Streckenlänge:

ohne Abstecher 74 km; mit Abstecher 92 km

GOLDBERG

Das idyllische Goldberg grenzt an die **Sternberger Seenlandschaft,** ist von drei Seiten vom **Nationalpark Nossentiner/Schwinzer Heide** umgeben und wird vom **Goldberger See,** dem **Dobbertiner See** und dem **Großen Medower See** eingerahmt. Der Ort ist ein idealer Ausgangspunkt für Wanderungen und Radtouren, für die man in der Touristinformation zahlreiche Vorschläge bekommen kann.

In der alten **Wassermühle,** 2022 neu saniert und vergrößert, ist seit den 1960er-Jahren das **Heimatmuseum** untergebracht, dessen Ursprünge auf den Goldberger Maler **Heinrich Eingrieben** zurückgehen. Dieser gründete schon 1927 mit seiner Privatsammlung ein Museum, das vorerst seinen Platz im Rathaus der Stadt bekam. Heute kann man in der Wassermühle am Müllerweg 2 verschiedene Ausstellungen zur heimischen Tierwelt, regionalen Archäologie und Geologie sowie zu Stadtgeschichte und Waldglasherstellung besichtigen. Waldglas ist grünlich gefärbtes Pottascheglas, das bis ins 18. Jahrhundert aus einheimischem Sand hergestellt wurde. Ein liebevoll angelegter Bauerngarten und eine historische mecklenburgische Küche runden das Angebot ab. Seit der Sanierung befindet sich im Gebäude der Wassermühle auch die Touristinformation Goldbergs.

In der Touristinformation erhält man auch einen Plan, mit dem die **Erkundung der Altstadt** zum Erlebnis wird, denn die Informationen auf dem Flyer lassen die 800-jährige Geschichte Goldbergs lebendig werden. Mit dem ca. 3 km langen Rundgang kann an einer beliebigen Stelle im Ort begonnen werden. Man bestaunt u. a. das **Kaiserliche Postamt** von 1889 und das sich gegenüber befindende **Denkmal** zur Erinnerung an den Deutsch-Französischen Krieg von 1870/71. Auf ihm thront die einzige original erhaltene Viktoria Mecklenburgs.

Auf dem Schützenplatz steht die 1906 errichtete **Schule,** die den Namen **John Brinckmann** trägt. Der bekannte niederdeutsche Dichter, der seit 1854 in Goldberg und später bis zu seinem Tod im Jahr 1870 in Güstrow plattdeutsche Literatur verfasste, war hier mehrere Jahre als Lehrer tätig und wohnte zeitweise im Haus Nr. 116 in der **Langen Straße,** die schon immer die Hauptgeschäftsstraße des Ortes war.

Neben dem 1832 errichteten **Rathaus** sind die **mittelalterlichen Fachwerkhäuser** ebenso sehenswert wie die **evangelische Kirche** auf dem Kirchplatz, ein gotischer Bau von 1290. Die heutige **katholische Kirche** in der Wallstraße war ursprünglich eine Synagoge, die von der jüdischen Gemeinde 1845 erbaut wurde. Bei einem Spaziergang im **Park** stößt der Besucher auf die Bronzestatue „Trauernde“, die wie die ähnliche Skulptur in Karow von Wilhelm Wandschneider (s. S. 153) geschaffen wurde.

Parkmöglichkeiten, um einen Spaziergang im Park zu unternehmen, bestehen unmittelbar angrenzend in einer für die Durchfahrt gesperrten Straße (GPS 53.58878, 12.09472) und am Sportplatz.

Erstmals urkundlich erwähnt wurde Goldberg 1227 als „Gols“, ca. 20 Jahre später erhielt „Goltberch“ das **Stadtrecht** und im 14. Jahrhundert errichtete Johann III. von Mecklenburg hier ein Schloss. Eine wechselvolle Geschichte folgte. 1500 vernichtete ein großer Brand Goldberg fast völlig. Nachdem die Stadt wieder aufgebaut worden war, geriet sie in die Wirren des **Dreißigjährigen Krieges.** Soldaten lagerten hier und auch die Pest wütete. Die evangelische Kirche, die durch einen **Blitzschlag** 1643 ausbrannte, wurde bis 1650 neu errichtet. Im 18. Jahrhundert entwickelte sich die Stadt zu einem Tagungsort zum **Schlichten regionaler Konflikte** und 1806 quartierte man mehrere Tausend preußische und französische **Soldaten** hier ein (Goldberg selbst hatte gerade einmal 100 Einwohner).

Durch die Erschließung einer **eisenhaltigen Quelle** etablierte sich Goldberg im 19. Jahrhundert als **Kurbad.** Die Quelle wurde durch den Goldberger Ratsherrn Kychenthal

172ms-lr

am 24. Juni 1816 durch Zufall entdeckt und bereits 1817 begann der Kurbetrieb. Nach einem wechselvollen Auf und Ab der Erholungsanstalt erlosch das Interesse der Kurgäste an Goldberg etwa 50 Jahre später. 1896 brannte das als Kurhotel errichtete Brunnenhotel ab.

Zum Ende des **Zweiten Weltkrieges** nahm die Stadt viele Umsiedler auf. Ab 1963 war Goldberg Garnisonsstadt und erst im Jahr 1997 wurde der hiesige Bundeswehrstandort geschlossen. Seitdem setzt Goldberg zunehmend auf die Entwicklung **touristischer Möglichkeiten.** Eine Draisinentour von Karow nach Borkow führt ebenso an der Kleinstadt vorbei wie der Radweg von Sternberg nach Plau.

Auf dem 80 m hohen **Hellberg** in der Nähe der beiden Campingplätze Goldbergs (Caravancamping Hubert 84 und Campingplatz am Goldberger See 85, s. Route 6, S. 168) wurde 2020 ein stählerner **Aussichtsturm** von 16 m Höhe errichtet, der einen weiten Blick über Goldberg und Dobbertin ermöglicht. Zu Fuß sind es vom Caravancamping Hubert bis zum Aussichtsturm etwa 1300 m.

Information

› **Touristinformation Goldberg,** Müllerweg 2, 19399 Goldberg, Tel. 038736 40443, www.waelder-seen-mehr.de, geöffnet: April–Oktober Mi–Fr 11–16, Sa/So 11–17 Uhr, November–März Mi–So 11–16 Uhr

Parken

P 73 **Parkplatz Schützenplatz,** GPS 53.58928, 12.09056, 19399 Goldberg. Kostenfreier Parkplatz in Zentrumsnähe. Die Entfernung zum Stadtpark beträgt ca. 300 m.

Man verlässt Goldberg auf der B192 (Lübzer Straße) in südlicher Richtung und biegt nach wenigen Hundert Metern auf die L15 in Richtung Mestlin ab.

Die alte Wassermühle in Goldberg ist heute Touristinformation und Museum

TECHENTIN-LANGENHAGEN

(8 km – km 8)

Die **Langenhägener Seewiesen** sind besonders für Naturfreunde interessant. Man findet sie, aus Richtung Goldberg kommend, gut ausgeschildert im Techentiner Ortsteil Langenhagen. Die Seewiesen waren Außenstandort der Bundesgartenschau 2009 und auf dem ca. 50 ha großen Naturschutzgebiet befinden sich zwei **Beobachtungsstände,** die Besuchern kostenlos zur Verfügung stehen. Das Feuchtgebiet ist ein beeindruckendes **Biotop** voller interessanter **Pflanzen** und besonders für seinen **Vogelreichtum** bekannt.

Parken

P 74 **Parkplatz Langenhägener Seewiesen,** GPS 53.58135, 12.021810, Lindenstraße, 19399 Techentin-Langenhagen. Von der L15 etwa 4,5 km nach Goldberg nach links in Richtung Langenhagen abbiegen. Sehr schöner Parkplatz am Ortseingang. Für Wohnmobile bestehen auch begrenzte kostenlose Parkmöglichkeiten entlang der Straße innerhalb der lang gestreckten Siedlung Langenhagen. Der erste Beobachtungsstand befindet sich ca. 200 m vom Ortseingang entfernt. Der zweite Beobachtungsstand ist am Südufer des Langenhägener Sees zu finden und zu Fuß in etwa 20 Minuten zu erreichen. Die Durchfahrt durch die Siedlung entlang der Seewiesen ist möglich.

Über die L15 folgt man der Route weiter bis Mestlin.

Dabeler Mühle

Diese Galerieholländer-Windmühle entstand 1892 und wurde 1932 vom Vater des heutigen Müllers gekauft. Seit 1969 bewirtschaftete Fritz Döscher die Dabeler Mühle. Das Technische Denkmal steht auf dem Rothen Strumpf, einem kleinen Hügel am Ortsrand von Dabel, weswegen die Mitglieder der Volksmusikgruppe „Dabeler Müllerburschen" neben ihrem Erkennungszeichen, der Müllerkluft, auch rote Socken in ihren Holzpantoffeln trugen. Durch Auftritte in Funk und Fernsehen wurden die Müllerburschen einem breiten Publikum bekannt. Nach 40 Jahren haben sie 2017 ihre Musikerkarriere beendet. Die Mühle kann aktuell leider nicht von innen besichtigt werden.

› ***Dabeler Mühle,*** *GPS 53.674717, 11.886400, www.dabel.m-vp.de/hollaendermuehle-dabel. Die Mühle befindet sich an der L16 kurz vor der Einmündung auf die B192.*

MESTLIN

(5 km – km 13)

Das Dorf Mestlin, das sich selbst auch gerne als Storchendorf bezeichnet und 1312 erstmals als Mustelin bzw. Mostelin urkundlich erwähnt wurde, ist durch eine sehr bewegte Geschichte geprägt. Der **Dreißigjährige Krieg** hinterließ hier – wie in so vielen mecklenburgischen Orten – durch viele Tote und enorme Plünderungen seine Spuren und nur zwölf Bauernstellen blieben erhalten. Die Mestliner Bauern wurden 1833 nach Ruest umgesiedelt, wodurch sich Mestlin zum reinen **Gutsdorf** entwickelte. Viele Landarbeiter verarmten, nachdem 1820/21 die **Leibeigenschaft** und damit auch die Fürsorgepflicht der Landbesitzer für die Bauern wegfielen. Die Lage schildert z. B. Fritz Reuter in seinem Buch „Kein Hüsung".

Anfang/Mitte des 19. Jahrhunderts begann auch in Mestlin die **Auswanderung nach Amerika** in eine unsichere Zukunft. Jeder dritte Mecklenburger verließ damals seine Heimat. Wollte man offiziell **emigrieren,** musste man beim Innenministerium Mecklenburg-Schwerins darum ersuchen, um ein Auswanderungskonsens oder eine Entlassungsurkunde ausgestellt zu bekommen. Heute befinden sich die Unterlagen dazu im Landeshauptarchiv Schwerin. Dort findet man auch die Anträge aus Ruest und Mest-

072ms-lr

lin: Über 80 Personen aus diesen Gemeinden verließen bis zum Ende des 19. Jahrhunderts ihre Heimat.

1945 verdoppelt sich die Einwohnerzahl von Mestlin, da viele **Umsiedler** aus Ostpreußen, Pommern und Schlesien in den Gutshäusern, der Schule und im Pfarrhaus untergebracht werden mussten. Wenige Pumpen garantieren am **Ende des Zweiten Weltkrieges** die Wasserversorgung, nur im Gutshaus gab es elektrisches Licht, die Straßen waren unbefestigt. Die **sowjetische Armee** übernahm die Bewirtschaftung des Gutes, ab Oktober 1945 gab es wieder Schulunterricht und anschließend erfolgte wie überall in der Sowjetischen Besatzungszone eine Bodenreform, bei der Grundbesitz von mehr als 100 ha und der Besitz von aktiven NSDAP-Mitgliedern in Mestlin enteignet wurde. Fünf Jahre später beschloss die Regierung Mecklenburgs, 180 **„Beispieldörfer“** zu schaffen, von denen eines Mestlin werden sollte. Ende Juli 1952 begann die große Bauernflucht in den Westen Deutschlands, bevor im August die Landwirtschaftliche Produktionsgenossenschaft (LPG) „Neues Leben“ gegründet wurde. Viehhaltung und Grünlandwirtschaft wurden in genossenschaftliches Eigentum überführt, der eigene Hof und ein halber Hektar Land blieben für die Genossenschaftsmitglieder zur individuellen Nutzung. 1953 erfolgte die Umgestaltung des Dorfes. Ein Kulturhaus, ein als großräumiges Ärztehaus angelegtes Landambulatorium, eine Kinderkrippe und ein Kindergarten, eine Polytechnische Oberschule, Verkaufsstellen, Gaststätten sowie 152 kommunale Wohnungen entstanden.

⊡ *Vom Rothen Strumpf überragt die Dabeler Mühle das Umland*

Heute ist Mestlin ein ruhiger und Gäste freundlich aufnehmender Ort. Besuchen sollte man die **Dorfkirche,** ein für diesen kleinen Ort sehr gewaltiges Gotteshaus. Der Bau wurde im 13. Jahrhundert begonnen. Die Innenausstattung stammt größtenteils aus dem 17. und 18. Jahrhundert und die Kirche kann sicher als eine der schönsten Dorfkirchen Mecklenburgs gelten. Sie steht in krassem Widerspruch zu dem in der Zeit des sozialistischen „Musterdorfs" errichteten und völlig überdimensionierten **Kulturhaus** am Marx-Engels-Platz, bei dem man den Eindruck hat, es hätte seine besten Tage hinter sich. Heute finden hier aber immer noch Kunst- und Kulturveranstaltungen statt und wechselnde Ausstellungen sind zu besichtigen.

Vor dem Kulturhaus befindet sich ein großer und für Wohnmobile problemlos nutzbarer Parkplatz.

P 75 **Parkplatz Kulturhaus Mestlin,** GPS 53.58010, 11.92558

Nachdem man den Ort durchfahren hat, folgt man der L16 in Richtung Sternberg. Nach ungefähr 7 km erreicht man Hohen Pritz.

Hier besteht die Möglichkeit in Richtung Kukuk oder nach Klein Pritz abzubiegen und die dortigen Camping- beziehungsweise Stellplätze zu nutzen. Folgt man der L16 weiter in Richtung Norden gelangt man über Dabel nach Sternberg.

In **Dabel** findet man direkt neben der Straße einen sehr großen Badestrand, der noch aus der Zeit stammt, als in Dabel größere Ferienlager mit vielen Sommergästen stattfanden. Der **Badestrand** hat einen markanten Holzsteg, der 80 m in das Wasser des Holzendorfer Sees reicht und den man daher getrost auch als Seebrücke bezeichnen könnte. In der Lindenstraße 13 findet sich auch noch ein liebevoll gestaltetes **DDR-Museum.** Kurz vor Sternberg sollte man unbedingt den kurzen, etwa 1 km langen Umweg über Kobrow machen, um das **Mecklenburgische Kutschenmuseum** zu besuchen, eine wirklich beeindruckend große Anlage, in der in langen Hallen mehr als 200 Kutschen von Landwirtschaft bis zur Prunkkutsche der preußischen Könige ausgestellt sind. Ergänzt wird die Ausstellung durch Schlitten und Reiseaccessoires.

Sehenswertes

- **DDR-Museum,** Feriendorf Storchennest, Lindenstraße 13a, 19406 Dabel, Tel. 015251335683, www.ddr-museum-mecklenburg.de, geöffnet: Mi/Fr/So 12–17 Uhr, Eintritt: Erwachsene 8 €, Kinder 4 €
- **Mecklenburgisches Kutschenmuseum,** Am Dorfteich 5, 19406 Kobrow II, Tel. 03847 435737, www.kutschenmuseum-mv.de, Parkplätze kostenlos vorhanden, geöffnet: April–Oktober Do–Sa 11–17 Uhr, Eintritt: 5 €. Sehr große Anlage mit unzähligen Ausstellungsstücken und mehr als 200 Kutschen aller Art – eine der größten Sammlungen Deutschlands. Museumsshop und Café.

86 Camping & Friesenhof Kukuk

GPS 53.638088, 11.923970

Sehr schön gelegener Campingplatz mit einem hervorragenden Badestrand, Grillplatz, Bistro und Bootsverleih. Der angrenzende Pferdehof lädt zu einem Besuch ein. Reitausflüge oder Kutschfahrten sind möglich. **Lage/Anfahrt:** Am Westufer des Klein Pritzer Sees. Von Hohen Pritz ca. 4 km bis Kukuk und ab dort der Ausschilderung folgen; **Untergrund:** Wiese; **Service:** Strom, Trinkwasser, Abwasser, Chemie-WC; **Sicherheit:** umzäunt; **Preise:** €; **Geöffnet:** Mitte April–Mitte Okt.; **Kontakt:** Seestraße 6, 19406 Kukuk, Tel. 038485 20432, Mobil 01777171401, www.camping-kukuk.de.

87 Campingplatz Klein Pritz

GPS 53.640141, 11.947040

Campingplatz mit vielen Dauercampern, Bungalows und Badestrand. **Lage/Anfahrt:** Am Ostufer des Klein Pritzer Sees. Über Hohen Pritz und Kukuk nach Klein Pritz, ausgeschildert; **Untergrund:** Wiese; **Service:** Strom, Trinkwasser, Abwasser, Chemie-WC, WLAN; **Sicherheit:** umzäunt; **Preise:** €; **Geöffnet:** April–Okt.; **Kontakt:** Kastanienallee 10, 19406 Klein Pritz, Tel. 038485 20060, Mobil 0172 3016926, www.camping-kleinpritz.de.

STERNBERG

(18 km - km 31)

In der Nähe der heutigen Stadt Sternberg, die 1248 das Stadtrecht verliehen bekam, befand sich ursprünglich eine slawische Burganlage. Der Burgname wurde zum Namen der Stadt, wobei dieser sich aber noch mehrmals veränderte. Aus Sterneberg wurde Sterneberch und schließlich Sternberg. Bis heute ist die genaue Bedeutung des Namens noch nicht gelöst. So könnte er vom slawischen Wort Cernobog („schwarzer Gott") herrühren oder Stern könnte vom Slawischen „star" (alt) abgeleitet sein, verbunden mit dem Wort für Gottheit, „bog". Eine dritte Variante favorisiert den sternförmigen Verlauf der alten Stadtmauer als Namensursprung.

Seit 1256 gehörte die Stadt zum **Fürstentum Mecklenburg.** Auch dieser Ort erlitt verschiedene Schicksalsschläge. So wütete 1450, in der zweiten Hälfte des 16. Jahrhunderts und 1604 die **Pest** in Sternberg. 1492 kam es zu umfangreichen **Judenpogromen.** Anlass dafür war der damals populäre Vorwurf des Hostienfrevels. Die Universität Rostock lieferte ein „wissenschaftliches" Gutachten, in dessen Folge 27 Juden verbrannt und alle anderen jüdischen Mitbürger vertrieben wurden. **Schwedische Soldaten** plünderten 1638 die Stadt, mordeten und brandschatzten. 1659 brannte der Ort völlig nieder, nur eine einzige Scheune blieb stehen und sogar die Orgel und die Glocken der Kirche schmolzen. Sternberg war von 1275 bis 1913 **Tagungsort der Landtage Mecklenburgs.** Hier wurde auch durch einen außerordentlichen Landtag im Jahre 1549 die Reformation eingeführt.

Zeitzeugen dieser wechselvollen Geschichte begegnen dem Besucher der Stadt noch heute, so das restaurierte **Rathaus** in dem einzigartigen Marktplatzensemble, dessen Gebäude aus dem 18. bis frühen 20. Jahrhundert stammen. Das **Mühlentor,** das einzige erhaltene der ursprünglich vier vorhandenen Stadttore, und die **Backsteinkirche St. Maria und St. Nikolaus** aus dem 14. Jahrhundert laden zum Betrachten ein. Im ältesten Bürgerhaus der Stadt von 1747 in der Mühlenstraße 8 befindet sich das **Heimatmuseum.** An dieser Stelle stand früher einmal das Schloss des Fürsten Heinrich II. und um 1500 ein Augustinerkloster.

Für alle Besichtigungen in der Innenstadt Sternbergs kann man den **Parkplatz** am Markt gegenüber dem Rathaus nutzen. Dieser ist kostenpflichtig (0,60 €/Std.), liegt aber sehr zentral. Dazu finden sich rund um die Altstadt zahlreiche Parkmöglichkeiten, die kostenfrei sind. Ein sehr großer Parkplatz, der sich auch für eine Übernachtung eignet, befindet sich an der Johannes-Dörwaldt-Allee unweit des Campingplatzes Dreiwasser 88.

P 76 Johannes-Dörwaldt-Allee Sternberg,
GPS 53.71383, 11.83413

Sternberg hat einen **historischen Stadtkern** mit einem besonders auffallenden **rasterförmigen Straßennetz.** Typisch sind die vielen Fachwerkhäuser im Stadtkern, die alle erst nach 1741 errichtet wurden. Hier findet man auch die ehemaligen **Quartiere der Landtagskommissare.** Sie waren bis in das 19. Jahrhundert die Vertreter der fürstlichen Landesherren im bürgerlichen Landtag.

Die **Umgebung** Sternbergs gilt als eine der schönsten Mecklenburgs und ist für Wanderer genauso paradiesisch wie für Angler und Wasserwanderer. Seit 1997 ist die Stadt „Staatlich anerkannter Erholungsort". Besonders der nur 3 km über die L141 entfernte Ortsteil Sternberger Burg bietet einen ausgezeichneten Ausgangspunkt für **Wanderungen** und **Fahrradtouren.** Absolut empfehlenswert ist auch eine **Paddeltour durch das Warnow-Durchbruchstal.**

Die Warnow kennen die meisten Besucher nur von ihrer Mündung in die Ostsee bei Rostock. Sie ist aber etwa 150 km lang und im Bereich der Mecklenburgischen Seenplatte besonders reizvoll, denn hier hat sie sich ein malerisches Tal durch die hügelige Landschaft erarbeitet. Eine bessere Möglichkeit, auf diesem schmalen Fluss durch unberührte Natur zu paddeln, ist selten zu finden. Die Uferränder muten urwaldähnlich an, Zweige hängen über den Fluss und ab und zu müssen im Wasser liegende Bäume umpaddelt werden. Die Wassertiefe ist gering und mit etwas Glück können Fischotter, Biber, Seeadler, Graureiher, Kormorane oder Eisvögel beobachtet werden. Kanus oder Schlauchboote können in Sternberger Burg von verschiedenen Anbietern gemietet werden. Wer keine Lust hat, gegen die leichte Strömung zurückzupaddeln, vereinbart vorab einen Abholpunkt. In den Mietgebühren ist in den meisten Fällen ein Bring- und Abholservice enthalten. Die Tagesmietpreise inkl. erforderlicher Ausrüstung liegen je nach Bootsgröße zwischen 35 und 45 €.

Information

› **Touristinfo Sternberg,** Am Markt 3, 19406 Sternberg, Tel. 03847 444535, geöffnet: Mai–September Mo–Fr 9–12 und 13–17, Juli/August zusätzlich Sa 10–16, Oktober–April Mo–Do 9–12 und 13–16, Fr 9–12 Uhr, www.tourismus.stadt-sternberg.de. Die Information befindet sich in einem Nebengebäude hinter der Stadtverwaltung.

Parken

P 77 **Parkplatz Sternberger Burg,** GPS 53.735800, 11.836450, An der Mildenitz, 19406 Sternberger Burg. Im Kreuzungsbereich der L141 mit der Straße An der Mildenitz am Ortsrand von Sternberger Burg. Sehr schöner ruhiger und kostenloser Parkplatz, der sich auch als Übernachtungsplatz eignet. Müllentsorgungsmöglichkeit und Picknickecke vorhanden. Untergrund: Rasengittersteine.

P 78 **Warnowdurchbruch Sternberger Burg,** GPS 53.75151, 11.83591. Für Besucher eingerichteter Wanderparkplatz, über Gross Görnow anfahren. Der Platz ist gut gepflastert und auch für eine Übernachtung geeignet, aber sehr abschüssig.

Aktivität

› **Kanucamp Hennig Sternberger Burg,** KanuCamp Sternberger Burg, An der Mildenitz 10, 19406 Sternberger Burg, Mobil 0171 4517958, www.kanucamp-hennig.de. Sehr familiäres und gemütliches Kanucamp. Hier kann man Schlauchboote und Kanus ausleihen, auf einem kleinen Campingplatz sein Zelt aufbauen und auch mal eine Nacht in einer Schlafhütte übernachten. Stellplätze für Wohnmobile gibt es jedoch nicht. Waschräume und WC, Grillplatz und freundliche Hilfe und Tipps vor Ort erhältlich.

Sehenswertes

› **„Lütt Acker" Landschaftsschau Sternberg,** GPS 53.71630, 11.82113, Tel. 0170 1551414, www.luettacker.de, geöffnet: Mai–September Mo–Do 9–12 Uhr, nachmittags nach telefonischer Absprache über 0170 1551414, an Wochenenden nur bei Veranstaltungen, Eintritt: 3 €. 7000 m² große, schön gestaltete Landschaftsschau eines Fördervereins mit Rosen-Kräuter-Garten, Wildrosenlehrpfad, Kräutergarten, Schrebergarten, Feuchtbiotop und Rastplatz. Hier finden auch verschiedene Veranstaltungen statt. Man kann an der L141 (Bützower Straße) in der Nähe der Straße Finkenkamp beziehungsweise dem Autohaus Sternberg parken. Von hier sind es ungefähr 3 Minuten zu Fuß bis Lütt Acker (ausgeschildert). Oder man folgt ab der Schule zu Fuß dem Panoramaweg bis zur Ausschilderung „Lütt Acker". Dafür parkt man Ecke Bützower Chaussee/Finkencamp (GPS 53.71446, 11.82144).

› **Stadtkirche St. Maria und St. Nikolaus Sternberg,** Mühlenstraße 4, 19406 Sternberg, Tel. 03847 2919. Monumentaler dreischiffiger und fünfjochiger Kirchenbau aus Backsteinen. Baubeginn war 1309. Angeschlossen sind die Kapelle des heiligen Blutes, ein langjähriger Wallfahrtsort nach den Hostienprozessen, und die sogenannte Winterkirche. Die prunkvolle Innenausstattung, besonders die umfangreichen Malereien, beeindruckt Besucher.

88 Campingplatz Dreiwasser Sternberg

GPS 53.71617, 11.83369

Einer der kleinsten Campingplätze Deutschlands, ausnehmend schön gelegen in direkter Uferlage. Reservierung unbedingt empfohlen. **Lage/Anfahrt:**

90 Campingplatz Sternberger Seenland

GPS 53.713928, 11.813390

Großer Campingplatz mit zusätzlichem Wohnmobilhafen vor der Schranke. Sehr gute Ausstattung inkl. Restaurant. **Lage/Anfahrt:** Auf einer Halbinsel am Luckower See. Von der B104 oder der L141 (je nach Anfahrtsrichtung) auf Straße Maikamp abbiegen und ihr bis zum Campingplatz folgen; **Untergrund:** Wiese; fest; **Service:** Strom, Trinkwasser, Abwasser, Chemie-WC; **Preise:** €€, im Wohnmobilhafen außerhalb des Campingplatzes günstiger; **Geöffnet:** April–Oktober; **Kontakt:** Maikamp 11, 19406 Sternberg, Tel. 03847 2534, www.camping-sternberg.de.

173ms-lr

direkt am Ufer des Großen Sternberger Sees; **Untergrund:** Wiese; **Service:** Strom, Trinkwasser, Abwasser, Chemie-WC; **Sicherheit:** umzäunt; **Preise:** €; **Geöffnet:** April–Oktober; **Kontakt:** Johannes-Dörwaldt-Allee 3, 19406 Sternberg, Tel. 038474 368081, www.camping-dreiwasser.de.

Die Route führt von Sternberg über die B104 weiter in Richtung Schwerin. Nach 5 km biegt man auf die K6 nach Kaarz ab. Wer eine Übernachtungsmöglichkeit braucht, findet in Brüel den Campingplatz Roter See 89.

89 Campingplatz Roter See Brüel

GPS 53.71875, 11.72728

Sehr ruhige und versteckte kleine Anlage mit Badestrand, Gaststätte, Bootsverleih, Kinderspielplatz. **Lage/Anfahrt:** Am Südufer des Roten Sees. Von der B104 nach Süden auf den Weg zum Roten See abbiegen und diesem bis zum Ende folgen; **Untergrund:** Wiese; **Service:** Strom, Trinkwasser, Abwasser, Chemie-WC; **Sicherheit:** umzäunt; **Preise:** €; **Geöffnet:** April–Oktober; **Kontakt:** Weg zum Roten See 65, 19412 Brüel, Tel. 038483 296666, www.rotersee-mv.de.

ABSTECHER ZUM ARCHÄOLOGISCHEN FREILICHTMUSEUM GROSS RADEN

(hin und zurück ca. 12 km)

Etwa 6 km nördlich von Sternberg liegt Groß Raden, das man über die L141 in Richtung Sternberger Burg erreicht. Kurz vor Groß Raden befindet sich ein kostenfreier Wanderparkplatz mit Anbindung an die Radwege.

79 **Wanderparkplatz Groß Raden,** GPS 53.73320, 11.83039

Direkt im Dorf Groß Raden gibt es gegenüber dem Oldtimermuseum geräumige Parkplätze, auf denen man das Wohnmobil parken und von wo man zu einem ca. 15-minütigen Fußweg starten kann, auf dem man das Freigelände der **Slawenburg** und das zugehörige Museumsgebäude erreicht.

P 80 **Parkplatz beim Oldtimermuseum,** GPS 53.73427, 11.86236, 2 €/Tag

Das Freilichtmuseum besteht aus einem großen Freigelände mit nachgebauter Sla-

wenburg, einem kompletten Slawendorf und dem sanierten **Museumsgebäude** mit seinen ausgezeichneten **archäologischen Ausstellungen.**

Der Weg zur Slawenburg führt direkt am Museumsgebäude vorbei und unterwegs wird man immer wieder durch aufgestellte Tafeln auf Besonderheiten in Flora, Fauna und Historie hingewiesen. Es ist auch möglich, mit einem **Planwagen** zur Burg kutschiert zu werden, und eine außergewöhnliche Anreise ist via **Fischerboot** (buchbar beim Museum) von Sternberg aus möglich.

Schon von Weitem ist auf einer vorgelagerten Halbinsel der runde **Burgwall** mit seinem Durchmesser von etwa 50 Metern zu sehen. In den Jahren von 1973 bis 1980 wurden bei umfangreichen Ausgrabungen die Reste einer slawischen Siedlung aus dem 9. und 10. Jahrhundert freigelegt und die Burganlage anhand der Funde rekonstruiert, das Archäologische Freilichtmuseum entstand seit 1987.

Die Rekonstruktion dieses Ortes ist eng mit **Prof. Dr. Ewald Schuldt** (1914–1987) verbunden, der nach seiner Berufung zum Direktor des Museums für Ur- und Frühgeschichte Schwerin mit der Erforschung slawischer Burgen begann. Ab 1973 untersuchte er die altslawische Siedlungskammer am Sternberger See, zu der die Sternberger Burg und die Burgen Görnow und Groß Raden gehörten. Dass dabei der Grundriss eines Kultgebäudes freigelegt werden konnte, ist eine Besonderheit.

Heute kann man nun von Di bis So auf den **slawischen Spuren der Warnower** wandeln. Anhand eines Planes, den man an der Kasse erhält, absolviert man einen historisch inter-

Das Oldtimer-Museum Groß Raden ist mehr als ein Geheimtipp. Die interessanten Ausstellungen mit hunderten Exponaten befinden sich dicht gedrängt auf mehreren Etagen (s. S. 181).

essanten Rundgang, bei dem man Block- und Flechtwandhäuser passiert, Werkstätten betrachtet und mit Handarbeitstechniken aus längst vergangenen Zeiten bekannt gemacht wird. Kurz vor dem Betreten des Bohlenweges, der zur Burg führt, trifft man auf den Nachbau eines Tempels aus dem 9. Jahrhundert. Auch das landwirtschaftliche Leben kann im Slawendorf nachempfunden werden, denn ein Bereich der Ausstellung widmet sich dem Gartenbau, ein anderer der Schafzucht. Transportmittel der damaligen Zeit wie Einbäume, Eisschlitten und Karren werden ausgestellt.

Auf dem Freigelände finden von Ostern bis Oktober **verschiedene Veranstaltungen,** angefangen vom großen Mittelalterlager mit Wettkämpfen und historischen Spielen über Kräutertage bis hin zu einem bunten Ferienprogramm, statt. **Abendführungen** geben außerdem spannende Einblicke in das Leben der Slawen. Genaueres erfährt man unter www.kulturwerte-mv.de oder bei der **Touristinfo Sternberg** (s. S. 178). In den Wintermonaten werden **Vorträge zu historischen Themen** angeboten – dann aber im Inneren des **Museumsgebäudes,** dessen Ausstellung ebenfalls sehenswert ist. Sie dokumentiert die Ausgrabungen und präsentiert eindrucksvolle Originalfunde und vermittelt einen Überblick über die Kultur der Nordwestslawen vom 7. bis zum 12. Jahrhundert.

Kinder können sich auf dem Spielplatz neben dem Museum austoben.

Den Nimmermüden lockt gegenüber des zentralen Parkplatzes in Groß Raden das **Oldtimermuseum** zum Besuch und auch die Kirche in Groß Raden steht dahinter zur Besichtigung offen. Das Oldtimermuseum entstand im Jahr 1999 in einem alten Speichergebäude und wird von dem Verein „Freunde historischer Fahrzeuge“ betrieben. Momentan kann man unter anderem etwa 100 Motorräder und 10 Pkws der Baujahre 1924 bis 1970 besichtigen. Hinter dem Oldtimermuseum befinden sich begrenzt Parkplätze für größere Fahrzeuge.

Die **Kirche Groß Raden** wurde Ende des 13. Jahrhunderts als frühgotischer roter Backsteinbau errichtet und überragt den gesamten Ort. Im Inneren befindet sich ein Triptychon mit Gemälden aus dem 17. Jahrhundert. Der Turm der Kirche wurde 1891 durch einen Blitzschlag komplett zerstört. Leider gibt es nur unregelmäßige Öffnungszeiten. In der Gaststätte Zum Burgwall in der Kastanienallee kann man sich nach der großen Besichtigungstour stärken und erholen.

Sehenswertes

- **Archäologisches Freilichtmuseum Groß Raden,** Kastanienallee, 19406 Groß Raden bei Sternberg, Tel. 03847 2252, www.freilichtmuseum-gross-raden.de, geöffnet: April–Okt. tägl. 10–17.30, Nov.–März Di–So 10–16.30 Uhr, Eintritt 3,50 € (ermäßigt 2 €), Führung (ca. 3 Std., inkl. Ausstellungsbesuch) nach vorheriger Anmeldung möglich
- **Planwagenfahrt:** Buchung bei Kremserfahrten Ott/Ulbrig, www.reitstall-klein-raden.de, Tel. 038462 20298, Mobil 0174 5187673
- Anfahrt und Rundfahrt mit dem **Fischerboot:** immer Dienstag ab Sternberger Fischerhof, 10 und 14 Uhr, 5 €, Buchung bei Fischer Rettig, Tel. 03847 2884, Vermittlung auch über Touristinformation Sternberg
- **Oldtimer-Museum Groß Raden,** „Freunde historischer Fahrzeuge e.V.“, 19406 Groß Raden, www.oldtimermuseum-grossraden.de, Tel. 03847 311805, Eintritt: Erwachsene 5 €, Kinder 3 €, geöffnet: Mai–Sept. Sa, So und Feiertage 11–16 Uhr

KAARZ

(8 km – km 39)

Ist man von der B104 auf die K6 in Richtung Kaarz abgebogen, nähert man sich dem Ort auf einer alten, wirklich gut erhaltenen und von alten Bäumen gesäumten typischen Mecklenburger Pflasterstraße. Kaarz wurde 1460 erstmalig erwähnt, damals noch als „Kartze“, wobei dieser Name slawischer Herkunft ist und so viel bedeutet wie „Stelle, wo der Wald gerodet ist“. Lange Zeit war Kaarz ein Bauerndorf und ab Beginn des 19. Jahrhunderts dann ein Rittergut. Letzteres war bis 1869 im Besitz des weit verzweigten **Geschlechts der von Bülows,** woran die Kapelle im vorderen Teil des Parks erinnert. Dann wurde es vom Hamburger Kaufmann und Reeder **Julius Hüniken d.Ä.** gekauft, der das Gutshaus in ein **Schloss** verwandeln ließ, das er als Sommersitz nutzte. Hüniken ließ auch durch den Gartenarchitekten Carl Ansorge, einem Lenné-Schüler, den **Park** mit vielen **exotischen Gewächsen** anlegen. Man findet noch heute, übrigens sehr gut gepflegt und beschriftet, Zypressen, Douglasien, kaukasische Fichten und Platanen. Besonders beeindruckend ist ein riesiger Mammutbaum. Zentral im Park gelegen ist ein idyllischer **Weiher,** im hinteren Teil befindet sich das imposante tempelartige **Mausoleum.** Anfang des 20. Jahrhunderts wurde das **Arboretum** (Sammlung exotischer Gehölze) im Jahrbuch der „Königlich dendrologischen Gesellschaft" als Kostbarkeit der Parkarchitektur beschrieben. Unter Hünikens Nachfolger– Julius Hüniken d.J. – erfolgte ab 1902 die Umgestaltung des Parks in einen **Landschaftsgarten englischen Stils.** Hüniken d.J. erhielt das Schloss übrigens per Losentscheid, da sich die Familie Hüniken nicht auf einen Nachfolger einigen konnte.

Während des **Zweiten Weltkrieges** diente Schloss Kaarz als Unterschlupf für Hamburger Verwandte der Hünikens, die sich vor der Bombardierung in Sicherheit bringen mussten. Im Frühjahr 1945 floh die Familie aus Angst vor der **sowjetischen Armee,** die Kaarz besetzte und das Schloss als Kommandantur nutzte, in den Westen. Auch Flüchtlinge waren nun hier untergebracht. Ab Herbst 1945 diente das Haus als **Schule,** ab 1950 wurde es **Gemeindezentrum** und später **Pflege- und Altenheim.** Von 1988 an war das Schloss fast vier Jahre lang unbewohnt, da nötige Reparaturen nicht ausgeführt werden konnten. 1992 konnte die Familie Gaertner-Hüniken nach langwierigen Verhandlungen Schloss und Park zurückkaufen. Heute beherbergt das Haus ein **Hotel,** ein Restaurant und Salons mit Kamin, Flügel und Bibliothek bieten Möglichkeiten zum Entspannen. Besucher sollten sich die Zeit nehmen, die gut gepflegten Anlagen zu durchstreifen und die **Kapelle** zu besuchen. Hier findet man Schautafeln mit der Geschichte des Geschlechts der von Bülows, deren bekanntester Vertreter ganz sicher Bernhard Victor Christoph-Carl von Bülow, kurz gesagt **Loriot,** war. Alle Schloss- und Parkanlagen wurden hervorragend saniert und sind gut ausgeschildert. Der Zutritt ist überall kostenlos. Die große **Kaffeeterrasse** des Schlosses lädt zum Verweilen ein und von ihr hat man einen wundervollen Blick über den Park. Vor dem Schloss befindet sich ein kostenloser Besucherparkplatz (GPS 53.69798, 11.72924), auch für Wohnmobile aller Größen.

Sehenswertes

› **Schloss und Schlosspark Kaarz,** Obere Dorfstraße 6, 19412 Kaarz, Tel. 038483 3080, www.schloss-kaarz.de. Schlossanlage mit Hotel, Restaurant, Café, Park, Kapelle und Mausoleum.

Von Kaarz fährt man auf der K6, die im Ort als Dorfstraße bezeichnet ist, nach Jülchendorf und weiter über Venzkow zur L9. Am Ortsausgang von Jülchendorf kann man linker Hand am Forsthaus neben der Hauptstraße parken und das **Naturschutzgebiet Trockenhänge** besuchen. Am Parkplatz befindet sich auch eine kleine Picknickstelle.

P 81 Parkplatz Forsthaus, GPS 53.67058, 11.70788

Zum Naturschutzgebiet folgt man dann zu Fuß oder per Fahrrad der Hauptstraße zurück in die Mitte des kleinen Dorfes bis zur Bergstraße und dann weiter entsprechend der Ausschilderung. Im Ort ist das Parken schwierig, der Parkplatz Forsthaus (s. o.) bietet besonders für große Wohnmobile die beste Möglichkeit.

Hinter Venzkow folgt man der Straße in Richtung Crinitz und biegt an der Kreuzung zur L9 nach rechts in Richtung Brüel ab. Diese Landstraße verlässt man erst am Ortseingang von Weberin und biegt nach links in den

115ms-lr

Ort Richtung Schwerin ab. In **Weberin** befindet sich ein recht großer **slawischer Burgwall,** der auch direkt ab der Straße am Ortsausgang ausgeschildert ist und in dem bei Grabungen zahlreiche Funde gemacht wurden. Besuchen kann man in Weberin auch ein kleines Café. Nach der Durchquerung des kleinen Ortes geht es über die K4 (Kritzower Straße) nach Kritzow, Langen Brütz und Leezen weiter. In Leetzen ist Rampe ausgeschildert und von dort ist es über die B104 nur noch ein Katzensprung bis nach Schwerin, dem Endpunkt der Route. Die gesamte Strecke ab Kaarz bietet wiederholt gute Gelegenheiten für **Wanderungen** oder **Fahrradausflüge.** Zwischen Kaarz und Jülchendorf verlaufen Fahrradwege auch oft entlang der Straße und häufig gibt es kleine Wanderparkplätze für eine Rast oder Wanderung.

Verträumte Sommeridylle mit Park – Schloss Kaarz

ABSTECHER NACH KUHLEN-WENDORF

(hin und zurück ca. 6 km)

Von Weberin sind es über die L9 nur 3 km bis Kuhlen-Wendorf. Das dortige beeindruckende **Herrenhaus** wurde 1637 zum ersten Mal erwähnt. Bis 1895 gehörte es als Ritterburg dem **Grafengeschlecht von Schack,** anschließend war es im Besitz **Otto Schondorfs,** der es im Jahre 1904 an **Ivan Mackensen von Astfeld** verkaufte. Dieser ließ bis 1906 einen schlossartigen Neubau nach einem Entwurf des Architekten Paul Korff errichten und den Gutspark neu gestalten.

Nach 1945 war hier ein Jugendheim untergebracht und nach der Wende erfolgte die Restaurierung und der Umbau zu einem **Hotel,** das 2009 eröffnet wurde und nun als Luxushotel um Gäste wirbt.

Besonders die wunderschöne **Parkanlage** mit ihrem bis zu 600 Jahre alten Baumbestand und den Wasserläufen zieht die Besucher an.

Wendorf entwickelt sich zunehmend zu einem **Leistungszentrum des Pferdesports** und greift dabei auf jahrhundertelange Traditionen in der Pferdezucht zurück. Eine große Pferdesportarena inklusive umfangreicher Stallanlagen wurde neu gebaut. Der Ort hat sich in den letzten Jahren stark verändert und hinterlässt einen sehr modernen und gepflegten Eindruck. Legendär sind die hier jährlich ab September stattfindenden Jagdrennen und Schleppjagden, bei denen heute natürlich kein Fuchs mehr zu Schaden kommt. Stattdessen wird ein Reiter als Schleppenleger verfolgt. Zum Schlosshotel gehört das im Ort gelegene Spitzenrestaurant Cheval Blanc. Um zum Herrenhaus und zur Pferdesportarena zu gelangen, durchfährt man den gesamten Ort auf der Hauptstraße, parkt auf einem der am Schloss gelegenen Parkplätze und setzt den Weg zu Fuß fort.

Das ehemalige Herrenhaus in Kuhlen-Wendorf ist heute ein Schlosshotel

075ms-lr

SCHWERIN

(35 km – km 74)

Schwerin ist die älteste Stadt und die **Landeshauptstadt Mecklenburg-Vorpommerns.** Eingebettet in eine wald- und seenreiche Umgebung grenzt sie im Südwesten an den Schweriner See. Die Einwohner nennen Schwerin auch oft „Stadt der sieben Seen und Wälder", wobei diese heute irreführende Bezeichnung auf eine Zeit zurückgeht, in der die Stadt tatsächlich nur von sieben Seen und tiefen Wäldern umgeben war. Letztere mussten weichen, damit sich Schwerin vergrößern konnte. Innerhalb der Stadt existieren leider nur noch Waldreste. Durch die starke Ausdehnung der Stadt befinden sich heute auch nicht mehr sieben, sondern 12 Seen auf dem offiziellen Kommunalgebiet: der Burgsee, der Faule See, der Grimkesee, der Heidensee, die Große Karausche, der Lankower See, der Medeweger See, der Neumühler See, der Ostorfer See, der Ziegelsee, der Pfaffenteich und natürlich gehört auch der Schweriner See in Teilen zur Stadt. Außerdem fließen der Aubach und die Stör durch Schwerin.

Der Fund von Werkzeugen und eines germanischen Brunnens aus dem 1. Jahrhundert n. Chr. lassen darauf schließen, dass das heutige Stadtgebiet schon seit ca. 2000 Jahren besiedelt ist. Mitte des 10. Jahrhunderts wurde erstmals eine mächtige Slawenburg an dieser Stelle erwähnt, die vom **Obotritenfürsten Niklot** auf einer Insel im See errichtet wurde. Die Obotriten gaben der Stadt auch ihren Namen. 1018 wurde Zuarina, wie Schwerin ursprünglich hieß, durch Thietmar von Merseburg zum ersten Mal schriftlich erwähnt. Es wird vermutet, dass „Zuarina" in der Sprache der Obotriten „wildreich" bedeutet. Genau belegt werden konnte das aber bisher nicht.

1160 fiel der **Sachsenherzog Heinrich der Löwe** in die Stadt ein und eine erste kleine Siedlung entstand an der Stelle des heutigen Alten Gartens. Eine hölzerne Brustwehr befestigte die Stadt, bis zur Mitte des 14. Jahrhunderts wurde diese durch eine **Stadtmauer** ersetzt. Im Jahr 1167 wurde Schwerin **Bischofssitz,** nachdem der Zisterziensermönch Berno seinen Sitz hierher verlegte. Aufgrund des von Heinrich dem Löwen gestifteten **Doms** wurde die Stadt zum **Zentrum der Christianisierung** und Besiedlung des späteren Gebietes Mecklenburg.

1228 gab es einen **städtischen Rat,** der sich aus sechs Ratsherren und dem Bürgermeister zusammensetzte. Schon 1270 konnte mit dem Bau eines **zweiten Doms** begonnen werden, da viele **Pilger** der Stadt Einnahmen bescherten. Diese kamen nach Schwerin, um einen in Jaspis eingeschlossenen heiligen Blutstropfen zu bewundern. **Heinrich von Schwerin** hatte ihn 1222 von einer Pilgerfahrt mitgebracht und den Domherren gestiftet. Auch der Bau eines **Franziskanerkonvents** konnte durch ein Drittel der Einnahmen finanziert werden, sodass an dieser Stelle die älteste Niederlassung eines Bettelordens in Mecklenburg entstand. Des Weiteren wurden der **Spieltordamm,** der den Betrieb einer Wassermühle ermöglichte, und das **Rathaus** errichtet.

1358 belagerte **Albrecht II.** monatelang die Stadt – die Stadtbefestigung hielt, doch die Geschichte ging wechselvoll weiter. Grenzstreitigkeiten, aber auch Raub und Mord waren an der Tagesordnung, sämtliche Kassen leer, dazu gesellten sich die Auswirkungen der Pest. Erst Ende des 15. Jahrhunderts gelang durch eine Neuordnung der Verwaltung unter **Magnus II.** der Aufschwung. Das älteste noch erhaltene Gebäude, das **Große Neue Haus,** entstand, die **Fürstenschule** und eine **Regierungsbibliothek** wurden eingerichtet. Allerdings vernichteten **zwei Brände** im 16. Jahrhundert große Teile der Stadt, weswegen von da an die Häuser aus Stein erbaut werden mussten. Dennoch zerstörte auch im 17. Jahrhundert ein Brand Teile der Stadt. Der **Dreißigjährige Krieg** ging nicht spurlos an Schwerin vorbei, bescherte der Stadt aber nicht so viele Verluste wie dem Herzogtum.

076ms-lr

Im **18. Jahrhundert** erfolgte der Ausbau des heutigen Stadtteils **Schelfstadt,** wo Juden einen Friedhof anlegten. Das **Rathaus der Neustadt** wurde ursprünglich als Wohnhaus errichtet und erst 1776 zum Verwaltungssitz umgewandelt. Die Schweriner Straßen wurden durch ca. 200 **Laternen** erhellt. 1765 wurde allerdings die Residenz durch die Herzöge nach Ludwigslust verlegt.

Der mittelalterliche Charakter Schwerins ging im Laufe des **19. Jahrhunderts** verloren, denn **enorme Baumaßnahmen** veränderten das Stadtbild. So gab es kaum noch Holzhütten, die Stadtbefestigungen verschwanden und die Stadt wurde immer mehr erweitert.

⊡ *Der Schlossgeist des Schweriner Schlosses wird Petermännchen genannt*

1cm = 230 m   500 m

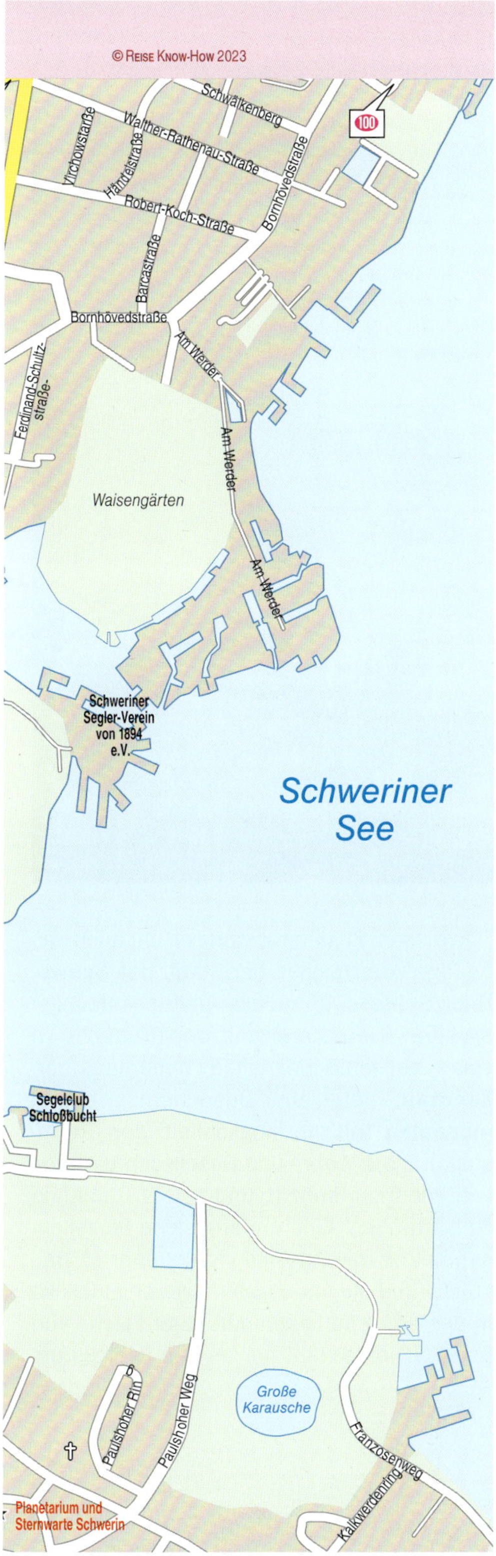

Stellplätze
91 Wohnmobilstellplatz Marina Nord Schwerin
92 Wohnmobilstellplatz Sportbootzentrum am Ziegelsee
96 Wohnmobilstellplatz Freizeitanlage Kaspelwerder
97 Wohnmobilstellplatz Grüne Straße Schwerin „Am Stadthafen"
98 Wohnmobilstellplatz am Hauptbahnhof
99 Wohnmobilstellplatz an der Sport- und Kongresshalle Schwerin
100 Hangar 19 Schwerin

P **Parken**
82 Parkplatz Jägerweg
83 Parkplatz Mecklenburgstraße
84 Parkplatz Ziegelseestraße

Sonstiges
1 Tourist-Information Schwerin

Sogar eine Bebauung des Großen Moores wurde gestartet. Ein neuer **Regierungssitz** in der Schlossstraße wurde unter **Friedrich Franz I.** errichtet, das Rathaus verwandelte sich durch den Hofbaurat Georg Adolph Demmler in ein äußerst repräsentatives Gebäude. Außerdem erbaute man das **Schauspielhaus** und den **Marstall.** 1837 verlegte der Großherzog Paul Friedrich die **Residenz** wieder nach Schwerin zurück. Da das bestehende **Schloss** große Baumängel aufwies, beschloss man dessen **Sanierung** und den **teilweisen Neubau,** der von 1845 bis 1857 durchgeführt wurde.

Auch die Verkehrsverbindungen entwickelten sich im 19. Jahrhundert. Schwerin wurde an das **Eisenbahnnetz** angebunden, das Bahnhofsgebäude im Gründerzeitstil entstand. 1852 fuhr das erste **Dampfschiff** ab Zippendorf. Ein Elektrizitätswerk am Pfaffenteich bescherte der Stadt **Strom** und damit 1908 eine elektrische **Straßenbahn.** Der **Flugzeugbauer Anthony Fokker** siedelte seine Firma Fokker Aeroplanbau in der Bornhövedstraße an. Hier wurde u. a. das Flugzeug für Manfred von Richthofen, den Roten Baron, hergestellt.

077ms-lr

Nach der Weimarer Republik etablierten die **Nationalsozialisten** ihre Diktatur in Schwerin. **Bücherverbrennung** und **Pogrome** gegen jüdische Mitbürger, wobei die Synagoge zerstört wurde, fanden auch hier statt. Nachdem 1945 die Amerikaner die Stadt kampflos übernahmen und sie für einen Monat an die Briten gaben, kam Schwerin schließlich unter **sowjetische Verwaltung.**

1952 wurde Schwerin nach Auflösung der Länder in der DDR **Bezirkshauptstadt.** In den 1960er- und 1970er-Jahren wurden einige **Plattenbausiedlungen** errichtet, um dem Wohnraummangel zu begegnen. Die Altstadt verfiel, sodass sogar Pläne zum Abriss der Innenstadt bis auf wenige historisch bedeutsame Gebäude geschmiedet wurden. Nach 1990 erfolgte eine grundlegende Sanierung weiter Teile der jetzigen Landeshauptstadt im Rahmen der Städtebauförderung.

In diesem Zusammenhang erfuhr auch das heutige Wahrzeichen der Stadt, das **Schweriner Schloss,** gründliche Instandsetzungsarbeiten. Heute erstrahlt der Prunkbau in seiner ganzen Schönheit. Er beherbergt den **Landtag,** bietet aber Besuchern in einem **musealen Teil** die Möglichkeit, den Thronsaal und die Wohn- und Gesellschaftsräume von Friedrich Franz II. und seiner Gemahlin zu bestaunen. Eine umfangreiche Porzellansammlung, die Ausstellung seltener Möbelstücke und die Ahnengalerie geben Einblicke in das höfische Leben. Mit einer Fläche von nur 1,8 Hektar lädt der an das Schloss un-

Das weitläufige Schweriner Schlossareal mit seinen großen Park- und Gartenanlagen

mittelbar angrenzende **Burggarten** zum Lustwandeln ein. Bis zur Uferzone kann dabei ein Höhenunterschied von 12 Metern überwunden werden. Der Garten besteht aus Treppen, Terrassen, beeindruckenden Skulpturen und einer begehbaren Grotte. Die **Orangerie,** die als Kaltraum für über 800 Pflanzen und Wintergarten mit Café genutzt wird, bildet den Mittelpunkt des Ensembles. Über die historische Drehbrücke, die **Schlossgartenbrücke,** gelangt man zum Schlossgarten. Dieser ist einzigartig in Norddeutschland und wurde im 19. Jahrhundert zu einem **englischen Landschaftspark** erweitert. Das Reiterstandbild von Friedrich Franz II. steht am Beginn der Laubengänge, die in den Kreuzkanal mit seinem imposanten Skulpturenensemble münden. Pavillon, Kavaliershaus und eine Freilichtbühne vervollständigen die Anlage.

Im Zentrum der **Altstadt,** unweit vom Schloss, befindet sich der **Marktplatz,** der von schönen Giebelhäusern gesäumt wird. Für Gäste machen ihn besonders das **Rathaus** im Tudorstil, das **Löwendenkmal,** das an die Gründung der Stadt erinnert, und das strahlend schöne **Säulengebäude** interessant. Auch die Tourist-Information befindet sich hier. Der Marktplatz ist durch seine zentrale Lage ein sehr guter Ausgangspunkt für Stadtrundgänge. Hinter dem markanten Säulengebäude an der Nordseite des Platzes ragt die Spitze des **Doms** hervor, der 1260 errichtet wurde. Man sollte es sich nicht entgehen lassen, den Aufstieg (über 220 Stufen!) auf den Turm zu wagen, hat man doch von der 117,50 Meter hohen Aussichtsplattform einen atemberaubenden Blick über die Stadt.

Wenige Hundert Meter weiter nördlich liegt die **Schelfstadt,** die das größte zusammenhängende Ensemble historischen Baubestands in Schwerin bietet. Herzog Friedrich Wilhelm ließ das Gebiet 1705 als Neustadt und getrennt von damaligen Stadtgebiet Schwerins planmäßig anlegen. Besonders Kaufleute und Handwerker sollten so angelockt werden und dringend benötigtes Geld in die herzoglichen Kassen spülen. Erst 1832 wurde die Schelfstadt mit Schwerin vereint. Heute imponiert sie auf dem **Schelfmarkt** und in den vielen umliegenden Straßen durch ihre unzähligen **Fachwerkhäuser.** Nur wenige Schritte von der barocken Schelfkirche entfernt befindet sich in der Puschkinstraße das **Schleswig-Holstein-Haus,** ein wichtiges Kulturzentrum Mecklenburg-Vorpommerns. Die **Schelfkirche** wurde ab 1708 errichtet. Zu ihrer Ausstattung gehören die Friese-Orgel und ein Altarbild von Gaston Lenthe (Schweriner Hofmaler). In ihrer Gruft ruhen Mitglieder des großherzoglichen Hauses, darunter die 1735 verstorbene Sophie Louise, Königin von Preußen.

In der Münzstraße, die viele kleine Läden bietet und auf dem Ziegenmarkt endet, kann man bummeln. Wendet man sich nun nach Westen, ist schnell der **Pfaffenteich** erreicht, an dessen Ufer viele historische Gebäude stehen. Direkt über die Mecklenburgstraße gelangt man in das Zentrum der Altstadt, dessen quirliges Leben in den vielen Boutiquen, Restaurants und Cafés pulsiert. Dabei passiert man eines der ältesten noch erhaltenen Gebäude Schwerins aus dem Jahre 1698. Dieses Fachwerkhaus steht an der Ecke Buschstraße und 3. Engestraße und beherbergt eine Kunstdrechselei. Die Regierungsgebäude und die Staatskanzlei finden sich in der Schlossstraße, die die Mecklenburgstraße kreuzt und wieder auf das Schloss zuführt. So gelangt man auch zum **Alten Garten,** einem einstigen höfischen Nutzgarten und heute einem der schönsten Plätze im Norden Deutschlands. Er wird vom **Mecklenburgischen Staatstheater,** dem **Staatlichen Museum,** der **Siegessäule** und dem **Alten Palais** geziert.

In der Landeshauptstadt Mecklenburg-Vorpommerns finden jedes Jahr **zahlreiche Veranstaltungen** statt. Im Mai kann man das Filmkunstfest erleben, die Weisse Flotte lädt zur Parade ein und Sportliche beteiligen sich am Schweriner Nachtlauf. In den Monaten Juni und Juli locken Töpfermarkt und Schlossfestspiele (Freiluftoper) Tausende in die Stadt. Der Fünf-Seen-Lauf startet am ersten Samstag im Juli und ist das größte Laufsportereignis der Region. Zwei Monate später, am ersten Samstag im September, gibt es aber noch ein anderes großes Ereignis: das „Rosa Paddel", eine Faltbootregatta auf dem Schweriner See. Dabei ist von den Teilnehmern ein Rundkurs von etwa 17 km zu bewältigen und die Veranstaltung lockt Tausende Zuschauer an. Am zweiten Septemberwochenende wird alljährlich das Altstadtfest gefeiert. Dabei verwandelt sich die gesamte Innenstadt durch Händler, Gastronomen und Schausteller in eine einzige große Flaniermeile. Der Mäkelborger Wiehnachtsmarkt im Dezember beschließt die jährlichen Veranstaltungsaktivitäten.

Ein besonderer Tipp für Besucher der Stadt sind die **Nachtwächter-Stadtführungen** der **Tourist-Information Schwerin.** (Weitere Themenführungen wie Gastronomie-, Dom- oder Schlossführung gibt es natürlich auch.) Dabei führt der Schweriner Nachtwächter im historischen Gewand Gäste durch die Altstadt und gibt dabei Anekdoten aus dem Leben in der Landeshauptstadt zum Besten.

Wohnmobilisten finden in Schwerin ein **breites Angebot an Stell- und Übernachtungsplätzen.** Viele Parkplätze – teilweise nur ein paar hundert Meter voneinander entfernt – bietet besonders der Schlossbezirk. Hier finden Wohnmobilisten beispielsweise in der Mecklenburgstraße an der IHK und am Jägerweg noch Parkflächen. Die Plätze am

Freilichtmuseum Schwerin-Mueß

*Das ehemaligen Fischer- und Bauerndorf Mueß wurde 1304 erstmalig urkundlich erwähnt und 1936 nach Schwerin eingemeindet. Es befindet sich direkt am Südufer des Schweriner Sees, ist heute ein Freilichtmuseum und beherbergt auf seinem Gelände auch das **Mecklenburgische Volkskundemuseum.** Beide geben Besuchern interessante Einblicke in das ländliche Leben Mecklenburgs vom 17. bis 20. Jh.*

*2010 feierte das Freilichtmuseum sein 40-jähriges Bestehen, denn am 18. Juli 1970 konnte als erstes Museumsobjekt der Bauernhof für die Öffentlichkeit zugänglich gemacht werden. Dieser wurde originalgetreu wie zu seiner Entstehungszeit kurz nach dem Dreißigjährigen Krieg wieder hergerichtet. Heute umfasst das Museum eine Fläche von ca. **3,5 Hektar,** auf der 17 Häuser bzw. Objekte besichtigt werden können. Die meisten davon stammen aus dem **historischen Dorfkern** und den Mittelpunkt bildet die **Büdnerei** (eine Kleinbauernstelle, 1982 eröffnet) mit Hofanlage und Scheune. Außerdem können **Hirtenkaten,** eine **Dorfschmiede** und eine **Dorfschule** sowie ein **Spritzenhaus** angeschaut werden. Vervollständigt wird die gepflegte Anlage durch eine **Ausstellung zur Binnenfischerei** und **Flachsverarbeitung** sowie eine **Pflanzensammlung** und eine **Streuobstwiese.***

*Durch vielfältige Ausstellungsstücke wie Waldglas, Handwerksgeräte, Alltagsgegenstände und Trachten mit dem dazugehörigen Schmuck wird eine fast vergessene Zeit wieder lebendig. Doch nicht nur Angucken steht in diesem Museum auf dem Programm, man kann auch **mitmachen.** Von Ostern bis Oktober wird an manchen Sonntagen in der Filzwerkstatt gefilzt, mittwochs wird geschmiedet und freitags geangelt. Pflanzen- und Handwerkermärkte sowie Kinderfeste finden ebenso statt wie Musikveranstaltungen und niederdeutsche Theateraufführungen.*

› ***Freilichtmuseum Schwerin-Mueß,** Alte Crivitzer Landstraße 13, 19063 Schwerin, www.schwerin.de/freilichtmuseum, Tel. 0385 2084114, geöffnet: Mitte April–September Di–So 10–18 Uhr, Oktober Di–So 10–17 Uhr, November–Mitte April geschlossen, Eintritt: Erwachsene 5 €, Jugendliche 3,50 €, Kinder unter 6 Jahren kostenlos, Familienkarte 10 €. Für lange Wohnmobile gibt es direkt am Museum nur eingeschränkt Parkplätze, deshalb parkt man besser entlang der Straße.*

Jägerweg sind jedoch eher klein und mit 30 € Tagesgebühr für Wohnmobile nicht unbedingt preiswert.

Information

› **Tourist-Information Schwerin,** Am Markt 14, 19055 Schwerin, geöffnet: Mo–Fr 9–18 Uhr, Sa/So und Feiertage 10–16 Uhr, November–März So geschlossen, Tel. 0385 5925212, www.schwerin.de

Parken

P 82 **Parkplatz Jägerweg,** GPS 53.620110, 11.411060, 19053 Schwerin, Preis: 5 €/Std., Tageskarte 30 €. Großer Parkplatz, der für Wohnmobile aller Größen geeignet ist. Direkt am Schlosspark gelegen, WC.

P 83 **Parkplatz Mecklenburgstraße,** GPS 53.622510, 11.410460, 19053 Schwerin, Preis: 2,50 €/Std., Tageskarte 10 €. Parkplatz, der für Wohnmobile üblicher Größen gut geeignet ist. In der Nähe des Schlosses und des Zentrums.

P 84 **Parkplatz Ziegelseestraße,** GPS 53.643780, 11.424770, 19055 Schwerin. Kostenloser großer Parkplatz am Einkaufszentrum Hansecenter. Entfernung zum Zentrum ca. 800 m.

Sehenswertes

› **Gemäldegalerie Staatliches Museum Schwerin,** Alter Garten 3, 19055 Schwerin, Tel. 0385 59580, www.museum-schwerin.de. Umfangreiche Kunstsammlung alter und neuer Meister, Münz- und Kupferstichkabinett nebenan. **Das Museum ist bis 2024 wegen Baumaßnahmen geschlossen.**

91 Wohnmobilstellplatz Marina Nord Schwerin

GPS 53.645882, 11.433400

Sehr schöner Wohnmobilstellplatz auf dem Gelände der Marina Nord. Gute Ausstattung mit Bootsverleih und Gaststätte. **Lage/Anfahrt:** Am Nordufer des Heidensees gelegen. Über die B104 (Güstrower Straße) fahren und dann auf den Buchenweg abbiegen; **Untergrund:** Asphalt, Wiese; **Service:** Strom, Trinkwasser, Abwasser, Chemie-WC, WLAN; **Sicherheit:** umzäunt; **Preise:** €; **Geöffnet:** ganzjährig; **Kontakt:** Buchenweg 19, 19055 Schwerin, Tel. 0385 512654, Mobil 0171 7316833, www.marina-nord.de.

116ms-lr

› **Mecklenburgisches Staatstheater Schwerin,** Alter Garten 2, 19055 Schwerin, Tel. 0385 5300123, www.theater-schwerin.de. 5-Sparten-Haus in einem prächtigen Renaissancegebäude. Im Sommer sind die Schlossfestspiele Schwerin zu empfehlen, die als Freiluftveranstaltung vor der Kulisse des prächtigen Schweriner Schlosses stattfinden. Kartenreservierung empfehlenswert.

› **Schweriner Schloss,** Lennéstr. 1, 19053 Schwerin, www.mv-schloesser.de/de/location/schloss-schwerin, Tel. 0385 58841572, geöffnet: Di–So 10–17 Uhr, im Sommer bis 18 Uhr, Eintritt: 8,50 €. Großherzogliches Residenzschloss mit Schlossmuseum in wunderschöner Lage auf einer Insel. Schlossgarten und Teile des Schlosses ohne Ausstellungen können kostenfrei betreten werden.

› **Schweriner Dom,** Am Dom, 19055 Schwerin, Tel. 0385 565014, www.dom-schwerin.de, geöffnet: Mo–Sa 11–15 Uhr, So 12–17 Uhr, Eintritt: kostenlos, Turmbesteigung 2 €, Domführungen Di/Sa 11 Uhr. Gewaltiges, mehr als 100 m langes Gebäude, dessen Bau 1260 begann. Zur wertvollen Innenausstattung gehören der gotische Kreuzaltar, ein Bronzetaufbecken von 1325, das Triumphkreuz von 1420 (aus der 1961 gesprengten Wismarer Marienkirche) sowie die Ladegastorgel mit ihren 5100 Zinnpfeifen. An dieser Orgel finden alljährlich zahlreiche Konzerte mit Organisten aus aller Welt statt. Die älteste der fünf Glocken des Doms stammt aus dem Jahr 1363.

› **Planetarium und Sternwarte Schwerin,** Weinbergstraße 17, 19061 Schwerin, Tel. 0385 512844, www.astronomie-schwerin.de, geöffnet: Mi/So 14.30 Uhr, Oktober–März Fr 19 Uhr, in den Ferien auch Di/Do 11 Uhr, Eintritt: 4,50 € Erwachsene, 2 € Kinder. In den öffentlichen Vorführungen des Planetariums werden der Sternenhimmel und die schönsten Konstellationen erkärt, Anmeldung empfohlen.

92 Wohnmobilstellplatz Sportbootzentrum am Ziegelsee

GPS 53.647614, 11.428292

Schön gelegene Wohnmobilstellplätze direkt am Wasser. **Lage/Anfahrt:** Zwischen B104 und Ziegelsee am Seeufer gelegen, Zufahrt direkt von der B104; **Untergrund:** Schotter, Wiese; **Service:** Strom, Trinkwasser, Abwasser, Chemie-WC, WLAN; **Sicherheit:** umzäunt; **Preise:** €; **Geöffnet:** April–Oktober; **Kontakt:** Güstrower Straße 88, 19055 Schwerin, Tel. 0385 715452, Mobil 0173 6159719, www.sportbootzentrum.de.

174ms-lr

93 Ferienpark Seehof

GPS 53.696621, 11.436900

Großer Ferienpark mit Campingplatz. Sehr gute Ausstattung mit Badestrand, Fahrradverleih und Sauna. Wohnmobilhafen extra. **Lage/Anfahrt:** Am Westufer des Schweriner Sees, in Seehof, einem Ortsteil von Schwerin gelegen. Von Schwerin entweder über die B104 oder die B106 nach Norden fahren und hinter Wickendorf abbiegen. Wickendorf durchfahren, dann schließt sich Seedorf direkt an. In Seedorf fährt man über die Dorfstraße zum Ferienpark; **Untergrund:** Wiese; **Service:** Strom, Trinkwasser, Abwasser, Chemie-WC, WLAN; **Sicherheit:** umzäunt; **Preise:** €; **Geöffnet:** März–Oktober; **Kontakt:** Campingplatz Seehof GmbH, Am Zeltplatz 1, 19069 Seehof, Tel. 0385 512540, Mobil 0160 3695249, www.ferienpark-seehof.de.

175ms-lr

94 Naturcamping Retgendorf

GPS 53.72954, 11.50234

Schöner, naturbelassener Campingplatz direkt am See mit langem Badestrand und Strandbar. **Lage/Anfahrt:** Am Ostufer des Schweriner Sees in der kleinen Ortschaft Retgendorf; **Untergrund:** Wiese; **Service:** Strom, Trinkwasser, Abwasser, Chemie-WC, WLAN; **Sicherheit:** umzäunt; **Preise:** €; **Geöffnet:** April–Anfang Oktober; **Kontakt:** Seestraße 7a, 19067 Dobin am See OT Retgendorf, Tel. 03866 400040, www.naturcamping-retgendorf.de.

176ms-lr

110ms-lr

97 Wohnmobilstellplatz Grüne Straße Schwerin „Am Stadthafen“

GPS 53.629711, 11.419960

Großer Parkplatz mit Zufahrt durch Schrankenanlage. Offizieller Wohnmobilstellplatz der Stadt Schwerin und für Wohnmobile aller Größen geeignet. Sehr zentrumsnah. **Lage/Anfahrt:** Am Rand der Altstadt in sehr kurzer Entfernung zu Schloss und Innenstadt. Über die Werderstraße bis zur Kreuzung Grüne Straße. Dieser bis zum Parkplatz folgen; **Untergrund:** Asphalt, Pflaster; **Service:** Strom; **Preise:** €€; **Geöffnet:** ganzjährig; **Kontakt:** Grüne Straße, 19055 Schwerin.

177ms-lr

98 Wohnmobilstellplatz am Hauptbahnhof

GPS 53.637741, 11.407965

Großer Parkplatz ohne weitere Ausstattung. Offiziell von der Stadt Schwerin als Wohnmobilstellplatz ausgewiesen. **Lage/Anfahrt:** In der Nähe des Hauptbahnhofes, Entfernung zum Zentrum ca. 600 m. Anfahrt über die Wismarsche Straße, der Ausschilderung des Hauptbahnhofs folgen; **Service:** Strom, Trink- und Abwasser; **Untergrund:** Asphalt; **Preise:** €; **Geöffnet:** ganzjährig; **Kontakt:** Wismarsche Straße 188, 19053 Schwerin.

95 Wohnmobilstellplatz Feriendorf Mueß

GPS 53.599529, 11.479610

Wohnmobilstellplatz mit guter Ausstattung auf dem Gelände eines Feriendorfes mit Schullandheim. **Lage/Anfahrt:** In der Nähe des Freilichtmuseums Mueß. Über die B312 anfahren und auf die Alte Crivitzer Landstraße abbiegen; **Untergrund:** Wiese; fest; **Service:** Strom, Trinkwasser, Abwasser; **Sicherheit:** umzäunt; **Preise:** €; **Geöffnet:** März–November; **Kontakt:** Feriendorf Mueß, Alte Crivitzer Landstraße 6, 19063 Schwerin, Tel. 0385 208460, www.feriendorf-muess.de.

96 Wohnmobilstellplatz Freizeitanlage Kaspelwerder

GPS 53.610481, 11.390620

Wohnmobilstellplätze auf dem Gelände einer größeren Freizeitanlage mit eigenem Badestrand und einem schönen Grillplatz. Ein Bootsverleih und eine Gaststätte sind am Platz vorhanden. **Lage/Anfahrt:** Der Platz ist am Westufer des Unteren Ostorfer Sees gelegen. Von der B106 über den Schulzenweg zur Freizeitanlage fahren; **Untergrund:** Wiese; **Service:** Strom, Trinkwasser, Abwasser, Chemie-WC; **Sicherheit:** umzäunt; **Preise:** €; **Geöffnet:** Mai–September; **Kontakt:** Freizeitanlage Kaspelwerder, Am Erlenbruch 20, 19061 Schwerin, Mobil 0173 8305016, www.freizeitanlage-kaspelwerder.de.

99 Wohnmobilstellplatz an der Sport- und Kongresshalle Schwerin

GPS 53.627284, 11.389797

Offiziell ausgewiesener und kostenloser Wohnmobilstellplatz ohne weitere Ausstattung auf dem Großparkplatz der Sport- und Kongresshalle Schwerin. Ruhiger Stellplatz, wenn keine Veranstaltungen in der Kongresshalle stattfinden. Relativ weit von der Innenstadt entfernt. **Lage/Anfahrt:** Zwischen weiträumiger Grünanlage und Kongresszentrum. Vom Obotritenring auf die Wittenburger Straße abbiegen und bis zum Kongresszentrum fahren; **Untergrund:** Asphalt; **Geöffnet:** ganzjährig; **Kontakt:** Wittenburger Straße 118, 19059 Schwerin.

100 Hangar 19 Schwerin

GPS 53.63769, 11.43290

Stellplatz mit Vollausstattung in Marina am Ufer des Schweriner Sees, Bootsverleih. **Lage/Anfahrt:** In Ortsteil Werdervorstadt fahren, dort über Werderstraße oder Walther-Rathenau-Straße in die Bornhövedstraße, dieser trotz Sackgassenschild bis zum Stellplatz folgen; **Untergrund:** Wiese, fest, Schotter; **Service:** Strom, Trinkwasser, Abwasser, Chemie-WC, WLAN, **Preise:** €€; **Geöffnet:** ganzjährig, im Winter mit Einschränkungen, Vorbuchung empfohlen; **Kontakt:** Hangar 19, Bornhövedstraße 95, 19055 Schwerin, Tel. 0385 58979817, www.hangar-19.de.

101 Campingplatz „Süduferperle" Raben-Steinfeld

GPS 53.603611, 11.49828

Gemütlicher Campingplatz im Grünen mit sehr guter Ausstattung, eigenem Badestrand, Tauchbasis mit Tauchschule, Bootssteg und Gaststätte am Platz. Traumhafte Wiesenlage am Seeufer, umgeben von Bäumen. **Lage/Anfahrt:** Auf einer Halbinsel am Südufer des Schweriner Sees am Rande der Ortschaft Raben-Steinfeld. Bis zur Innenstadt Schwerins sind es etwa 9 km. Von der B321 nach Raben-Steinfeld, in der Ortschaft über die Leezener Straße auf die Kastanienallee und dieser bis Kreuzung Forststraße folgen; **Untergrund:** Wiese; **Service:** Strom, Trinkwasser, Abwasser, Chemie-WC, WLAN; **Sicherheit:** umzäunt; **Preise:** €; **Geöffnet:** April–Oktober; **Kontakt:** Forststraße 19, 19065 Raben-Steinfeld, Tel. 03860 312, www.sueduferperle.de.

081ms-lr

079ms-lr

ANHANG

PRAKTISCHE REISETIPPS

INFORMATIONEN

- **Tourismusverband Mecklenburg-Vorpommern e.V.,** Konrad-Zuse-Str. 2, 18057 Rostock, Tel. 0381 4030550, www.tmv.de. Die Internetseite gibt einen Überblick über Städte und Regionen des Bundeslandes und wartet mit allgemeinen Informationen zu Kunst/Kultur und unterschiedlichen Aktivitäten auf. Es können auch kostenlos verschiedene Kataloge zur Urlaubsvorbereitung bestellt werden.
- **Tourismusverband „Mecklenburgische Seenplatte" e. V.,** Turnplatz 2, 17207 Röbel/Müritz, www.mecklenburgische-seenplatte.de, Tel. 039931 5380. Das Internetportal bietet viele Informationen zu einzelnen Städten und Natur- oder Kunsterlebnissen sowie konkrete Vorschläge zur Freizeitgestaltung in diesem Gebiet (u. a. ausgearbeitete Vorschläge für Radtouren zum Download). Man kann online in verschiedenen Urlaubskatalogen blättern, sich diese aber auch nach Hause bestellen.
- **Mecklenburgische Kleinseenplatte Touristik GmbH,** Burg 1, 17255 Wesenberg, Tel. 039832 20621, www.klein-seenplatte.de. Auf dem Internetauftritt der Mecklenburgischen Kleinseenplatte findet man eine Vielzahl von Informationen und Karten zu diesem Gebiet, lokalen Veranstaltungen, zum Angeln und zu Ausflügen sowie zu Urlaubsthemen aller Art. Man kann online auch Prospekte bestellen.

◁ *Vorseite: Die Mecklenburgische Seenplatte ist ein Paradies für Naturfreunde*

INTERNET

Außer den nebenstehend genannten großen Tourismusverbänden bieten auch die folgenden Internetseiten weitere nützliche Informationen für Besucher der Mecklenburgischen Seenplatte:

- **www.nationalpark-mueritz.de:** Offizielle Website des Müritz-Nationalparks mit vielerlei nützlichen Informationen für Besucher.
- **www.blau-weisse-flotte.de:** Internetseite einer der Schifffahrtsgesellschaften, die von verschiedenen Städten aus Fahrten über die Seen anbieten.
- **www.mueritzfischer.de:** Die Website der größten deutschen Binnenfischergesellschaft bietet z. B. Informationen für Angler und die Möglichkeit, online Angelkarten zu bestellen.
- **www.urlaubsangler.de:** Website mit Informationen zu Urlaubsangeln in Mecklenburg-Vorpommern. Das Gebiet der Mecklenburgischen Seenplatte ist dann auswählbar.
- **www.seenplatte-mv.de:** Informationsportal für Besucher der Mecklenburgischen Seenplatte und speziellen Informationen für Radtouren, Wellness und Bootsurlaube und vieles mehr.
- **www.fahrradreisen.de:** Eine der großen deutschen Radwege-Datenbanken. Besucher können sich hier umfassend über Radwege und Radtouren an der Mecklenburgischen Seenplatte informieren.
- **www.dino-navi.de:** Das beste kostenfreie Navigations- und Informationssystem im Internet mit ausgezeichneter Darstellung vieler Besucherattraktionen in Mecklenburg-Vorpommern. Besonderheit: Hörtexte zu Sehenswürdigkeiten verfügbar.

PANNE/UNFALL

Wer mit seinem Fahrzeug aus technischen Gründen **liegen bleibt,** verlässt nach Möglichkeit die Straße oder fährt an den äußersten Rand und sorgt unbedingt für die **bestmögliche Absicherung des Standplatzes. Warnblinkanlage** anschalten, **Warnwesten** anziehen und falls erforderlich auch das **Warndreieck** aufstellen.

Warndreiecke müssen auf Landstraßen mindestens 100 m und auf Autobahnen mindestens 150 m vor dem liegen gebliebenen Fahrzeug aufgestellt werden.

Steht man an einem sehr stark befahrenen Ort, ist es sicherer, das **Wohnmobil zu verlassen** und sich an eine Stelle zurückzuziehen, an der man selbst ungefährdet ist. Kinder lässt man dabei nicht allein aussteigen und Hunde sollte man immer anleinen.

Kann man den Schaden nicht selbst beheben, ruft man am besten den **Pannendienst.** Dieser erfragt den Ort, die Schadensart, den Typ, ggf. Maße und Gewicht des Fahrzeuges und organisiert eine Instandsetzung oder das Abschleppen in eine geeignete Werkstatt. Das ist relativ bequem, kann aber in der Hauptsaison etwas Zeit in Anspruch nehmen.

Bei **Unfällen** wählt man den Notruf der Polizei unter **Tel. 110** oder bei Unfällen mit Personenschäden bzw. akuter Erkrankung eines Reisenden den Notruf der Rettungsleitstellen unter **Tel. 112.** Diese Notrufnummern sind von jedem Telefon und Handy kostenfrei erreichbar.

Bei einer Panne kann man natürlich auch in der Mecklenburgischen Seenplatte die Hilfe der etablierten **Automobilklubs** in Anspruch nehmen. Diese erreicht man unter folgenden Telefonnummern:

- **ADAC (Allgemeiner Deutscher Automobil-Club e. V):** Tel. 0180 2222222, Mobiltelefon: 222222
- **AvD (Automobilclub von Deutschland):** Tel. 0800 9909909
- **ACE (Auto Club Europa e. V):** Tel. 0180 2343536
- **VCD (Verkehrsclub Deutschland):** Tel. 01805 290390
- **Zentraler Notruf der Autoversicherer:** Tel. 0800 6683663

Selbstverständlich ist ein Pannendienst aber auch über den **Mobilitätsservice der verschiedenen Wohnmobilmarken** möglich. In solchen Fällen gilt die in den Fahrzeugunterlagen angegebene Telefonnummer. Im Regelfall wird auch jede beliebige **Werkstatt vor Ort** bemüht sein, einem zu helfen, und zumindest in der Lage sein, die regionalen Ansprechpartner für den jeweiligen Fahrzeugtyp zu nennen.

CARAVAN-SERVICE

Die folgenden Caravan-Händler und Servicepunkte befinden sich innerhalb oder im Nahbereich der vorgeschlagenen Routen.

- **Wohnmobilvermietung Runge,** Hans-Günther-Bock-Str. 7a, 16798 Fürstenberg, Tel. 033093 37900, www.wohnmobil-runge.de. Vertragshändler von Chausson, Service für alle Marken, Vermietung, Zubehör aller Art.
- **Wohnmobil- & Caravan-Center Neustrelitz,** Bürgerseeweg 23, 17235 Neustrelitz, Tel. 03981 207373, Mobil 0171 1954526, www.reisemobile-mst.de. Vertragshändler für LMC, Service für alle Marken, Vermietung, Zubehör aller Art.
- **Freizeitmobile Erdmann,** Hellfelder Straße 7, 17039 Trollenhagen, Tel. 0395 4228912, www.freizeitmobile-erdmann.de. Verkauf, Vermietung und Service für alle Marken, Zubehör aller Art.
- **Tollense Caravaning,** Woldegker Str. 36a, 17036 Neubrandenburg, Tel. 0395 3799473, www.tollense-caravaning.de. Wohnmobilvermietung.
- **Deutsche Caravan KG,** Hauptsitz Neubrandenburg, Wulkenziner Straße 8, 17033 Neubrandenburg; auch in Rostock, An der Werft 3, 18119 Rostock Warnemünde und in 17209 Bad Stuer, Seeuferstraße 20, Tel. 0395 57066922, Wohnmobilvermietung, www.deutsche-caravan.de.
- **Freizeitmobile Werner Bünger Stavenhagen,** Roesterweg 1, 17153 Stavenhagen, Tel. 039954 22500, www.caravan-buenger.de. Verkauf, Vermietung von Wohnwagen und Service für Wohnmobile und Wohnwagen. Bürstner-Vertragshändler.
- **Auto Schoknecht GmbH,** Auf dem Vietsmorgen 1, 17166 Teterow, Tel. 03996 172118, Mobil 0170 3106607, www.wohnmobile-schoknecht.de. Wohnmobilvermietung.
- **Müritz-Caravan Waren,** Heinrich-Seidel-Straße 14, 17192 Waren, Tel. 03991 663444, Mobil 0151 16795131, www.mueritz-caravan.de. Vertragspartner für Dethleffs, Sunlight, Pössl und Globecar. Verkauf, Vermietung und Service aller Marken, Zubehör.

› **Caravan-Wendt Kremmin,** Rosenstraße 2b, 19300 Kremmin, Tel. 038756 3780, www.caravan-wendt.de. Verkauf, Vermietung, Service für alle Marken, Vertragshändler der Marken Dethleffs, Hymer, Hobby, Fendt, Concorde, Niesmann+Bischoff, Sunlight, Glücksmobil, Carado, Pössl und Globecar.

PREISE

Verglichen mit anderen Ferienregionen Deutschlands ist ein Urlaub an der Mecklenburgischen Seenplatte trotz der durchschnittlich hohen Qualität der Campingplätze und anderen touristischen Angebote **immer noch relativ preiswert.** Besonders schnell fällt das Besuchern auf, die sich für einen Tagesausflug zu der nur etwa eine Autostunde entfernten Ostsee entschieden haben. Wucherpreise für Gastronomie, Parken, Camping und Übernachtung oder auch überdurchschnittlich hohe Eintrittsgelder gibt es rund um die Müritz noch nicht, obwohl die Preise aktuell sehr stark steigen.

Fast alle Campingplätze bieten **Rabatte für Frühbucher** oder auch **Pauschalen** bei längerem Aufenthalt an. Außerhalb der Hauptsaison gibt es oft **Sonderangebote.** Die Frage nach solchen Angeboten lohnt sich in jedem Fall.

Das in diesem Buch bei den Camping- und Stellplätzen angegebene Preisniveau bezieht sich im Regelfall auf die Hauptsaison zum Redaktionsschluss des Buches Ende 2022 und soll so einen ersten Überblick über die Kosten ermöglichen, die auf Wohnmobilisten zukommen können. Preisanpassungen finden natürlich immer statt.

Folgende **Preiskategorien** für Übernachtungen auf einem Stell-/Campingplatz werden im Buch verwendet:

€ bis ca. 30 € für ein Fahrzeug inkl. zwei Personen
€€ ca. 30–50 € für ein Fahrzeug inkl. zwei Personen
€€€ über 50 € für ein Fahrzeug inkl. zwei Personen

REISEZEIT

Am besten besucht man die Mecklenburgische Seenplatte in der **späten Vor- oder der frühen Nachsaison.** Natürlich werden die ausgewählten Touren auch in der Hauptsaison beeindrucken, doch im **Hochsommer** zieht die Gegend Hunderttausende Touristen magnetisch an. Die Gründe dafür liegen auf der Hand: wunderschöne Landschaft, ein breites und vielfältiges Angebot für Besucher, ausgezeichnete Verkehrsanbindung und eine sehr kurze Entfernung zu den Ballungsräumen Berlin und Hamburg mit mehr als 8 Millionen Einwohnern. Im Hochsommer sind die Campingplätze deshalb sehr häufig ausgebucht.

Eine **frühzeitige Anmeldung** auch für Tagesgäste ist zwar prinzipiell empfehlenswert, doch Wohnmobilisten sind ja mobil und die Vielzahl der Camping- und Stellplätze erlaubt es fast immer, irgendwo in der Nähe einen geeigneten Stellplatz zu finden. Die Camping- und Stellplatzbetreiber kommen müden Tagesgästen in der Regel auch gern entgegen und es findet sich meist noch ein Eckchen, selbst bei ausgebuchtem Platz. Wer jedoch in der **Hauptsaison** einen längeren Aufenthalt auf einem bestimmten Campingplatz plant, kommt um eine längerfristige Anmeldung wirklich nicht herum. In den meisten größeren Orten der Mecklenburgischen Seenplatte, von denen viele als Erholungsorte anerkannt sind, haben viele Geschäfte in der Hauptsaison übrigens auch am Wochenende geöffnet.

Wer seinen Urlaub frei planen kann, der sollte sich nach Möglichkeit außerhalb der Sommerferien Berlin/Brandenburgs für einen Besuch der Mecklenburgischen Seenplatte entscheiden. **Zwischen November und April** „erlischt“ nahezu das gesamte touristische Angebot und die Mecklenburgische Seenplatte verfällt in eine Art **Winterschlaf.** Dieser Zeitraum kann deshalb für Besucher, die Ruhe und einsame Naturerlebnisse suchen, ein guter Tipp sein. Sie sollten aber dabei

080ms-lr

unbedingt berücksichtigen, dass die meisten Campingplätze, sehr viele Museen und Restaurants und selbst einige Tourist-Informationen in dieser Zeit **geschlossen** haben.

Camping- und Stellplätze folgen ihren veröffentlichten Öffnungszeiten nicht immer. Bei geringer oder fehlender Auslastung wird schon mal einfach zugeschlossen.

Bitte beachten Sie noch Folgendes: Einige Camping- und Stellplätze bieten zwar ganzjährige Öffnungszeiten an, das muss aber nicht bedeuten, dass ganzjährig auch jemand täglich vor Ort ist. Da viele Campingplätze auch Dauercamper haben, sind die Plätze und sanitären Anlagen zwar geöffnet, aber die Rezeptionen nicht immer besetzt. Dann wird es für Tagesgäste ggf. schwierig, beispielsweise die Eingangsschranken zu öffnen oder Duschmarken zu erhalten. Deshalb empfiehlt es sich immer, bei ganzjährig geöffneten Plätzen außerhalb der Hauptsaison vorher anzurufen und zu erfragen, ob zur Ankunftszeit jemand vor Ort ist.

Naturfreunde, die sich besonders für die Naturparks oder den Müritz-Nationalpark interessieren, können in den Zeiten des **Vogelzugs** in den Genuss spezieller Angebote und Führungen kommen.

Wasservögel sind oft zum Greifen nah – hier an den Langenhägener Seewiesen bei Goldberg (s. S. 172)

REISE KNOW-HOW
@ReiseKnowHow
@reiseknowhowverlag
@Reise_KnowHow
auf www.reise-know-how.de
für den Newsletter anmelden
Zugspitze, Foto: Aneta Niemitz
Landkarten | KulturSchock | Wanderführer | ReiseSplitter | Fremdenversteher

Liebe Leserin, lieber Leser,

ein unabhängiger Verlag für unabhängig Reisende – das sind wir, der Reise Know-How Verlag aus Bielefeld, eines der letzten Familienunternehmen in der Branche. Obwohl wir zu den größten Reiseführerverlagen Deutschlands gehören, ist der familiäre Umgang miteinander in allen Bereichen des Verlagslebens zu spüren: In der Geschäftsführung in zweiter Generation, in einer wertschätzenden Arbeitsatmosphäre, in der Nähe zu unseren frei arbeitenden Autorinnen und Autoren, im engen Austausch mit unseren Leserinnen und Lesern – und auch in der Zusammenarbeit mit Druckereien in Deutschland, in denen wir ausschließlich und regional unsere Bücher produzieren. Die sollen schließlich erst mit Ihnen auf große Reise gehen.

Alles, was wir in unsere Bücher und Landkarten stecken, soll Ihnen eines ermöglichen: Auf Ihre ganz eigene, individuelle Weise die Welt zu entdecken. Wir wünschen Ihnen viel Freude und unvergessliche Erlebnisse mit diesem Wohnmobil-Tourguide.

Es grüßen herzlich
Peter Rump & Wayan Rump

REGISTER

N

O, P, Q

R

S

T

U, V

W

Z

201ms-lr

DIE AUTOREN

Sylke Liehr und **Achim Rümmler** leben und arbeiten in der sächsischen Landeshauptstadt Dresden. Sie sind seit vielen Jahren mit verschiedenen Wohnmobilen unterwegs, um interessante Landstriche – besonders in Deutschland, Skandinavien, Spanien, Portugal oder Großbritannien – kennenzulernen. Sie lieben die Natur, besonders wenn diese noch ursprünglich ist, und alle Outdoor-Aktivitäten und sie interessieren sich für die Geschichte, Kunst und Kultur aller besuchten Gebiete. Immer dabei ist ihr Hund Bini Mind, ein Border Terrier und waschechter Schotte.

Wenn die Zeit für einen längeren Urlaub nicht ausreicht, nutzen die Autoren häufig kürzere Ausflüge zur Erkundung innerdeutscher Regionen. So bereisten sie vielfach – neben der nahen Sächsischen Schweiz sowie den ostdeutschen Mittelgebirgen und Brandenburg – die Ostseeküste und auch die Mecklenburgische Seenplatte. Immer wieder verschlug es sie in dieses Gebiet, da sie Land und Leute in ihr Herz schlossen, viele interessante Entdeckungen machten und genügend Orte zum „Seele baumeln lassen“ fanden. Dabei wichen sie stets auch von den bekannten Touristenpfaden ab, tauchten in die unberührte Natur der Mecklenburgischen Seeplatte ein und ließen sich vom Charme alter Herrensitze, der guten Küche und den aufgeschlossenen Bewohnern dieser Region verzaubern.

IMPRESSUM

Sylke Liehr, Achim Rümmler

Die schönsten Routen durch die MECKLENBURGISCHE SEENPLATTE

5., neu bearbeitete und aktualisierte Auflage 2023

ISBN 978-3-8317-3546-4

Printed in Germany

Druck und Bindung:
mediaprint solutions GmbH, Paderborn

Herausgeber: Klaus Werner
Layout: amundo media GmbH (Inhalt), Wayan Rump (Umschlag)
Lektorat: amundo media GmbH
Routenkarten: Ingenieurbüro K. Wendler, amundo media GmbH
Ortspläne: amundo media GmbH
Kontakt: Osnabrücker Str. 79, 33649 Bielefeld, info@reise-know-how.de
Anzeigenvertrieb: KV Kommunalverlag GmbH & Co. KG, Alte Landstraße 23, 85521 Ottobrunn, Tel. 089 928096-0, info@kommunal-verlag.de

Bildnachweis: Umschlagvorderseite und Umschlagrückseite: Sylke Liehr und Achim Rümmler
Sofern der Namen der Fotografen nicht vollständig am Bild vermerkt ist, steht folgendes Kürzel an den Abbildungen für die Autoren Sylke Liehr und Achim Rümmler: lr

082ms-lr

083ms-lr

ROUTENATLAS

NEUKLOSTER
Lübow
Dorf Mecklenburg
Barnekow
Gressow
Lübberstorf
Naturpark
WARIN
Jesendorf
Bobitz
Groß Krankow
Groß Stieten
Beidendorf
Hohen Viecheln
Bad Kleinen
Ventschow
Bibow
Zahrensdorf
Blankenberg
Groß Labenz
Gallentin
Zickhusen
Alt Meteln
Dobin am See
Rubow
Langen Jarchow
Sternberger
BRÜEL
Schweriner See
Lübstorf
Retgendorf
Kuhlen-Wendorf
Weitendorf
Klein Trebbow
Seehof
Cambs
Pingelshagen
Wickendorf
Leezen
Langen Brütz
Wendorf
ROUTE 7
Kobrow
Friedrichsthal
Lankow
SCHWERIN
Gneven
Demen
Neumühle
Wittenförden
Klein Rogahn
Görries
Godern
Pinnow
Bülow
Raben Steinfeld
Banzkow
CRIVITZ
Wessin
Zölkow
Stralendorf
Pampow
Plate
Sukow
Zapel
Holthusen
Ruthenbeck
Friedrichsmoor
Friedrichsruhe
Severin
Sülstorf
Alt Zachun
Domsühl
Uelitz
Goldenstädt
Lewitz-rand
Garwitz
Matzlow
Lewitz
Baltic Airport Schwerin-Parchim
Europäische Route der Backsteingotik
Schwedenstraße
Erlebnisstraße der deutschen Einheit
Schwerin
Waren (Müritz)
Neubrandenburg
Neustrelitz
Rheinsberg
Wittenberge
216

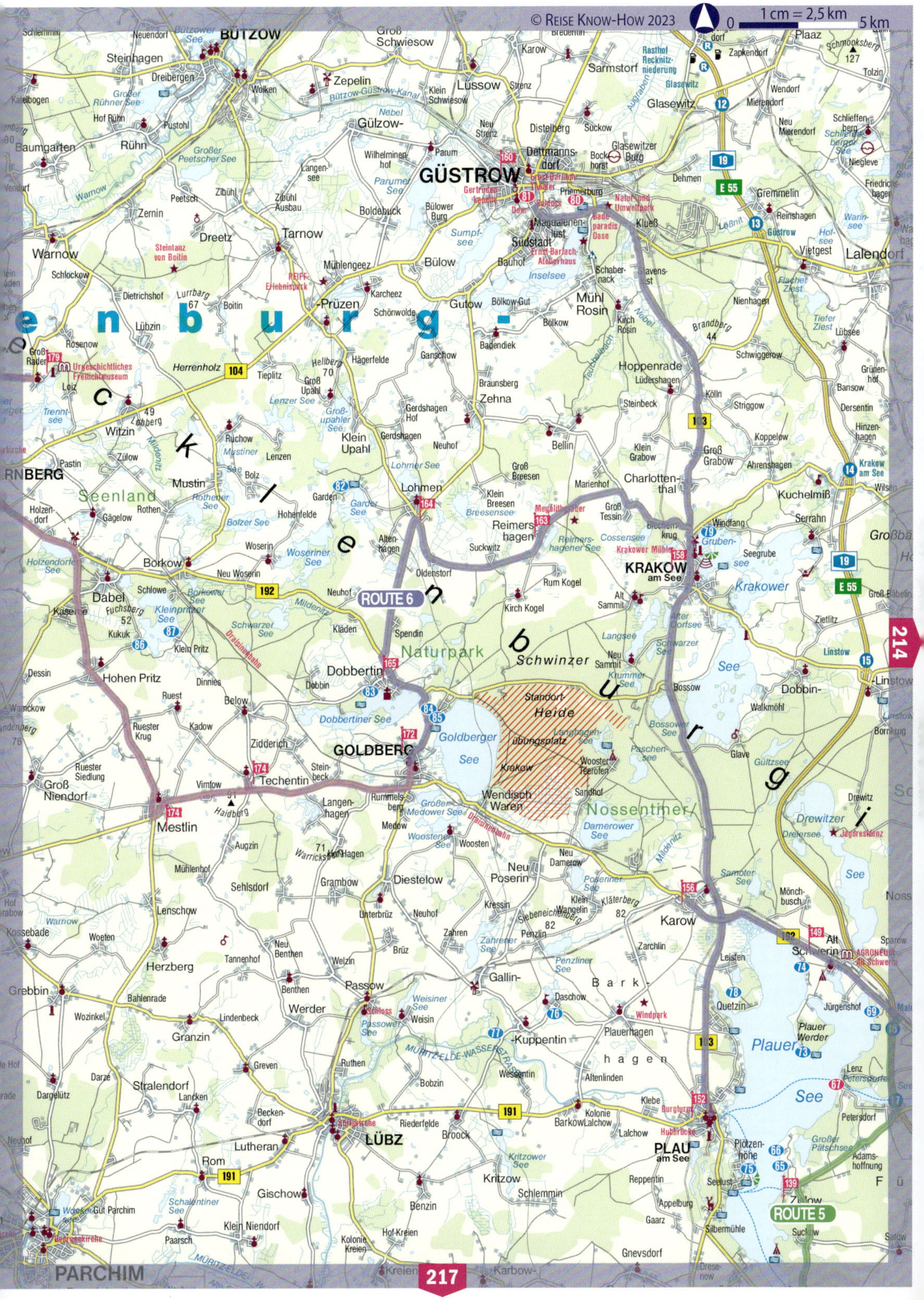
© REISE KNOW-HOW 2023
0 1 cm = 2,5 km 5 km
BÜTZOW
Groß Schwiesow
Steinhagen
Zepelin
Lüssow
Sarmstorf
Glasewitz
Bützow-Güstrow-Kanal
Gülzow-
GÜSTROW
Dettmanns-dorf
Gertrudenkapelle
Dom
Ernst-Barlach-Theater
Schloss
Natur- und Umweltpark
Badeparadis Oase
Ernst-Barlach-Atelierhaus
Südstadt
Inselsee
Sumpfsee
Parumer See
Baumgarten
Rühn
Warnow
Zernin
Dreetz
Tarnow
Steintanz von Boitin
REIFF-Erlebnispark
Mühlengeez
Bülow
Prüzen
Gutow
Mühl Rosin
Lalendorf
Vietgest
Gremmelin
Krakow am See
Lübsee
e n b u r g -
M e c k l e n b u r g i
Urgeschichtliches Freilichtmuseum
Herrenholz
Hoppenrade
Zehna
Witzin
Mustin
Seenland
Lohmen
Bellin
Charlottenthal
Kuchelmiß
Serrahn
Reimershagen
Borkow
Dabel
KRAKOW am See
Krakower Mühle
Gruben-see
Krakower See
ROUTE 6
Naturpark
Schwinzer
Hohen Pritz
Dobbertin
Dobbertiner See
Standort Heide Übungsplatz
Goldberger See
GOLDBERG
Techentin
Nossentiner/
Mestlin
Wendisch Waren
Drewitzer See
Jagdresidenz
Dobbin-
Linstow
Groß Niendorf
Langenhagen
Diestelow
Neu Poserin
Karow
Alt Schwerin
AGRONEUM Alt Schwerin
Sehlsdorf
Lenzschow
Herzberg
Gallin-
Kuppentin
Bark-hagen
Windpark
Plauerhagen
Quetzin
Plauer See
Plauer Werder
Passow
Schloss
Werder
Granzin
Stralendorf
MÜRITZ-ELDE-WASSERSTRASSE
LÜBZ
Stadtkirche
Barkow
PLAU am See
Burgturm
Hubbrücke
Rom
Gischow
Kritzow
Schlemmin
Benzin
Gaarz
Appelburg
Silbermühle
ROUTE 5
PARCHIM
Georgenkirche
Kreien
Karbow-
Gnevsdorf
214
217

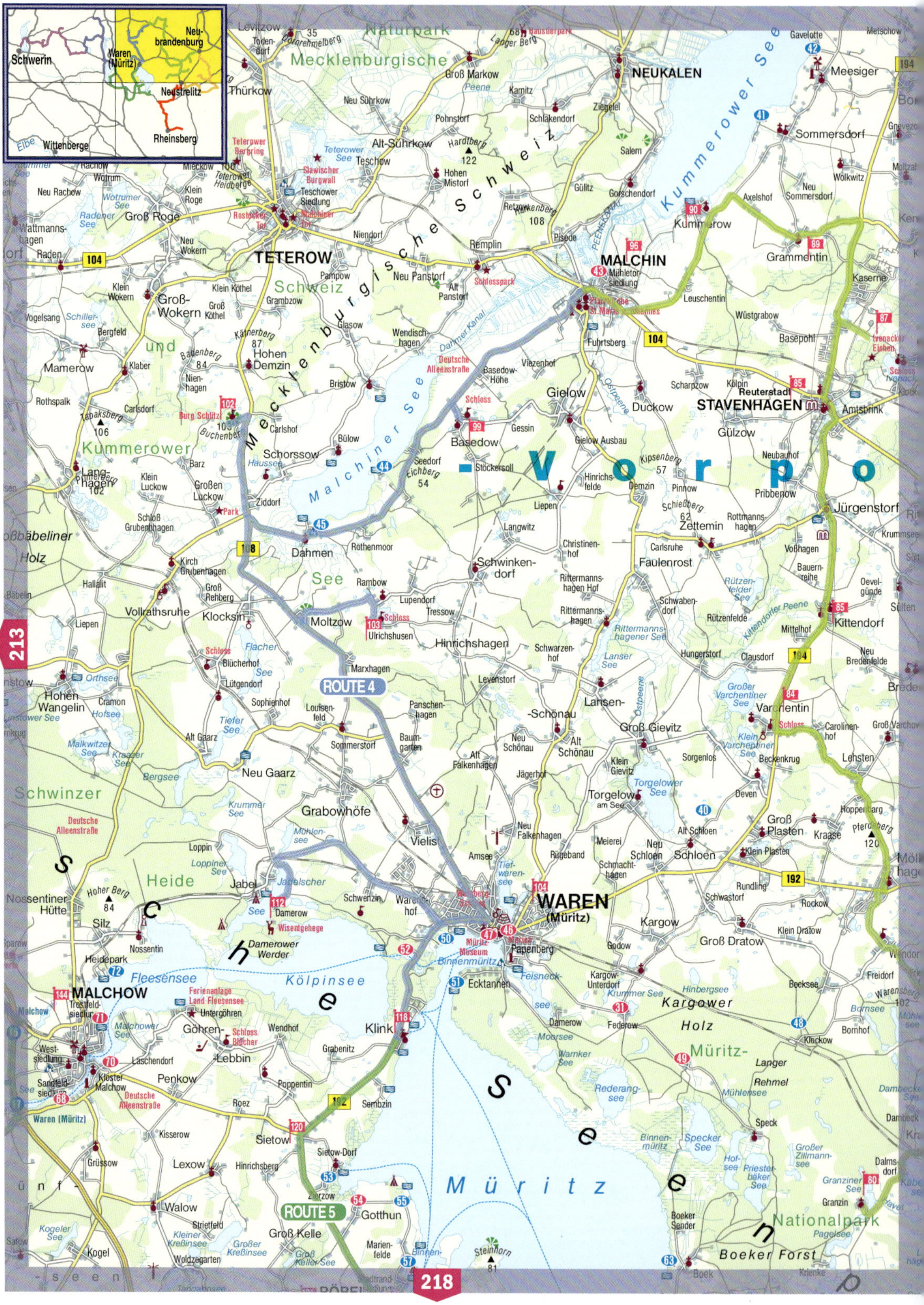

Schwerin
Waren (Müritz)
Neubrandenburg
Neustrelitz
Wittenberge
Rheinsberg
Elbe
Naturpark
Mecklenburgische
Schweiz
und
Kummerower
See
NEUKALEN
TETEROW
MALCHIN
STAVENHAGEN
Reuterstadt
WAREN
(Müritz)
MALCHOW
Kummerower See
Malchiner See
Kölpinsee
Fleesensee
Müritz
Vorpo
Schwinzer
Heide
Kargower
Holz
Müritz-
Nationalpark
Boeker Forst
ROUTE 4
ROUTE 5
Gielow
Basedow
Dahmen
Moltzow
Jabel
Klink
Sietow
Gotthun
Groß Kelle
Penkow
Göhren
Lebbin
Nossentiner Hütte
Silz
Hohen Wangelin
Vollrathsruhe
Klocksin
Neu Gaarz
Grabowhöfe
Vielist
Torgelow
Schloen
Neu Schloen
Kargow
Groß Dratow
Groß Plasten
Varchentin
Kittendorf
Jürgenstorf
Faulenrost
Zettemin
Duckow
Gülzow
Grammentin
Kummerow
Sommersdorf
Meesiger
Groß Roge
Thürkow
Teschow
Alt-Sührkow
Groß Markow
Remplin
Neu Panstorf
Schorssow
Hohen Demzin
Groß-Wokern
Mamerow
Lansen-Schönau
Groß Gievitz
Schwinkendorf
Hinrichshagen
Lexow
Walow
Kogel
Ecktannen
Papenberg
104
108
192
213
218

© REISE KNOW-HOW 2023
0
1 cm = 2,5 km
5 km
NEUBRANDENBURG
ALTEN-TREPTOW
BURG STARGARD
PENZLIN
ROUTE 2
ROUTE 3
Tollensesee
Lieps
Der Werder
Datze-tal
Lindetal
Naturpark Feldberger
Strelitzer
Flughafen Neubrandenburg-Trollenhagen
Stargarder Stadtforst
Naturerlebnispark
Burg Landskron
Freilicht-museum
Dorfkirche
Schloss
Bartow
Golchen
Burow
Breest
Neuen-dorf B
Janow
Iven
Dennin
Spantekow
Japenzin
Kölln
Rehberg
Rebelow
Sieden-bollentin
Schwanbeck
Wodarg
Werder
Grapzow
Grischow
Beseritz
Dahlen
Brunn
Roggen-hagen
Neddemin
Neverin
Trollenhagen
Staven
Genzkow
Glienke
Neuen-kirchen
Rühlow
Sponholz
Pragsdorf
Cölpin
Oststadt
Südstadt
Küssow
Lindenberg
Broda
Wulkenzin
Mallin
Krukow
Puchow
Klein Lukow
Lapitz
Möllen-hagen
Ankers-hagen
Groß Vielen
Klein Vielen
Hohen-zieritz
Peckatel
Kratzeburg
Blumen-holz
Groß Nemerow
Holldorf
Cammin
Blankensee
Wanzka
Rödlin
Möllen-beck
Watzkendorf
Teschendorf
Quadengen-schönfeld
Dewitz
Quastenberg
Ballin
Bredenfelde
Krumbeck
Rosenow
Knorrendorf
Briggow
Wildberg
Kastorf
Wolde
Groß Teetzleben
Breesen
Zirzow
Woggersin
Chemnitz
Blankenhof
Möln
Weitin
Tützpatz
Pripsleben
Röckwitz
Kriesow
Gültz
Gnevkow
Sarow
Hohen-bollentin
Lindenberg
Alten-hagen
Borrentin
Ivenack
Beggerow
Pentz
Tollense
Mühlenbach
Randkanal
199
29
Anklam
20
30
Altentreptow
E251
31
Neubrandenburg-Nord
32
Neubrandenburg-Ost
197
104
194
68
37
60
96
198
193
192
36
38
35
30
39
73
75
79
83
219

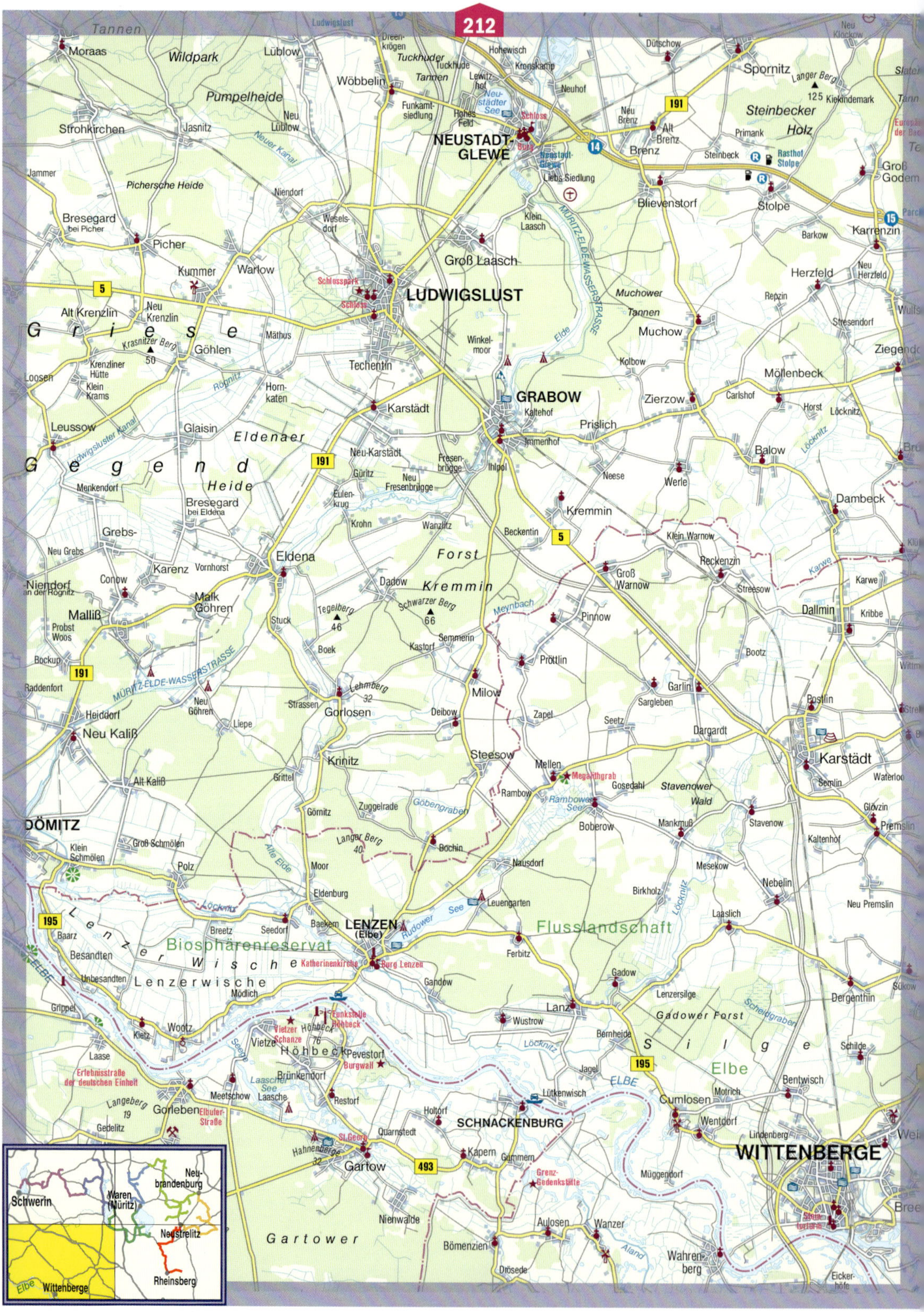
212
Moraas
Wildpark
Lüblow
Wöbbelin
Pumpelheide
Strohkirchen
Jasnitz
Neu Lüblow
Neuer Kanal
NEUSTADT-GLEWE
Tuckhude
Tannen
Schloss
Burg
Hohewisch
Kronskamp
Neuhof
Dütschow
Spornitz
Langer Berg 125
Kiekindemark
Steinbecker Holz
Primank
Alt Brenz
Neu Brenz
Brenz
Steinbeck
Rasthof Stolpe
Stolpe
Groß Godems
Karrenzin
Barkow
Blievenstorf
Liebs Siedlung
Klein Laasch
Groß Laasch
Jammer
Picher Heide
Niendorf
Bresegard bei Picher
Picher
Kummer
Warlow
Wesels-dorf
Schlosspark
LUDWIGSLUST
Alt Krenzlin
Neu Krenzlin
Griese
Krasnitzer Berg 50
Göhlen
Mäthus
Techentin
Winkel-moor
Müritz-Elde-Wasserstrasse
Muchower Tannen
Muchow
Herzfeld
Neu Herzfeld
Repzin
Stresendorf
Ziegendorf
Möllenbeck
Kolbow
Zierzow
Carlshof
Horst
Löcknitz
Loosen
Krenzliner Hütte
Klein Krams
Rögnitz
Horn-katen
Karstädt
GRABOW
Kaltehof
Prislich
Leussow
Glaisin
Eldenaer
Ludwigsluster Kanal
Gegend
Heide
Neu-Karstädt
Immenhof
Ihlpol
191
Fresen-brügge
Neu Fresenbrügge
Güritz
Eulen-krug
Balow
Werle
Neese
Menkendorf
Bresegard bei Eldena
Krohn
Wanzlitz
Forst
Kremmin
Dambeck
Grebs-
Neu Grebs
Eldena
Karenz
Vornhorst
Conow
Beckentin
5
Klein Warnow
Reckenzin
Groß Warnow
Streesow
Karwe
Niendorf an der Rögnitz
Malk Göhren
Malliß
Probst Woos
Stuck
Tegelberg 46
Dadow
Schwarzer Berg 66
Meynbach
Pinnow
Dallmin
Kribbe
Bockup
Boek
Kastorf
Semmerin
Prötllin
Bootz
Raddenfort
Müritz-Elde-Wasserstrasse
Neu Göhren
Strassen
Lehmberg 32
Gorlosen
Milow
Garlin
Sargleben
Postlin
Heiddorf
Liepe
Deibow
Zapel
Seetz
Dargardt
Neu Kaliß
Krinitz
Steesow
Mellen
Megalithgrab
Karstädt
Semlin
Waterloo
Alt Kaliß
Grittel
Rambow
Rambower See
Gosedahl
Stavenower Wald
Görnitz
Zuggelrade
Göbengraben
Boberow
Mankmuß
Stavenow
Glövzin
Premslin
DÖMITZ
Groß Schmölen
Klein Schmölen
Langer Berg 40
Bochin
Kaltenhof
Polz
Alte Elde
Moor
Nausdorf
Mesekow
Eldenburg
Birkholz
Nebelin
Neu Premslin
195
Löcknitz
Breetz
Seedorf
Baekern
LENZEN (Elbe)
Rudower See
Leuengarten
Lanslich
Baarz
Biosphärenreservat
Flusslandschaft
Ferbitz
Besandten
Lenzer Wische
Katherinenkirche
Burg Lenzen
Unbesandten
Lenzerwische
Gandow
Gadow
Dergenthin
Mödlich
Lenzersilge
Gadower Forst
Scheidgraben
Gripel
Wustrow
Lanz
Vietzer Schanze
Funkstelle Höhbeck
Kietz
Wootz
Vietze
Höhbeck 76
Pevestorf
Bernheide
Silge
Schilde
Laase
Burgwall
Löcknitz
Elbe
Erlebnisstraße der deutschen Einheit
Brünkendorf
Jagel
Bentwisch
Meetschow
Laascher See
Laasche
Lütkenwisch
Cumlosen
Motrich
Restorf
Langeberg 19
Gorleben
Elbufer-Straße
Holtorf
SCHNACKENBURG
Wentdorf
Lindenberg
WITTENBERGE
Gedelitz
St. Georg
Quarnstedt
Hahnenberge 32
Gartow
493
Kapern
Gummern
Grenz-Gedenkstätte
Müggendorf
Nienwalde
Gartower
Aulosen
Wanzer
Aland
Bömenzien
Drösede
Wahrenberg
Stadt-turm
Eickerhöfe
Schwerin
Waren (Müritz)
Neubrandenburg
Neustrelitz
Rheinsberg
Wittenberge
Elbe

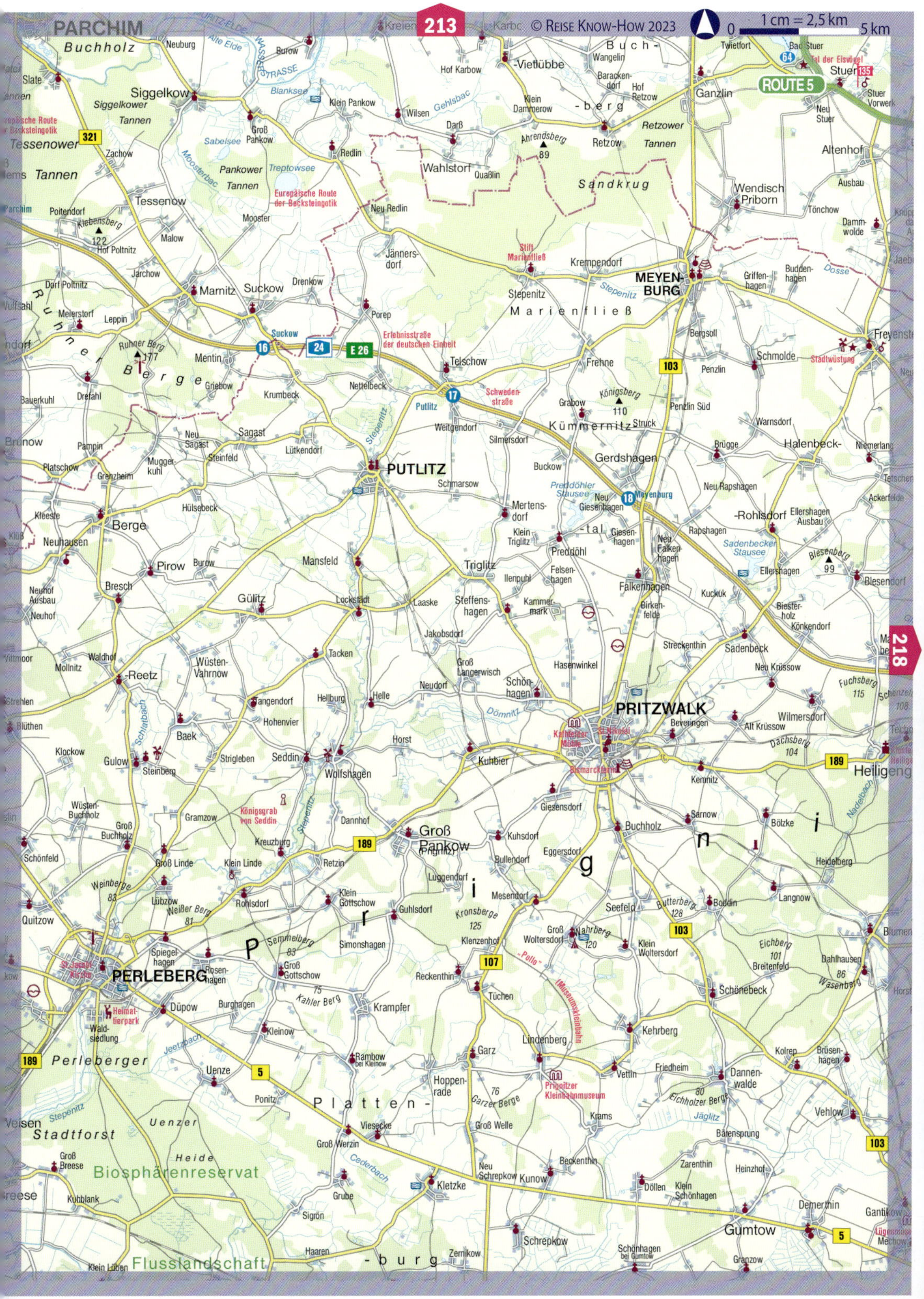
PARCHIM
213
© Reise Know-How 2023
1 cm = 2,5 km
0
5 km
218
ROUTE 5
Buchholz
Siggelkow
Tessenower Tannen
Tessenow
Marnitz
Suckow
Ruhner Berge
Mentin
Meyenburg
Marienfließ
Stepenitz
Putlitz
Berge
Pirow
Gülitz
Triglitz
Pritzwalk
Groß Pankow
Perleberg
Prignitz
Gerdshagen
Falkenhagen
Kümmernitz
Halenbeck-Rohlsdorf
Heiligengrabe
Wolfshagen
Seddin
Königsgrab von Seddin
Buchholz
Gumtow
Kletzke
Kunow
Schrepkow
Platten-burg
Perleberger Stadtforst
Uenzer Heide
Biosphärenreservat Flusslandschaft
Freyenstein
Stadtwüstung
Sadenbeck
Wilmersdorf
Dannenwalde
Vehlow
Lindenberg
Kehrberg
Schönebeck
Prignitzer Kleinbahnmuseum
Europäische Route der Backsteingotik
Erlebnisstraße der deutschen Einheit
Schwedenstraße
Stift Marienfließ
Kalkofen Mühle
St. Nikolai
Bismarckturm
St. Jacobi Kirche
Heimattierpark
Wendisch Priborn
Ganzlin
Retzow
Buch-berg
Sandkrug
Vietlübbe
Wahlstorf
Stuer
Altenhof
Krempendorf
Frehne
Penzlin
Schmolde
Mansfeld
Lockstädt
Reetz
Gulow
Baek
Steinberg
Tacken
Kuhbier
Giesensdorf
Bölzke
Langnow
Boddin
Seefeld
Mesendorf
Krampfer
Dallmin
Düpow
Uenze
Rambow
Garz
Tüchen
Reckenthin
Vettin
Blesendorf
Kemnitz
Sarnow

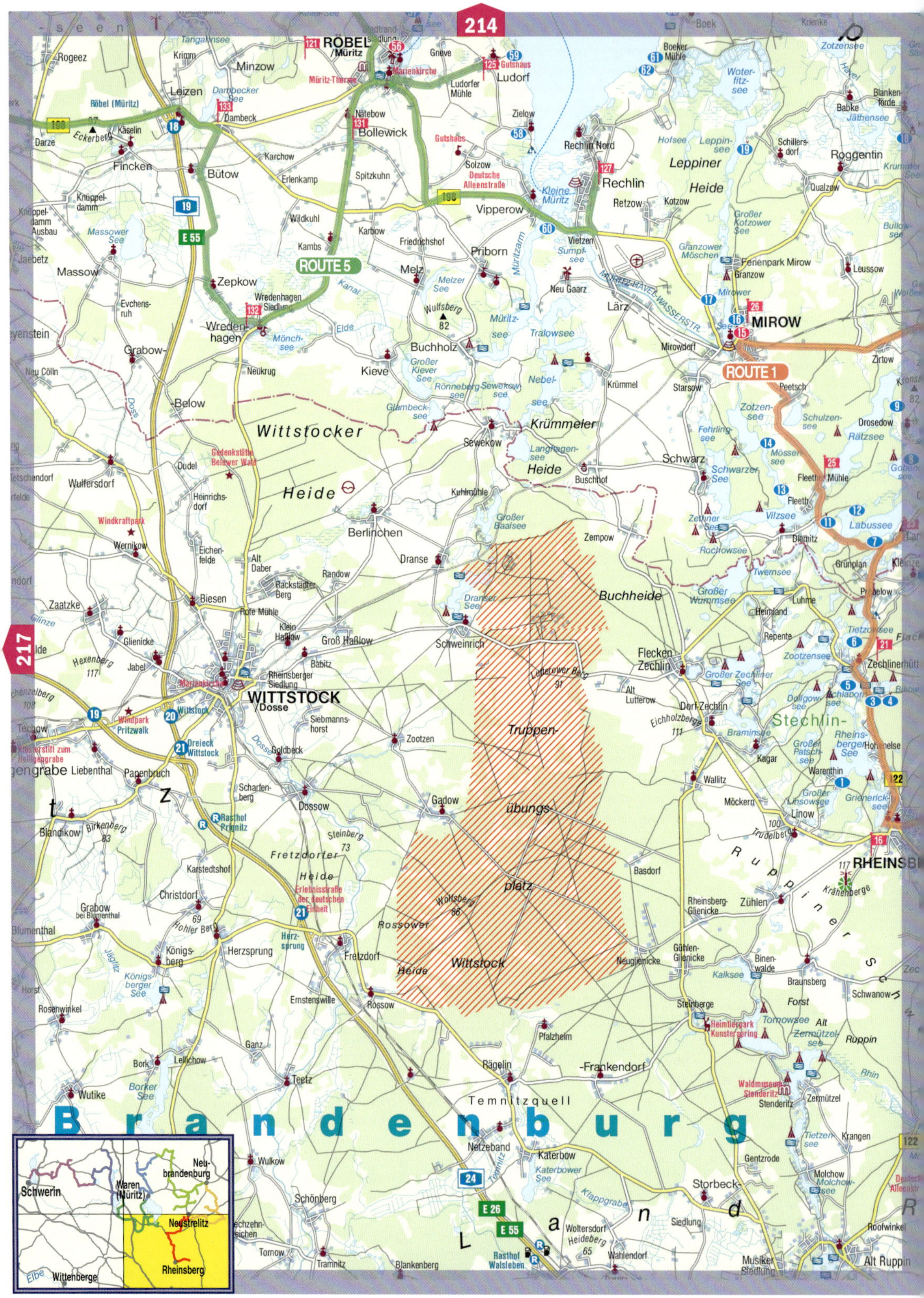
214
217
RÖBEL /Müritz
Marienkirche
Müritz-Therme
Gneve
Gutshaus
Ludorf
Ludorfer Mühle
Zielow
Rechlin Nord
Rechlin
Retzow
Kotzow
Leppiner Heide
Boeker Mühle
Woterfitzsee
Zotzensee
Babke
Jäthensee
Blankenförde
Schillersdorf
Roggentin
Qualzow
Rogeez
Krümm
Minzow
Tangahnsee
Leizen
Dambecker See
Dambeck
Röbel (Müritz)
Kaselin
Darze
Eckerberg
Fincken
Bütow
Karchow
Erlenkamp
Natebow
Bollewick
Spitzkuhn
Solzow
Deutsche Alleenstraße
Vipperow
Kleine Müritz
Knüppeldamm
Knüppeldamm Ausbau
Massower See
Massow
Jaebetz
Wildkuhl
Kambs
Karbow
Friedrichshof
Priborn
Vietzen
Sumpfsee
Lärz
Granzow
Ferienpark Mirow
Großer Kotzower See
Granzower Möschen
Leussow
Mirower See
MIROW
ROUTE 5
ROUTE 1
Zepkow
Wredenhagen Siedlung
Wredenhagen
Evchensruh
Melz
Melzer See
Wulfsberg 82
Müritzsee
Tralowsee
Neu Gaarz
Müritz-Havel-Wasserstr.
Mirowdorf
Zirtow
Starsow
Peetsch
Mönchsee
Elde
Kanal
Grabow-
Neu Cölln
Neukrug
Kieve
Buchholz
Großer Kiever See
Rönneberg
Sewekowsee
Nebelsee
Krümmel
Zotzensee
Schulzensee
Drosedow
Rätzsee
Below
Dosse
Glambecksee
Wittstocker Heide
Sewekow
Krümmeler Heide
Langhagensee
Buschhof
Fehrlingsee
Mössensee
Schwarz
Schwarzer See
Fleether Mühle
Fleeth
Vilzsee
Labussee
Dudel
Gedenkstätte Belower Wall
Heinrichsdorf
Wulfersdorf
Windkraftpark
Wernikow
Berlinchen
Kuhlmühle
Großer Baalsee
Zempow
Zechower See
Rochowsee
Dierlitz
Grünplan
Twernsee
Großer Wummsee
Eichenfelde
Alt Daber
Rackstädter Berg
Randow
Dranse
Dranser See
Buchheide
Heimland
Luhme
Zaatzke
Biesen
Rote Mühle
Klein Haßlow
Groß Haßlow
Schweinrich
Repente
Tietzowsee
Zootzensee
Flecken Zechlin
Großer Zechliner See
Zechlinerhütte
Hexenberg 117
Glienicke
Jabel
Babitz
Rheinsberger Siedlung
Lutterower Berg 91
Alt Lutterow
Dorf Zechlin
Stechlinsee
Dollgowsee
Schlabornsee
Marienkirche
WITTSTOCK /Dosse
Wittstock
Dreieck Wittstock
Siebmannshorst
Truppenübungsplatz
Eichholzberge 111
Braminsee
Rheinsberger See
Großer Pätschsee
Hohenelse
Windpark Pritzwalk
Zootzen
Goldbeck
Kagar
Warenthin
Pritzwalk
Papenbruch
Liebenthal
Scharfenberg
Dossow
Gadow
Wallitz
Möckern
Großer Linsowsee
Linow
Grienericksee
Blandikow
Birkenberg 83
Rasthof Prignitz
Steinberg 73
Fretzdorfer Heide
Trudelberg 100
Ruppiner Schweiz
RHEINSBERG
Karstedtshof
Erlebnisstraße der deutschen Einheit
Basdorf
Christdorf
Wolfsberg 86
Rheinsberg-Glienicke
Zühlen
Krähenberge 117
Grabow bei Blumenthal
Blumenthal
Hohler Berg 69
Rossower Heide
Wittstock
Herzsprung
Fretzdorf
Königsberg
Neuglienicke
Gühlen-Glienicke
Binenwalde
Braunsberg
Schwanow
Königsberger See
Kalksee
Ernstenswille
Rossow
Steinberge
Heimtierpark Kunsterspring
Tornowsee
Forst
Alt Ruppin
Zermützelsee
Rosenwinkel
Pfalzheim
Horst
Ganz
Bork
Lellichow
Rägelin
Frankendorf
Rhin
Wutike
Borker See
Teetz
Waldmuseum Stendenitz
Stendenitz
Zermützel
Temnitzquell
Brandenburg
Netzeband
Katerbow
Katerbower See
Tietzensee
Krangen
Gentzrode
Wulkow
Schwerin
Waren (Müritz)
Neubrandenburg
Neustrelitz
Rheinsberg
Wittenberge
Elbe
Schönberg
Klappgraben
Storbeck
Molchow
Molchowsee
Wahlendorf
Woltersdorf
Heideberg 65
Siedlung
Roofwinkel
Land
Tornow
Tramnitz
Blankenberg
Rasthof Walsleben
Musiker Siedlung
Alt Ruppin
E 55
E 26
24
19
18
198
122

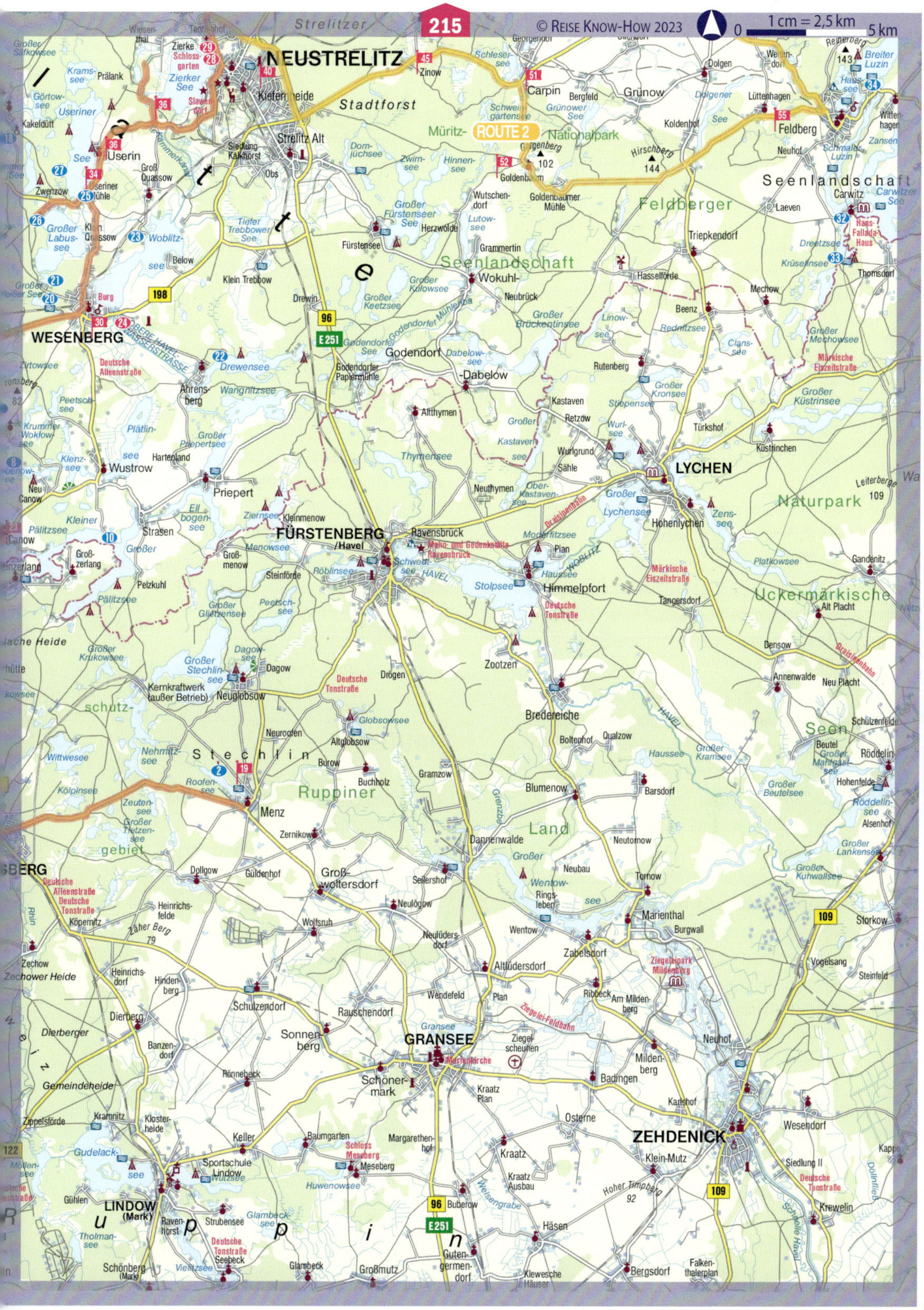
215
© REISE KNOW-HOW 2023
1 cm = 2,5 km
0
5 km
NEUSTRELITZ
Stadtfort
Strelitz Alt
Müritz-
ROUTE 2
Nationalpark
Feldberger
Seenlandschaft
Feldberg
Carpin
Grünow
Userin
WESENBERG
Wustrow
Priepert
FÜRSTENBERG /Havel
Ravensbrück
Himmelpfort
LYCHEN
Hohenlychen
Naturpark
Uckermärkische
Seen
Wokuhl-
Godendorf
Dabelow
Neuglobsow
Stechlin
Ruppiner
Land
Menz
Zootzen
Bredereiche
Dannenwalde
Groß-woltersdorf
Marienthal
Zabelsdorf
GRANSEE
Schönermark
ZEHDENICK
Mildenberg
LINDOW (Mark)
Ruppin
Deutsche Tonstraße
Deutsche Alleenstraße
Märkische Eiszeitstraße
Draisinenbahn
Ziegeleipark Mildenberg
96
E 251
198
109
Dierberg
Rheinsberg
Storkow
Kraatz
Baumgarten
Schloss Meseberg
Meseberg
Sonnenberg
Neuglobsow
Lankensee

ÜBERSICHT STELL- UND CAMPINGPLÄTZE

GPS-Koordinaten der Stell- und Campingplätze im Buch (Kartendatum WGS84). Die aufgeführten Stell- und Campingplätze können als Waypoint-Liste auf der Produktseite dieses Buches unter www.reise-know-how.de heruntergeladen werden.

ROUTE 1

1 Campingplatz Warenthin S. 19
2 Naturcamping am Roofensee S. 21
3 Naturcamp Bikowsee S. 22
4 Campingplatz Berner Land S. 22
5 Campingplatz Schlabornhalbinsel S. 22
6 Campingplatz Eckernkoppel S. 23
7 Campingplatz am Labussee S. 24
8 Campingplatz am Gobenowsee S. 24
9 FKK Campingplatz am Rätzsee S. 24
10 Campingplatz Canower See S. 24
11 Biber Ferienhof Campingplatz S. 25
12 Naturcamping C24 (BiberTours) S. 25
13 Naturcamping am Mössensee S. 26
14 Naturcamping am Zotzensee S. 26
15 Wohnmobilstellplatz Schlossinsel Mirow S. 28
16 Zeltplatz Strandhotel Mirow S. 29
17 Campingplatz Kanustation Mirow S. 29
18 Campingplatz am Hexenwäldchen S. 31
19 Campingplatz Am Leppinsee S. 31
20 Campingplatz am Weißen See S. 32
21 Campingplatz Ihr Familienpark (Kleiner Labussee) S. 32
22 Campingplatz am Drewensee S. 33
23 Campingplatz Havelberge am Woblitzsee S. 33
24 Wohnmobilstellplatz Marina Wesenberg S. 33
25 Campingplatz Useriner Mühle S. 34
26 Campingplatz Zwenzower Ufer S. 35
27 FKK-Camping am Useriner See S. 36

ROUTE 2

28 Wohnmobilstellplatz Neustrelitz S. 44
29 Wohnmobilstellplatz Wassersportverein Neustrelitz S. 45
30 Wohnmobilstellplatz Rödlin/Blankensee S. 48
31 Wohnmobilstellplatz/Wanderparkplatz Federow S. 48
32 Campingplatz Am Carwitzer See S. 58
33 Campingplatz Am Dreetzsee S. 59
34 Campingplatz am Bauernhof Feldberg S. 59
35 Wohnmobilstellplatz Klein Nemerow S. 64

ROUTE 3

36 Campingplatz Gatsch Eck S. 72
37 Wohnmobilstellplatz Wassersportzentrum Neubrandenburg S. 73
38 Seeweide Penzlin S. 79
39 Campingplatz Naturfreund Kratzeburg S. 83
40 Camping Sabines Bio-Bauernhof S. 84
41 Camping- und Wohnmobilpark Sommersdorf S. 90
42 Campingplatz Meesiger-Gravelotte S. 92

ROUTE 4

43 Wohnmobilstellplatz Malchiner Kanu-Club S. 99
44 Naturcampingpark Seedorf S. 101
45 Campingparadies Dahmen S. 101
46 Wohnmobilstellplatz Blumen und Parken Waren S. 109
47 Wohnmobilstellplatz Strandstraße Waren S. 109
48 Campingplatz Zur hohlen Eiche Klockow S. 110
49 Wohnmobilstellplatz Ziegenwiese Kargow S. 111
50 Camping- und Wohnmobilpark Kamerun Waren S. 111
51 Campingplatz Ecktannen am Müritz-Nationalpark Waren S. 112

Noch findet man an der Mecklenburgischen Seenplatte „seinen" Platz am See

ROUTE 5

ROUTE 6

ROUTE 7

»Schreiben Sie uns!

Wir hoffen, dass Ihnen dieser Wohnmobil-Tourguide gefällt und er Ihnen ein guter Begleiter auf einer außergewöhnlichen und spannenden Reise ist.

Weil ein Reiseführer von Erfahrungen lebt, sind wir an Ihren Erlebnissen interessiert: Haben Sie in unserem Buch einen Stellplatz entdeckt, den es nicht mehr gibt, eine Sehenswürdigkeit, die wir noch nicht aufgeführt haben, oder eine falsche Adresse? Dann schreiben Sie uns! **Wir nehmen jeden Hinweis und jede Kritik ernst und arbeiten kontinuierlich daran, die Bücher aktuell zu halten und immer weiter zu verbessern.** Jede Mail wird gelesen und beantwortet. Auch wenn wir nicht jeden Wunsch erfüllen können, machen wir uns immer Gedanken über Ihre Anmerkungen.

Schreiben Sie uns:
per Mail an info@reise-know-how.de oder an
Reise Know-How Verlag Peter Rump GmbH, Postfach 140666, 33626 Bielefeld

Wenn sich Ihre Infos direkt auf das Buch beziehen, würde uns die Angabe der Seitenzahl und der Auflagenzahl bzw. des Erscheinungsjahres Ihrer Ausgabe die Arbeit sehr erleichtern. Besonders hilfreiche Beiträge und Ergänzungen zu den Büchern belohnen wir mit einem Sprachführer Ihrer Wahl aus der über 240 Bände umfassenden „Kauderwelsch"-Reihe.

Herzlichen Dank und gute Reisen
Ihr Reise Know-How Verlag

Zeichenerklärung Routenatlas

- Staatsgrenze
- Landesgrenze
- Natur-/Nationalparkgrenze
- 19 80 Autobahn mit Nummer und Ausfahrtsnummer
- 198 Bundesstraße
- Hauptstraße
- Verbindungsstraße
- Orts-/Nebenstraße
- Weg
- Routenverlauf

- Kirche
- Kirchenruine
- Kapelle
- Kloster
- Klosterruine
- Burg, Schloss
- Burgruine
- Tierpark, Wildpark
- Museum
- Freilichtbühne
- Denkmal
- sonstige Sehenswürdigkeit
- Bergwerk in Betrieb
- Turm, Aussichtsturm

- Sendeturm
- Leuchtturm
- Windmühle
- Flughafen
- Landeplatz
- Segelflugplatz
- Rastanlage
- Autobahntankstelle
- Campingplatz
- Golfplatz
- Freibad
- Hallenbad
- Jugendherberge
- Autofähre

- Aussichtspunkt
- 3/3 Stell-/Campingplatz, der im Routenatlas eingetragen ist
- x Ortsbeschreibung auf S. x

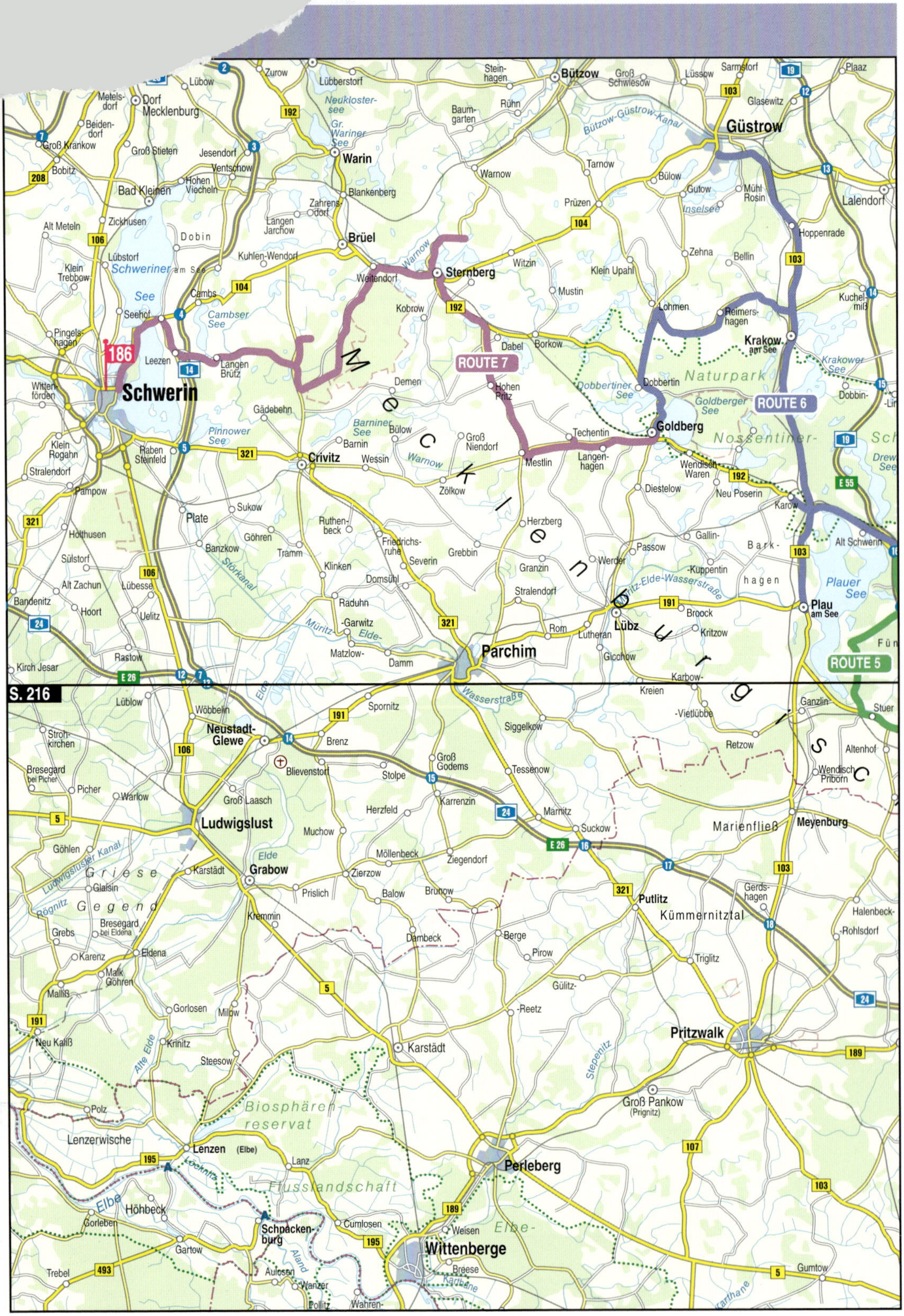

Route 1 44 km
Route 2 52 km
Route 3 67 km
Route 4 40 km
Route 5 54 km
Route 6 50 km
Route 7 74 km

S. 190 Seitenzahl des Blattes im Routenatlas